LA MAGIA DEL SUBCONSCIENTE

Ivan Vico Gómez

Nota para los lectores: Este ejemplar contiene opiniones e ideas del autor. Su intención es ofrecer material útil e informativo sobre el tema tratado. Las estrategias señaladas en este libro pueden no ser apropiadas para todos los individuos y no se garantiza que produzca ningún resultado en particular. Este libro se vende bajo el supuesto de que ni el autor ni el editor, ni la imprenta se dedican a prestar asesoría o servicios profesionales legales, financieros, de contaduría, psicología u otros. El lector deberá consultar a un profesional capacitado antes de adoptar las sugerencias de este libro o sacar conclusiones de él. No se da ninguna garantía respecto a la precisión o integridad de la información o referencias incluidas aquí, y tanto el autor como el editor y la imprenta y todas las partes implicadas en el diseño de portada y distribución, niegan específicamente cualquier responsabilidad por obligaciones, pérdidas o riesgos, personales o de otro tipo, en que se incurra como consecuencia, directa o indirecta, del uso y aplicación de cualquier contenido del libro.

La Magia Del Subconsciente
Primera edición: octubre 2022
© Ivan Vico Gómez
Autoedición y Diseño: Ivan Vico Gómez
ivanvico.1@gmail.com
ISBN: 978-84-09-51030-6

LA MAGIA DEL SUBCONSCIENTE

En el interior de este libro se encuentran

las reliquias de nuestra más profunda

mente subconsciente.

Iván Vico Gómez

He regalado este libro a:

_____

Porque me importas y deseo que hagas de tu

vida una auténtica obra maestra.

Firma: _____

Ivan Vico Gómez

La publicación de esta obra puede estar sujeta a futuras correcciones y ampliaciones por parte del autor, así como son de su responsabilidad las opiniones que en ella se exponen.

Quedan prohibidas, dentro de los límites establecidos por la ley y bajo las prevenciones legalmente previstas, la reproducción total o parcial de esta obra por cualquier medio o procedimiento, ya sea electrónico o mecánico, el tratamiento informático, el alquiler o cualquier forma de cesión de la obra sin autorización escrita de los titulares del copyright.

Si puedes creer, al que cree todo le es posible

Marcos 9:23

Ivan Vico Gómez

Por y para **TI**, amado lector.

Todo llega a tu vida por un motivo, nada es casualidad, la vida no comete errores. Esta información no llega a cualquiera ni en cualquier momento, llega a la persona indicada en el momento más indicado.

AGRADECIMIENTOS

Agradezco de corazón a la fuerza divina que me llevó a descubrir lo que tú ahora también vas a descubrir y me permitió exponerlo en este ejemplar.

Quiero agradecer también a mis PADRES, por darme la vida y por todo el amor y cariño que me dan, por todo el apoyo y fe que tienen en mí, GRÀCIES PAPA, GRÀCIES MAMA.

Quiero agradecer también a una persona que ha influido de manera directa en mi vida, GRACIAS ABUELA. Por todos tus consejos, por todos los momentos, aunque estés lejos, siempre te llevaré en mi corazón.

A toda mi familia por ayudarme, apoyarme y animarme en todos los momentos de dificultad tanto en lo personal como al escribir esta obra que ahora forma parte de mi vida y ahora también de tu vida.

Quiero agradecer a todos mis amigos y amigas que me han apoyado y me siguen apoyando en todo lo que necesite, ellos saben quiénes son, ¡GRACIAS DE CORAZÓN!

Quiero agradecerte a ti, por adquirir este ejemplar, por confiar en mí y en lo que este libro pueda transmitirte, gracias por ayudarme a vivir de mi propósito, ¡GRACIAS!

A todos los mentores, autores, maestros y maestras de los que he aprendido, algunos de ellos los cito en las siguientes páginas, otros por desconocimiento o no recordar de dónde saqué la fuente, no he podido nombrarlos.

Ivan Vico Gómez

Si algo escrito en La Magia del Subconsciente no aparece citado, pido disculpas de antemano, me ha sido muy complicado recordarlo todo.

Pero, sin embargo, agradezco de corazón su inspiración y el aporte hecho para el crecimiento y el progreso de la humanidad.

¡GRACIAS DE CORAZÓN!

¡BIENVENIDO AMAD@ LECTOR/A!

Antes de empezar con este increíble viaje quiero hacerte una pequeña introducción...

A lo largo de mi vida ha habido una serie de preguntas que siempre han rondado por mi cabeza...

¿Por qué hay algunas personas que son alegres y otras tristes? ¿Por qué unos son abundantes y felices y otros son pobres y desgraciados? ¿Por qué algunos son miedosos y otros están llenos de fe y rebosan de confianza?

¿Por qué una parte muy pequeña del mundo tiene casas bonitas y lujosas mientras otros viven a duras penas en barrios llenos de pobreza y miseria? ¿Por qué algunas personas tienen un grandioso éxito en su vida mientras que otras fracasan por completo?

¿Por qué algunos se curan de enfermedades denominadas "incurables" y otros no? ¿Por qué hay personas que viven una vida de sufrimiento y amargura mientras otras que viven en un estado de éxtasis constante? ¿Por qué unos están felizmente casados y otros son infelices y con desamor?

Siempre me preguntaba... ¿realmente hay respuesta a todas estas preguntas?

Bueno, la respuesta es sí.

Ivan Vico Gómez

¿POR QUÉ ESCRIBO ESTE LIBRO?

Todo empezó una noche de octubre del año 2022...

Eran las 23:32 de la noche, un día normal como cualquier otro, pero ese día fue el que marcaría el inicio de un nuevo camino en mi vida y en mi propósito.

Estaba a nada de dormirme, ya en la cama, listo para entrar en la fase de sueño, cuando de repente una idea me atravesó la cabeza y allí se quedó, rondando por mi cabeza...

Esa idea me decía: "Debes escribir tres libros. Uno sobre el subconsciente, otro sobre metafísica y física cuántica y otro sobre espiritualidad, debe ser lo mejor hecho hasta la fecha"

Esa idea me gustó, puesto que soy una persona que lee, estudia y aplica todos esos temas y los utiliza en su día a día como forma de vida...

Y me quedé allí pensando, casi dormido, en esa idea tan fantástica y fue entonces cuando me vino otra idea más...

Esa idea me decía: "La Magia del Subconsciente"

Cuando me llegó esa frase, me levanté de un salto de la cama, encendí el ordenador, abrí un nuevo documento y anoté esa frase que me acababa de llegar...

En ese entonces me empezó a llegar una avalancha de ideas, de tal modo que cogí una libreta y empecé a anotar todo lo que me llegaba, no sabía exactamente lo que sucedía, pero no podía parar de escribir.

Iban y venían muy rápidamente, y recuerdo pasarme aproximadamente cuatro minutos seguidos sin dejar de escribir ni por un solo segundo...

Era tarde y estaba cansado, así que poco a poco me iba durmiendo, escribiendo todavía, en la libreta encima de mi escritorio, y de repente caí dormido...

Al día siguiente cuando me levanté, me vi a mí mismo sentado en mi silla y enfrente del ordenador, encendido, algo confuso, no sabía muy bien porqué estaba allí...

Vi que en el ordenador había una frase en grande que decía: "La Magia del Subconsciente" y una libreta con hojas y hojas de ideas y ejemplos.

Enseguida entendí que lo que había en el ordenador era el título de lo que iba a ser el libro que hoy tienes en tus manos y todo lo que había en esa libreta, no era más que el guion que iba a seguir para escribirlo...

Así es como nació La Magia del Subconsciente.

Desde que lo escribí he sido consciente de que realmente ha habido una fuerza invisible, una fuerza superior, encargada de canalizar hacia mí toda fuente de conocimiento, por eso mismo, yo no he escrito este libro, algo lo ha escrito a través de mí.

Te animo encarecidamente que leas y estudies con mucha profundidad lo que aprenderás en este libro y apliques todo lo que enseña.

Tengo la certeza absoluta de que, si lo haces, te harás con un poder que muy pocas personas son capaces de comprender y desarrollar...

Un poder que te elevará por encima de la infelicidad, de la tristeza, del sufrimiento, de la enfermedad, de la pobreza y lo que para mí es más importante: la ignorancia, el desconocimiento.

EL SUBCONSCIENTE Y SU CARÁCTER

Antes de seguir con las siguientes páginas quiero adelantarte algunas cosas...

Como un ser humano piensa en lo más profundo de su corazón, así es él.

Esta frase no solamente abarca el ser, la identidad o hasta incluso el propio autoconcepto que tenemos de nosotros mismos, sino que también abarca cada condición y circunstancia que obtenemos en nuestra vida.

Cada ser humano que vive en la faz de este planeta Tierra, es, literalmente, lo que piensa de manera continuada, es decir, su carácter es la suma total de todos sus pensamientos.

Como las plantas que brotan y crecen gracias a una semilla y que, gracias a ella, la planta no podría existir, así también **cada acto de cada ser humano brota y crece de las semillas escondidas en el subconsciente**, y no habría aparecido sin ellas.

Las raíces son causas, y los frutos efectos. **Así también nuestro subconsciente es causa y nuestra vida, no es más que un mero efecto.**

Cada ser humano se hace o deshace, se construye o se destruye en la armería de su subconsciente, **en donde se crean las armas con las cuales se autodestruye o se forjan las herramientas con las cuales se construye.**

Amado lector, debes saber y entender que durante los primeros 7 u 8 años de tu existencia fueron exactamente los años en los que se te fueron inculcadas todas las creencias e ideales que a día de hoy residen en esa armería, en ese subconsciente, y que precisamente son las causas inconscientes de los efectos que hoy estás experimentando en tu vida, tanto para bien como para mal.

Por ejemplo, si crees porque tienes la creencia en esa armería o subconsciente (como prefieras llamarlo) de que sentarte junto a un ventilador hará que te resfríes, tu subconsciente hará todo lo posible y todo lo que esté en su mano para que tengas el mejor de los resfriados.

No se trata de la acción del ventilador, ya que, finalmente, su función es proyectar moléculas de energía que vibran a una alta frecuencia, lo que causará tu resfriado son las creencias que te inculcaron a una temprana edad de que estar cerca del ventilador te producirá un resfriado.

SANACIÓN Y SUBCONSCIENTE

El cuerpo no es más que un mero sirviente del subconsciente, obedece de manera exacta las operaciones que residen en su interior, ya sean introducidas de manera manual a través de la autosugestión por nosotros mismos o todas aquellas operaciones (creencias) que ya residan dentro de él desde los primeros años de nuestra existencia.

¿Alguna vez has escuchado alguien que "milagrosamente" se sanó de una enfermedad "incurable"?

Bueno, eso también tiene una respuesta y en este libro descubrirás mucho más de ello y como tú puedes llevarlo a la práctica y hacerlo también.

RIQUEZA Y SUBCONSCIENTE

El subconsciente no solamente está relacionado con la sanación y el bienestar, sino que también está relacionado con tu propia economía.

Como ya has leído anteriormente, **cada ser humano es el dueño de sus propios pensamientos y por lo tanto el creador de sus condiciones, de su entorno y de su destino.**

La riqueza y la prosperidad de una persona está estrechamente relacionada con lo que se hace dentro de esa armería, **si bien se forjan armas o herramientas, si bien se siembran las semillas correctas para obtener la planta deseada.**

Todo eso y mucho más es lo que leerás y aprenderás en este libro.

Créeme, **existe algo dentro de ti que todavía no conoces a la perfección y que muy pocas personas se han aventurado a explicarlo de una manera tan fácil y sencilla como la que encontrarás en este libro.**

Lee este libro con suma atención y con una mentalidad abierta, lo que aquí verás no son teorías, son hechos reales, demostrados y documentados pero que muy pocos conocen y esa es justamente la causa del escepticismo a nivel mundial, la ignorancia.

Ivan Vico Gómez

La mente es como un paracaídas, sólo funciona si se abre.

Albert Einstein

AMOR Y SUBCONSCIENTE

Nadie se queda indiferente ante la palabra amor. Cada uno de nosotros tenemos un significado asociado a esa palabra.

Algunos bienestar, otros bendición, otros dolor y sufrimiento, y puede que otros vida, **pero todo empieza por lo que no se ve físicamente, por nuestro subconsciente.**

Es posible que en tu pasado te hayas sentido incomprendida, puede que hayas sentido que nadie te respetaba o incluso que no te valoraban, que dejaron de mirarte a los ojos y te sentiste inseguro o insegura contigo o con tu pareja...

O puede que ya no te sintieras admirada, percibiste que ya no confiaban en ti, intentaron controlarte y hasta incluso desaprobaban todo lo que hacías...

En la medida que vayas leyendo La Magia del Subconsciente **aprenderás el porqué de tus resistencias al amor, y sobre todo, cómo cambiar esas situaciones desfavorables y convertirlas en bendiciones.**

TODO LO VISIBLE NACE DE LO INVISIBLE

Visualiza por un momento un árbol, **imagina que ese árbol representa tu vida.**

En la parte superior visualiza solamente tres frutos, uno de color verde, otro de color amarillo y otro de color rojo, estos tres frutos representan tu salud, tu economía y tu amor o relaciones.

Puede que, alguno de estos frutos esté mejor que los demás, más brillante, más sano, más fuerte y más radiante, pero puede que otros estén más apagados, más sensibles y más decaídos…

Debemos entender que todo lo que vemos y observamos nace de un lugar que no vemos, **todo tiene su origen, todo efecto tiene su correspondiente causa.**

En La Magia del Subconsciente trabajaremos en las raíces de esos tres frutos, trabajaremos en el origen.

Pues difícilmente podemos cambiar el estado del fruto sin antes cambiar y trabajar en lo que lo origina, ¿no crees?

Así pues… ¡nos espera un viaje muy apasionante!

¿QUIÉN ES IVAN VICO GÓMEZ?

Todo eso está muy bien ¿pero quién es Ivan y por qué cree que puede enseñarme esto?

Soy un chico de Barcelona, España, que no tenía ninguna certeza, seguridad o confianza en sí mismo, pero sí estaba seguro de una cosa... **yo no iba a crecer para ser el chico que fui en un pasado, y vivir la infancia que viví pero siendo adulto...**

Nací en el año 2001 y desde el primer momento, la vida empezó a mandarme desafíos, problemas y obstáculos, y realmente me puso a prueba...

Al nacer, desarrollé una afección llamada hipoglucemia, es decir, unos niveles de glucosa en sangre más bajos de lo normal **y eso me hizo entrar en parada cardíaca a la segunda noche durante varios segundos hasta que me consiguieron reanimar y volver a la vida...**

Allí empezó realmente mi viaje, allí empezó mi aventura y mi camino en este trayecto llamado vida.

No sé cuáles son tus desafíos, no sé cuál es tu pasado, tampoco sé las injusticias por las que has tenido que pasar, quizás nadie ha creído en ti o quizás has tenido un sueño y la vida no te lo ha dado todavía...

Eso no es lo realmente importante, **lo que fuiste no determina nunca lo que vas a ser, ¡nunca!**

Esta es mi historia, y espero de corazón que te ayude, que te sirva y que te inspire.

Desde los diez años tuve un sentimiento de inferioridad, me veía inferior a los demás chicos y chicas, sentía que no valía, que los demás eran mejores en todos los sentidos y que yo nada más era una piedra en el camino de otros.

Poco a poco empecé a entrar en el juego de la comparación en el que me comparaba constantemente con los chicos y las chicas de la escuela, poniéndoles en un pedestal, **mientras que yo, estaba siempre por debajo.**

Y todo esto me llevó a ser un niño tímido, a no hablar con los demás, a no interactuar y a no tener amigos con los que poder relacionarme, no porque no quisiera, sino porque realmente no podía...

A raíz de eso empecé a despreciarme a mí mismo, a no quererme y amarme, y empecé a odiarme a mí mismo. Hasta el punto en el que cuestionaba absolutamente todas las cosas que hacía y me castigaba por ello, haciendo más grande mi dolor...

Miraba a los demás y siempre me preguntaba: "¿por qué ellos son tan felices siempre?", "¿por qué yo siempre tengo que estar solo sin nadie a mi alrededor?", "¿qué estoy haciendo mal para sentir lo que siento?", "¿por qué los demás tienen amigos, se sienten bien con ellos y yo no?

Llegué a pensar que si no gustaba por lo que era, entonces debía ser como ellos eran, actuar y hacer todo lo que hacían, pero no me daba cuenta de que cuanto más trataba de agradarles, más me desagradaba a mí.

Al llegar a casa por las tardes después del colegio me preguntaba: **cuando estuve con esas personas, ¿era yo realmente o era alguien que trataba de engañar para encajar?**

La respuesta era siempre la misma... y esta hacía que me hiciera más daño a mí mismo.

No tuve amigos ni tampoco personas con las que realmente confiar y contar con ellas, por lo que tuve que ir superando muchas adversidades y desafíos yo solo, **sin nadie que me apoyara...**

No quería preocupar a mis padres, no quería que ellos supieran nada de esto, siempre los he amado y los sigo amando como lo más, pero no quise contarles nada de lo que sucedía dentro de mí, **aunque sé que me hubieran ayudado y hecho todo lo posible, algo dentro de mí me decía que era mi lucha y debía superarla yo.**

Siempre estuve aparentando estar bien, cuando sabía que realmente las cosas no iban tan bien dentro de mí...

Siempre fui ese niño que todos querían que fuera, pero no el niño que yo realmente quería ser.

Hasta que a los catorce años toqué fondo...

Venía arrastrando una mochila cargada de dolor, de soledad, de apariencias, de engaños, de decepciones por parte de otras personas, de críticas, de burlas...

Mi único deseo era estar en mi casa, en mi cuarto, sin salir y sin tener contacto con nadie, **solo quería estar conmigo y ya está, sin que nadie me molestara, sin que nadie me hablara ni mirara...**

En ese entonces fue cuando unos "supuestos" amigos que aparentaba tener para aliviar ese sentimiento de soledad que tenía pero que realmente no eran amigos míos  porque no tenía, se volvieron contra mí y empezaron a criticarme, a decir cosas de mí que no eran ciertas, a difamarme y a hacer todavía más grande ese dolor que ya experimentaba.

Así que me lo llegué a cuestionar todo... **pensaba que eso sería lo que me esperaría por el resto de mi vida**

y yo no quería eso, no quería vivir esa vida y hasta llegué a pensar en cometer una locura pero no la hice…

No fue hasta los diecinueve años que me llegó un libro, **un libro que lo cambiaría todo por completo y daría un giro de ciento ochenta grados en mi vida.**

Un libro que hablaba de superación, de historias de otras personas que habían superado desafíos enormes, de motivación, de crecimiento…

Ese libro cambió radicalmente mi percepción sobre la vida y sobre todo lo que había estado sintiendo y viviendo los últimos nueve años atrás.

Sin ser lector y sin que me gustase leer, devoré ese libro, página tras página, hasta llegar a la número dos cientos y terminar ese libro en poco menos de tres días.

En ese momento me obsesioné con esa clase de libros y quería saberlo todo y aprenderlo todo, sabía que esa era mi solución, sabía que esos libros podían ayudarme y hacer un gran cambio en mi vida…

Fue entonces cuando empecé a leer libros de crecimiento y desarrollo personal, de autoayuda, de éxito y toda clase de libros relacionados, empecé a buscar a los autores de esos libros y me di cuenta de que muchos de ellos habían pasado por situaciones similares a la mía y que, sin embargo, habían tenido un grandioso éxito, así que empecé a aprender de ellos.

Devoraba libro tras libro, **leí veinte libros en solo seis meses sin ser lector,** y realmente acumulé muchísima información pero me faltaba el ingrediente más importante: usar esa información.

Estaba muy entusiasmado, sabía que algo grande estaba en camino, así que empecé a ordenar toda esa información de manera fácil y sencilla para que pudiera usarla y aplicarla en mi vida como si fuera una guía, un ABC, con la intención de hacer ese gran cambio que tanto había anhelado…

Y así lo hice, **poco a poco empecé a cambiar mi vida, empecé a ser distinto, a sentirme mejor conmigo mismo, empecé a cambiar mis creencias, a enfocarme en mi mente subconsciente y en muchísimas cosas más.**

Dejé atrás ese sentimiento de inferioridad, dejé atrás esa timidez que me impedía relacionarme con los demás, dejé atrás el aparentar ser alguien que no era, dejé atrás ese odio que tenía por mí mismo, dejé atrás amistades tóxicas, dejé atrás todo aquello que me impedía avanzar y en su lugar…

Empecé a quererme, a amarme, a avanzar en mi vida, a lograr mis propios éxitos, a crear amistades increíbles, a ser esa persona que tanto había estado anhelando en un pasado.

Dos años y medio después me encontraba a mí mismo con tres libros escritos de autoayuda y superación, ayudando a miles y miles de personas en todo el mundo y haciendo seminarios por toda la ciudad en donde vivo, Barcelona.

Desarrollé una obsesión por ayudar a otras personas, por ser una bendición en la vida de otros, no quería que nadie pasara por lo que yo pasé...

Así que ahí estaba yo, con tan solo veintiún años y con una visión muy grande, con un propósito de vida que todavía mantengo y seguiré manteniendo hasta el final de mi viaje.

A día de hoy pongo mi visión atrás y siento gratitud por todo lo que me sucedió, porque si eso no hubiera sucedido, hoy no estarías leyendo este libro y tampoco me hubiera convertido en la persona por la que estoy orgulloso de ser.

No siento tristeza, rencor, ira o frustración, porque finalmente entendí que todo eso no fue más que un entrenamiento de la Vida, de Dios, del Universo, de la Inteligencia Infinita, como prefieras llamarle, para que yo pudiera convertirme en quien hoy estoy agradecido de ser.

Amado lector, amada lectora, como te dije al inicio de mi historia, no sé cuáles han sido o cuáles están siendo tus circunstancias, lo que te ha podido suceder o lo que te está sucediendo, no sé la clase de desafíos, obstáculos, problemas e inviernos que has tenido que superar y enfrentar…

Quiero que sepas que no es más importante lo que pasó, sino que es más importante todo aquello que pasará, y si me acompañas en este viaje, te pido algo:

Deshazte de esa mochila que podrías estar cargando, esa mochila que estás aguantando, esa mochila que te está impidiendo crear la vida que mereces tener…

Y empecemos juntos este nuevo camino, un camino llamado La Magia del Subconsciente, pero la única cuestión es: **¿qué te está deteniendo?**

Si quieres crear esa vida, si quieres lograr esa salud, ese amor, ese dinero, sea lo que sea, está disponible para ti.

La vida no comete errores, **si algo o alguien te puso ese sueño, esa visión delante de ti, es que es para ti y debes de ir tras ello, tienes tu sitio reservado para ese sueño, pero debes ir a por él.**

La pregunta es: **¿estás dispuesto a ir tras eso que Dios, el Universo, la Inteligencia Infinita... puso delante de ti?**

Si no eres tú, ¿entonces quién? y si no es ahora, ¿entonces cuándo?

Tienes una magia dentro de ti, en lo más profundo de tu ser, en ese cuarto oscuro, en tu subconsciente, que realmente muy pocos conocen y que te ayudará a hacer de eso, una realidad, sea lo que sea, en el ámbito que sea, si lo ves, si lo visualizas, es que es para ti...

Este puede ser el libro que cambie tu vida, tan solo date esa oportunidad, date el permiso de sumergirte en la magia de tu subconsciente y hagamos juntos realidad, lo que hasta ahora es invisible.

Gracias por confiar en mí, y sobre todo, gracias por confiar en ti.

Con cariño y amor, Ivan.

Ivan Vico Gómez

CÓMO APROVECHAR ESTE LIBRO AL MÁXIMO

Me gustaría darte algunas sugerencias para que puedas absorber al máximo todo el conocimiento que viene a continuación, ¿me permites?

¡Vamos a por ello!

❶. No lo leas, ¡estúdialo!

La gran mayoría de las personas hoy en día leen por leer, leen por diversión, **han confundido el medio con el fin.**

Leer no es el fin, leer es un medio para un fin, bien sea material, espiritual, mental, emocional... le lectura es un vehículo que te lleva a la obtención de resultados, así que estúdialo y para ello toma apuntes, subraya las partes más importantes, mira cómo puedas aplicar lo que aprenderás para usarlo en tu vida...

Utiliza la regla de la doble A (**AA**): **A**prender y **A**plicar, en la medida que aprendes, mira cómo puedes aplicar el conocimiento a tu vida.

❷. Lee con INTENCIÓN

En nuestra vida no manifestamos las acciones que tomamos, **manifestamos la intención con las que las tomamos.** Puedes estudiar este libro con la intención de que esto no servirá para ti y que no aprenderás nada y por mucho que leas y estudies, eso será exactamente lo que manifestarás.

Estudia y aprende desde la intención de aprenderlo todo, como si no supieras nada, como si fueras ese niño o niña que un día fuiste y simplemente absorbe todo el conocimiento.

Estudia y lee desde la intención del AMOR y no del MIEDO o la DUDA.

❸. Crea tu grupo de extraordinarios y extraordinarias

Cuando a los 19 años empecé a leer libros de crecimiento personal, espiritualidad, educación financiera y demás, me di cuenta del enorme poder que tenía toda esa información, así que, como en ese momento estaba haciendo un grado superior en un instituto, **decidí crear un pequeño grupo de personas que también les gustaba leer y compartir todo lo que aprendía en estos libros.**

Realmente fue una idea MARAVILLOSA, terminamos leyendo prácticamente todos los mismos libros y los comentábamos y leíamos juntos, ¡era increíble!

A día de hoy también tengo grupos de lectura para seguir aprendiendo y compartiendo conocimiento con aquellas personas que también desean crecer y expandir más su vida.

¡Te recomiendo que hagas lo mismo!

Busca algún grupo de lectura ya creado o si no, crea el tuyo propio y empieza a aprender junto con otros extraordinarios y extraordinarias que tienen la misma hambre de conocimiento que tú.

¡El crecimiento será geométrico!

Pueden ser amigos, conocidos, familiares o hasta otros lectores de La Magia del Subconsciente que irás encontrando por mis redes sociales.

❹. ¿Tiendes a no ser lector/a de libros?

Te comprendo. Yo no era nada lector, **de hecho, odiaba leer libros, no me gustaba.**

A día de hoy soy capaz de leer entre cuatro y cinco al mes. La pregunta es… ¡Ivan! ¿cómo hiciste eso?

No forzándome a leer y, en su lugar, entrenando mi mente para que quisiera leer. ¿Cómo se hace eso?

Simple, se trata de dejar a tu mente con ganas de más, entonces, cambiará la idea que tiene de que leer es aburrido o que cuesta, y poco a poco la estarás entrenando para que tu mente asocie la lectura a algo que desea y anhela.

Para hacerlo, **solo tienes que mantener un pequeño compromiso contigo mismo de leer solo una página al día, o menos.**

La primera semana, lee solamente una página al día y aunque quieras seguir leyendo más, ni se te ocurra hacerlo.

A nuestra querida mente no le gusta que le dejemos algo a medias, por eso mismo, si le quitas lo que quiere, todavía lo deseará con más intensidad.

Esa es la manera idónea para todas aquellas personas que no son lectoras o que les cuesta leer, o como me sucedía a mí, que odiaba leer, terminen siendo grandes lectores/as.

O si por el contrario, eres ya un gran lector, no te frenes, lee a tu ritmo.

❺. Si algo te chirría, ¡sigue!

Cada vez que oímos o leemos algo nuevo, algo desconocido para nosotros, se desperezan células que estaban dormidas en nuestro cerebro rechazando ese nuevo material, haciéndonos creer que eso no es así, que es imposible o hasta incluso ridiculizando ese material.

Si algo te causa rechazo, **no te detengas y abandones el libro, sigue leyendo, obvia eso que te chirría y sigue.**

❻. No creas absolutamente nada de lo que leerás.

Antes de empezar quiero pedirte algo... **No creas nada de lo que te explicaré en La Magia del Subconsciente**

sin primero comprobarlo. Pues, es tu derecho universal y soberano hacerlo.

No hagas lo que has hecho hasta ahora, es decir, aceptar todo lo que oyes y todo lo que ves sin darte la oportunidad de juzgar entre el bien y el mal.

❼. Se una bendición para otros

Había una vez un hombre llamado Juan que solía caminar por el centro de la ciudad todos los días en su camino hacia el trabajo. Un día, mientras caminaba, vio a una mujer mayor, que luchaba por llevar sus bolsas de compras y se estaba quedando sin aliento.

Sin pensarlo dos veces, Juan se acercó a la mujer y ofreció su ayuda. Ella aceptó con una sonrisa y juntos continuaron el camino hasta su casa.

Durante el trayecto, la mujer le contó a Juan su historia. Había perdido a su esposo hace unos años y no tenía familiares cercanos para ayudarla. Estaba luchando por mantener su independencia, pero a veces era difícil.

Después de dejarla en su casa, Juan se fue al trabajo. Sin embargo, su encuentro con la mujer mayor lo dejó pensando en la situación de muchas otras personas en la ciudad que necesitan ayuda y no tienen a nadie a quien recurrir. Decidió que quería hacer algo al respecto.

Juan comenzó a ayudar a las personas de su comunidad. Empezó por ayudar a los ancianos a llevar sus compras, luego se ofreció como voluntario en el centro comunitario local para enseñar habilidades de lectura y escritura a aquellos que no tenían. Su bondad y voluntad de ayudar inspiraron a otros a hacer lo mismo.

Juan descubrió que **el acto de ayudar a los demás no solo beneficia a quienes reciben la ayuda, sino que también trae una gran satisfacción personal.**

Ayudar a otros lo hizo sentir más conectado con su comunidad y le permitió hacer una diferencia en la vida de las personas.

Amado lector, a menudo solemos pensar que nuestros actos no tienen sentido, que no podemos crear un impacto en el mundo, pero estamos equivocados.

Y nunca sabemos cuándo esto va a suceder. **Ser una bendición significa ser un apoyo, una ayuda, un pilar en la vida de otra persona,** porque toda la información que ahora vas a recibir, sin duda bendecirá tu vida y, al compartirla con tu entorno, también bendecirá las suyas.

Puede que el efecto no sea inmediato, pero sin importar lo que tarde en llegar, **ten por seguro que cada acción genera una reacción, así que, la ayuda que les darás a tu entorno con este conocimiento será una causa que generará el efecto de una bendición en la vida de los demás.**

Ivan Vico Gómez

Puede que conozcas personas que sean como esa mujer mayor, personas que no lo tengan fácil, personas que estén pasando por desafíos, inviernos y que realmente estén luchando por sobrevivir.

Tú puedes ser como Juan y ser una bendición para esas personas, pueden ser amigos, conocidos, familiares, vecinos, compañeros, seguidores en redes sociales...

Y no importa si esas personas no están todavía preparadas para recibir este conocimiento, pues cuando llegue el momento, esas perlas de sabiduría que les diste y que no supieron valorar, **empezarán a resplandecer más y entonces las guardaran en el cuarto más sagrado que todos disponemos, nuestra mente subconsciente.**

Hazlo. Sé una bendición para la vida de los demás.

¡GRACIAS DE CORAZÓN!

¿CÓMO SE ESTRUCTURA LA MAGIA DEL SUBCONSCIENTE?

Sé que pensarás, vale sí, pero... ¿y el índice?

Amigo lector o lectora, un viaje es predecible, esto no es un viaje, esto será un trayecto en donde experimentarás muchas revelaciones, momentos chispazo en donde dirás... "¡Otras, ahora ya sé por qué me sucede esto siempre!" o "¡Ahora ya sé cómo cambiar mi vida!"

Quiero que entiendas una última cosa antes de empezar.

Nosotros no elegimos a las circunstancias, **las circunstancias nos eligen a nosotros.** El hecho de que tú, ahora, en este preciso instante, estés leyendo estas palabras, no ha sido por elección tuya.

La vida, Dios, Universo, Energía, Vibración... (como le quieras llamar) siempre nos pone delante las personas, las circunstancias, los objetos o las situaciones necesarias para que experimentemos un proceso de crecimiento y expansión interno, un proceso para elevar nuestra conciencia...

El hecho de que tú estés leyendo este libro no es algo casual, es justo lo que tenía que suceder para que realmente puedas salir de la ignorancia colectiva y empieces a conocer o, mejor dicho, a recordar, cosas que ya sabías...

Ivan Vico Gómez

Así que, ¿hay índice o no?

No, no hay, en nada y menos empezaremos tanto tú como yo un trayecto en el que irás conociendo justamente lo que nadie te habrá enseñado, lo que nadie te habrá explicado y lo que nadie te hubiera revelado de no ser porque este libro esté hoy en tus manos en este preciso momento…

Por último, **quiero darte las gracias por confiar en mí y por haber adquirido este libro, pero lo más importante es que tengo que darte las gracias por haber confiado en ti.**

Gracias de corazón.

Con cariño,

Ivan Vico Gómez.

AYUDA A MÁS PERSONAS

Amado extraordinario/a, tengo la creencia de que hemos venido al mundo no a RECIBIR sino a ENTREGAR.

El secreto de la VIDA no está en lo que tú recibes, está en lo que tú entregas a este mundo, porque inevitablemente por ley de reciprocidad **lo que tú das es exactamente lo que recibes.**

Madre Teresa lo resumía de esta manera: **"Si no vives para servir, entonces no sirves para vivir"**

Es posible que durante la lectura del libro tengas momentos "eureka" o momentos "disruptivos" en los que realmente entiendas las causas de los orígenes de tu vida y tengas la sensación de querer compartir este contenido y esta sabiduría con otras personas.

¿Puedo pedirte un favor?

Ayúdame a ayudar a más personas y que miles de personas conozcan lo que tú también empezarás a conocer en este libro y es por eso que…

Aquellas frases, enseñanzas o lecciones que te sorprendan y que te inspiren, compártelas a través de tus redes sociales mencionándome (@ivanvicogomez) para hacer llegar cada vez más y más lejos LA VERDAD, la sabiduría que conocerás en este ejemplar.

Gracias! 😊

Ivan Vico Gómez

¿Estás preparad@ para arrancar con un nuevo trayecto lleno de sabiduría, enseñanzas ocultas y revelaciones?

Si es así, entonces empecemos...

MAESTRO Y ALUMNO

< Todos somos alumnos y maestros. Pregúntate: ¿qué vine a aprender aquí y qué vine a enseñar? >

Louise Hay

Cuando descubrí TODO lo que aprenderás en este libro y en los siguientes de la SAGA solamente me preguntaba una sola cosa y esa pregunta siempre rondaba por mi cabeza, la realidad es que tardé tiempo en responderla y descubrir el motivo. La pregunta era...

¿Por qué este conocimiento se me ha revelado a mí mientras que a muchas otras personas les ha sido ocultado?

Y... ¿Por qué yo lo entiendo perfectamente y para mí es lógico, mientras que al explicarlo a otras personas no lo entienden, no creen en ello o creen que son tonterías?

No solamente el conocimiento que está expuesto en este libro, sino también el conocimiento y la sabiduría que ha sido expuesta en los demás libros de la SAGA.

La respuesta a todo ello la descubrí en un antiguo proverbio zen que dice lo siguiente...

Cuando el alumno esté preparado aparecerá el maestro.

Examinemos más profundamente las tres palabras clave de este proverbio zen.

Alumno. Sé un alumno o alumna. Estate dispuesto a aprender de todos y cada uno a través de permanecer abierto. **Ser alumno significa tener espacio en el interior para un nuevo saber, para una nueva sabiduría.**

Cuando estás verde creces y cuando estás maduro te pudres. Si permaneces verde, evitarás la maldición que representa ser un experto o mejor dicho, un erudito y entendido que cree saberlo todo en esta vida y no está dispuesto a aprender.

Cuando de corazón sepas y reconozcas que cada persona que te encuentras en este camino, en este trayecto llamado vida, tiene algo que enseñarte, podrás aprovechar al máximo lo que esta te ofrece.

Toda persona con la que te cruzas en tu vida es realmente un maestro o una maestra que trata de enseñarte algo, para bien o para mal, pero todo te lleva a un mayor nivel de conciencia.

Preparado. Sé un alumno o alumna dispuesto/a. Tu nivel de crecimiento en la vida es proporcional al nivel de tu mentalidad, tu vida se expande en la medida en que también lo hace tu mentalidad y tu conciencia.

Como alumno sabes y reconoces **que todo y que todos pueden de algún modo ser tus maestros.**

Cuando eres un alumno preparado, aquella persona que te habla de cómo superó una drogadicción, un desafío, una enemistad, una relación tóxica… automáticamente se convierte en tu maestro.

Preparado significa estar dispuesto. **Disposición genuina y auténtica. Cuando estés así dispuesto, descubrirás a tu propio maestro.**

Maestro. El maestro está en todas partes. Puede ser una persona experimentada dispuesta a ayudarte y guiarte hacia algún resultado deseado en tu vida o bien puede ser una situación u experiencia en tu vida.

Los maestros aparecen de muchas formas distintas, **podría llegar a ser un libro, este mismo, por ejemplo, un artículo en alguna red social, un retraso imprevisto de camino a tu trabajo…**

El maestro puede ser un niño o una niña que te coge de la mano y te hace una pregunta en la que tú no habías pensado hasta ese momento, y la respuesta que le das al niño es la respuesta que te das a ti mismo.

También, tu maestro puede ser invisible y podría aparecer en forma de pensamiento que llega a tu mente en un momento en el que estás tranquilo o tranquila, relajado o relajada y te anima a seguir una dirección determinada…

Cuando tú, el alumno, estés preparado y dispuesto, el maestro aparecerá. **Solamente tienes que hacer una única cosa, y esa cosa es...**

Echar un vistazo alrededor, mirar con ojos nuevos y preguntarte esta poderosa pregunta en silencio... **"¿Quién es mi maestro?"**

Como ya sabrás, **no existen los accidentes, el hecho de que tú estés leyendo este libro no es un mero accidente, es justo lo que debe de suceder para que eleves tu conciencia.**

Albert Einstein dijo una vez...

> **No existe el azar, Dios no juega a los dados.**

Cuando un insecto herido, dolorido y moribundo, te recuerda la necesidad de ser compasivo, es que el maestro ha aparecido.

Cuando aquella persona sin hogar, con un aspecto moribundo y con la mano extendida, te recuerde la necesidad de ser alguien piadoso, es que el maestro ha aparecido.

Cuando te enfades y enfurezcas con una persona por un acto o por alguna circunstancia en concreto, el maestro ha aparecido.

Recuerda… **cuando el alumno está preparado, aparecerá el maestro.**

ENTRAR POR LA PUERTA DEL TEMPLO DE LA SABIDURÍA

Tanto el oro como los diamantes se obtienen sólo después de una extensa búsqueda.

Cualquier ser humano puede encontrar toda la verdad conectada con lo más profundo de su ser si cava profundamente en la mina de su subconsciente, **para entonces descubrir que es el creador de su carácter, el arquitecto de su vida y el constructor de su destino.**

Lo puede comprobar sin error alguno si vigila y controla sus pensamientos, observando sus efectos sobre sí mismo, sobre otros, y sobre su vida y circunstancias, es decir, **uniendo causa con efecto, efecto con causa y utilizando todas sus experiencias como un medio para obtener ese conocimiento de sí mismo denominado: comprensión, sabiduría o poder.**

La Ley que dice: **"aquél que busca encuentra; al que llame a la puerta se le abrirá",** solamente con paciencia, práctica y una perseverancia constante puede un ser humano entrar por la puerta del Templo de la Sabiduría…

MAESTRO, ¿CÓMO OBTENGO TU SABIDURÍA?

Hubo una vez un alumno con el deseo y anhelo de obtener la misma sabiduría que poseía su buen maestro al cuál un día le preguntó...

Maestro, ¿cómo puedo obtener su sabiduría?

A lo que el Maestro respondió...

¿Realmente la deseas?

El alumno muy entusiasmado respondió que sí y en ese entonces, ambos, se encaminaron en un pequeño pero largo viaje por las entrañas de un bosque.

Tras dos horas andando, **llegaron a un riachuelo que corría por allí y se acercaron...**

¿Ves ese riachuelo que hay ahí? – Dijo el maestro

Sí – Dijo el alumno

Entonces ve y asoma la cabeza para observar lo que hay dentro del agua... – Dijo el maestro

Cuando el alumno fue y se agachó para acercarse a observar lo que podría haber dentro del agua, **el maestro se acercó por detrás, le cogió de la cabeza y se la introdujo dentro del agua.**

El alumno no paraba de retorcerse y hacer mil cosas con tal de salir y poder coger algo de aire, pero el maestro aún tenía su mano en su cabeza, **hasta que vio que el alumno dejaba de intentarlo y poco a poco iba perdiendo la consciencia...**

Justo en ese entonces, le sacó de golpe y lo primero que hizo el alumno fue coger la bocanada de aire más grande de toda su vida.

El maestro le preguntó...

¿Qué es lo que más deseabas cuando estabas allí debajo?

El oxígeno – Dijo el alumno

Cuando desees mi sabiduría de la misma manera que deseabas el oxígeno, en ese entonces y sólo en ese entonces, la obtendrás... – Terminó diciendo el maestro...

¡Ayuda a otras personas!

Ha llegado el momento de abrir nuestro corazón a la gente que te rodea. Repasa lo que has leído y piensa en alguna persona con la que podrías compartir alguna frase, texto o parte del libro que te haya inspirado o que te haya ayudado.

Incluso si también lo deseas, puedes sacarle una foto con tu teléfono móvil a alguna parte del libro y publicarla en Instagram o Facebook para compartirlo con tus seres más queridos y con tus amigos.

A continuación, realizaremos unas afirmaciones en voz alta y con alta intensidad emocional para que estas se fijen en nuestro subconsciente, ¿estás listo? ¿estás lista?

¡Vamos a por ello!

> YO SOY QUIEN QUIERO SER.
> YO SOY INCREÍBLE.
> YO HE VENIDO PARA BRILLAR.
> YO HE VENIDO PARA SOBRESALIR.
> YO HE VENIDO PARA SER LO MÁS.

TU RELACIÓN CON EL SUBCONSCIENTE

Ivan Vico Gómez

< Lo que somos hoy proviene de nuestros pensamientos de ayer, y nuestros pensamientos actuales construyen nuestra vida de mañana. Nuestra vida es la creación de nuestra mente >

Buda

Los poderes del subconsciente **ya existían incluso antes de que tú o yo hubiéramos nacido**, antes de que existiera ninguna Iglesia, ser humano o mundo.

Observa lo siguiente, tu subconsciente es una armería, o si no te gusta este nombre, también podríamos llamarle cuarto oscuro, pero lo que quiero que entiendas es que es tu lugar secreto en el que se desarrolla tu vida externa.

Hoy en día creemos que somos nuestro nombre, nuestra manera de vestir, nuestros padres, nuestros vecinos o hasta incluso el coche que conducimos, **creemos que eso hace de nosotros lo que somos y quienes somos, pero la realidad es la siguiente…**

Eres las creencias que toman forma, imagen a imagen en la luz y en la oscuridad dentro de ese cuarto oscuro o armería, de lo cual, tú eres el dueño o dueña.

El subconsciente es totalmente neutral y está siempre dispuesto, sin importarle lo bueno o lo malo, **siempre dará por verdadero y por adecuado cualquier hábito que hagas de manera continuada.**

Y aquí está la magia de todo esto…

Cuando de manera despreocupada arrojas una y otra vez pensamientos negativos dentro del subconsciente, nos sorprendemos al comprobar que, **de alguna manera u otra, estos pensamientos encuentran un modo de expresarse en nuestras experiencias y circunstancias diarias.**

> **Es raro encontrar algo que nos haya sucedido y en lo que no hayamos participado para que sea de esa forma.**

Si quieres cambiar tu vida, si quieres cambiar tu mundo, **asegúrate de cambiar tu mente a fondo.**

A medida que vayas conociendo las leyes de tu subconsciente, creerás de una manera absoluta que, independientemente de lo que suceda en tu mundo externo, cualquier circunstancia o condición, tú estarás siempre al mando, **porque conocerás y aprenderás que tu mundo externo como tu mundo interno son uno y que van al unísono.**

EL EFECTO DEL SUBCONSCIENTE SOBRE LAS CIRCUNSTANCIAS DE LA VIDA

El subconsciente de cualquier ser humano podría compararse como un jardín que puede ser cultivado inteligentemente o abonado a su suerte, pero, debemos de entender que, **tanto si es cultivado como si es abonado, en ambos casos dará frutos.**

Si no se siembran las semillas útiles, entonces un torrente y una avalancha de semillas inútiles caerá sobre él y se seguirán creando en nuestro mundo exterior.

Por ejemplo, del mismo modo que un jardinero cultiva y se encarga de cuidar su jardín quitando las malas hierbas, planta flores y frutos que necesita, **así también puede cualquier persona cuidar el jardín de su mente subconsciente, limpiándola de todos los malos pensamientos que crezcan en ella y cultivando los pensamientos correctos y beneficiosos para su vida.**

Cada ser humano que vive en este planeta ha obtenido los resultados que ha obtenido gracias a la ley del ser, **todas las semillas sembradas, todos los pensamientos originados en su interior, lo han llevado a donde hoy está.**

> **En la vida no existe nada azaroso,
> todo es el resultado de una ley que no falla jamás.**

Muchas personas pasan su vida a la expectativa o, mejor dicho, a expensas de lo que la vida y las circunstancias, experiencias o situaciones les depara.

Absolutamente todo les sucede a ellos y siempre se encuentran en una batalla entre la vida y ellos mismos.

Esas personas están actuando desde un estado llamado **victimismo**.

Son aquellas personas que cuando todo va bien, ellos quieren el reconocimiento y colgarse una chapa como merecimiento, pero cuando las cosas se tuercen, **pasan del "yo soy el responsable de ello" al "ellos son los responsables de ello"**

Es muy fácil reconocer a esta tipología de persona, observa:

Son personas que **buscan continuamente justificarse**, siempre están buscando motivos o excusas para desidentificarse de los hechos y así liberarse de ese sentimiento de culpabilidad o aceptación de su propia creación.

También los podemos reconocer porque **están continuamente quejándose de todo y de todos**, siempre están enfocados en lo malo de la vida y, por ende, eso terminan experimentando.

Y finalmente **son personas que siempre, siempre y repito, siempre, buscarán alguien a quien culpar de sus malas circunstancias,** no quieren responsabilizarse de sus hechos y para aliviar el dolor o el sufrimiento, siempre buscan a otro u otra que acarree con su desastre para así ellos no sentirse mal.

Creemos que somos el copiloto de nuestra vida, creemos que no somos nosotros quienes vamos al volante conduciendo, cuando la realidad es totalmente la opuesta, **somos nosotros quienes conducimos el coche, somos los capitanes de nuestro barco y los constructores de nuestro edificio, todo lo de fuera es un efecto creando por una causa, esa causa eres tú**.

Para que te hagas una idea, **todo nuestro mundo se comporta como un holograma, es decir, una representación física creada por algo, ese algo eres tú.**

¿Ese holograma que se representa en mi vida se puede cambiar?

Por supuesto, de hecho, si este no te gusta, es tu deber cambiarlo, el holograma no es algo fijo, no es algo permanente, es algo que se puede cambiar y que tú puedes hacer.

Si somos los conductores de nuestro coche, los capitanes de nuestro barco y los constructores de nuestro edificio, si hay algo que no nos gusta en ese holograma es porque de alguna manera nosotros lo hemos creado, bien sea consciente o inconscientemente, **pero eso también significa que nosotros lo podemos cambiar.**

*El secreto del cambio es enfocar toda tu energía,
no en la lucha contra lo viejo,
sino en la construcción de lo nuevo.*

Sócrates

Cada semilla de pensamiento sembrada o que casualmente se deja caer en el subconsciente, **esta siempre producirá lo suyo, terminará floreciendo tarde o temprano en un acto y dando su propio fruto de una circunstancia.**

> **Los buenos pensamientos dan buenos frutos los malos pensamientos dan malos frutos.**

El universo se divide en dos mundos, **el mundo exterior de las circunstancias y el mundo interior de los pensamientos.**

En nuestra cultura nos han enseñado que lo único que existe es el mundo exterior, el mundo de las circunstancias, y vivimos basándonos en lo visible, en los cinco sentidos: lo que oímos, lo que vemos, lo que saboreamos, lo que olemos y lo que tocamos.

Nos han dicho que hay que "ver para creer" y si no lo ves, entonces no lo puedes creer, ¿verdad?

La realidad, como siempre, es toda la opuesta, **difícilmente podrás ver sin antes creer.**

Difícilmente podrás ver más salud, más energía, más dinero o más amor **sin antes creer que es posible para ti.**

Por eso mismo...

La Ley de la Vida no es la Ley del Deseo, es la Ley de la Creencia, porque lo que tú crees es lo que tú ves.

Hay una frase que resume esto muy bien y seguramente la iré repitiendo a lo largo de este libro porque es muy poderosa, seguramente la conozcas...

Si crees que puedes, tienes razón, si crees que no puedes, también tienes razón.

Henry Ford

Sin embargo, nos pasamos la vida "luchando contra las circunstancias", pero... ¿qué significa luchar contra las circunstancias?

El ser humano está continuamente rebelándose contra lo que llamamos "efectos", mientras que al mismo tiempo está nutriendo y haciendo más y más grande la causa que lo origina.

Están peleados con la vida, con todo, con todos, cuando realmente deberían de estar enfadados con ellos mismos, todo ser humano está ansioso por mejorar su vida, sus circunstancias, **pero la realidad es que no quieren mejorarse a sí mismos y como consecuencia, siempre terminan experimentando lo mismo una y otra vez.**

CÓMO FUNCIONA TU MENTE

A nivel consciente pensamos y razonamos con nuestra mente consciente, y cualquier cosa que pensemos con cierta frecuencia se hunde en la mente subconsciente, en ese entonces, **se inicia un proceso en donde ese pensamiento busca su representación en un equivalente físico.**

Si tuvieras que quedarte con una sola idea en este libro es la siguiente: **una vez que el subconsciente acepta una idea, comienza a ejecutarla.**

La paz interior y la tranquilidad mental son inevitables una vez se entiende y comprende la magia del subconsciente. Cualquier cosa que afirmes mentalmente y sientas como verdadera, será aceptada por tu subconsciente y hecha realidad en tu vida.

Tu mente subconsciente es un jardín fértil que es capaz de admitir cualquier tipo de semilla, tanto buena como mala. Tus pensamientos son esas semillas.

Los pensamientos negativos trabajan de manera negativa en tu subconsciente y tarde o temprano florecerán en la superficie y tomarán forma de experiencia externa.

 Recuerda esto hoy y siempre: **tu subconsciente no se parará a comprobar si tus pensamientos son buenos o malos, verdaderos o falsos, solamente responderá ante ellos.**

EL CONSCIENTE RAZONA, TU SUBCONSCIENTE NO

A nivel consciente sí eres capaz de razonar y discutir cualquier cosa, pero tu mente subconsciente no tiene esa capacidad. **Si le das información errónea, la aceptará como verdadera y trabajará para que así sea.**

Por eso mismo... ¿realmente estás seguro de que todo lo que sabes es verdadero? O más bien... ¿te lo has repetido o te lo han repetido tantas veces que has terminado creyendo que era cierto?

¿Hasta qué punto lo que sabemos es verdadero?

Tus pensamientos habituales, bien sean porque te los has inculcado tú o te los han inculcado otras personas, hacen profundos agujeros en tu mente subconsciente.

Si estos son positivos y constructivos, **tu subconsciente trabajará día y noche sin tú darte cuenta para crear positividad y condiciones constructivas en tu vida.**

De la misma manera, si son negativos y destructivos, **tu subconsciente trabajará para representarlos en su equivalente físico.**

Tu mente subconsciente solamente reacciona a lo que es impreso en él por tu consciente. No escoge o selecciona, sencillamente toma y acepta lo que se le da.

El mayor obstáculo para lograr el éxito en lo que soñamos son las limitaciones programadas en el subconsciente

Bruce Lipton

ASÍ ME SANÉ DE LA APENDICITIS

Cuando tenía unos nueve años empecé a notar molestias en el apéndice.

Al cabo del poco tiempo tuve que dejar de ir a la escuela porque todo lo que comía lo vomitaba, me dolía muchísimo, sentía unos pinchazos muy grandes, hasta el punto de que andar me resultaba una tarea complicada.

Siempre he sido muy negado para ir al médico, nunca me ha gustado y en ese entonces le dije a mi madre que esperaríamos para ver si ese dolor cesaba con el tiempo.

Esperamos varios días y no hubo resultado, seguía vomitando, con fiebre alta, con mucho dolor, y no sucedía nada…

Pasó una semana y nada cambiaba… con lo que mi madre decidió llevarme al médico y, lógicamente, yo estaba más que aterrado.

Recuerdo ir en el metro con muchísimo dolor, me costaba subir las escaleras para salir de la estación de metro y llegar al hospital…

Ivan Vico Gómez

Cuando entré en el hospital, recuerdo estar repitiéndome todo el rato y con mucho miedo: "estoy bien, estoy bien, cúrate, cúrate..." y así todo el rato.

Nos hicieron pasar a una sala de espera y de ahí a una sala de operaciones en donde estábamos mi madre y yo esperando al doctor, lógicamente cuando entré en esa sala todavía tuve más miedo y lo repetí con mucha más intensidad.

Me acuerdo de que, en un momento, mi madre contó algo que nos hizo reír muchísimo y no paramos de reír y reír mientras esperábamos al doctor que todavía no llegaba.

Cuando llegó el doctor ya no me dolía, en 10 minutos volvimos a salir del hospital sin esa apendicitis.

Me quedé muy sorprendido al ver que ese incesante y fuerte dolor que me había perseguido la semana anterior, dejó de estar en mí en cuestión de 30 minutos desde que empecé a repetirme esa afirmación sin yo tener conocimientos acerca del subconsciente y el poder que tiene.

Al día siguiente volví al colegio y hacer vida normal como siempre.

LA INCONSCIENCIA DEL SUBCONSCIENTE

Como ya bien te expliqué en la introducción de este libro, durante los primeros 7 u 8 años de tu existencia fueron aquellos en donde tu subconsciente estaba más a flor de piel, es decir, en donde era más vulnerable, para que te hagas una idea, era como una plastilina moldeable con extremada facilidad.

Todo lo que en ese entonces escuchabas, experimentabas o veías físicamente, iba tomando forma en tu subconsciente en forma de creencia.

Desde el día que aparecemos en este plano, nos bombardean con sugestiones y afirmaciones negativas, al no cuestionarlas creemos que son ciertas y las aceptamos inconscientemente, como por ejemplo:

- **No puedes hacer esto…**
- **Nunca llegarás a conseguirlo…**
- **Cometer errores está mal…**
- **No tienes ninguna posibilidad…**
- **Es inútil intentarlo…**
- **Las cosas van de mal en peor…**

Al aceptar esta clase de afirmaciones, **colaboras en hacerlas realidad.**

En este caso, como eras un niño o una niña, estabas literalmente desnudo o desnuda ante las sugestiones de aquellas personas que considerabas importantes para ti, no podías hacer nada al respecto.

¿CÓMO VENCER LAS SUGESTIONES NEGATIVAS?

Lo primero que debemos saber es que hoy en día vivimos en un mundo en donde todos buscan atención, todos quieren captar tu atención de una u otra manera, bien sea con anuncios en televisión, en redes sociales, en periódicos con titulares bien llamativos…

Debemos darnos cuenta de que vivimos rodeados de negatividad, **si crees que no es así, coge un periódico o pon las noticias en la televisión.**

Sin darnos cuenta, a lo largo de nuestros días dejamos entrar dentro de nuestro jardín todo tipo de semillas de miedo, de duda, de preocupación, de ansiedad… que provienen de esas fuentes diabólicas que no informan, no comparten, sino que contagian.

Muchas veces nos preguntamos, **¿cómo diantres he podido crear esta vida tan desastrosa y tan mala, llena de problemas y dificultades?**

Bueno, la respuesta está en aquello que tú dejas entrar en el jardín de tu mente de manera continuada.

Entonces, ¿cómo vencer las sugestiones negativas?

Muy simple, no las aceptes, no las hagas tuyas, no las hagas parte de tu identidad.

No hay nada existente en este planeta que ejerza un poder sobre nosotros más que el que nosotros le demos, si eres capaz de guardar tu poder sin dárselo a nada ni nadie externo, entonces estarás en el control de tu mente.

Si aceptas y tomas las sugestiones negativas de miedo, de duda, de incertidumbre, que provienen del exterior, podrían llegar a hacerte perder las ganas de vivir y en ese entonces caerías en lo más bajo de la vida.

Una vez comprendes que no tienes que aceptar las sugestiones negativas, se te abre una gran cantidad de opciones en tu vida, en tu interior reside el poder de combatirlas dándole a tu subconsciente autosugestiones positivas.

Simplemente **dale la espalda a lo que NO quieres y gírate hacia lo que SÍ quieres.**

Porque... **¿en qué se enfoca más el ser humano, en lo que quiere o en lo que no quiere, en lo que tiene o en lo que no tiene?**

Estamos programados biológicamente para enfocarnos en lo que no queremos, en lo que nos falta, piénsalo, te atraen las malas noticias, los acontecimientos y las circunstancias negativas, como podrían ser los problemas, chismes, críticas o cualquier cosa similar más que lo contrario, ¿si o si?

> **El bien es la normalidad, el mal lo eliges tú.**

Tu mente es un dispositivo de hace más de dos millones de años, no está diseñada para hacerte feliz, para cumplir todos tus sueños, para que estés bien, para tener una gran vida…

Tu mente no está diseñada para hacerte sobresalir, está diseñada para hacerte sobrevivir, ese es su único objetivo y el nuestro como seres humanos es reeducarla hacia el lado bueno de la vida.

EL SUBCONSCIENTE NO PUEDE ARGUMENTAR

Tu subconsciente conoce las respuestas a todas las preguntas, en el siguiente capítulo hablaremos más profundamente de ello, pero, sin embargo, no sabe que las sabe, no argumenta o te responde diciendo: "no debes sembrar semillas negativas dentro de mí…"

Cuando te dices a ti mismo o a ti misma: "no creo que pueda hacerlo", "ya tengo una edad, soy demasiado viejo", "nunca lo conseguiré porque soy un desgraciado", "tengo demasiados complejos para hacer esto…"

El hecho de decirte eso, sin tú darte cuenta, **estarás impregnando tu subconsciente con esos pensamientos y él simplemente responderá y actuará sobre ellos.**

Tú mismo o tú misma estás autolimitándote y negando la sabiduría infinita que reside en tu subconsciente.

Piensa en lo siguiente, **tu subconsciente siempre está trabajando para ti, a todas horas, nunca descansa, desde que inicias este viaje llamado vida hasta que trasciendes al siguiente plano,** tu subconsciente estará activo durante las 24 horas del día, está controlando los latidos de tu corazón y tu respiración ahora mismo en este instante.

Si quieres que tu subconsciente trabaje para ti, deberías probar a hacerle unas peticiones distintas a las anteriores, en ese entonces obtendrás su plena cooperación.

Ni tus peores enemigos te pueden hacer tanto daño como tus propios pensamientos.

Buda

 Recuerda: **lo externo no tiene la capacidad de ejercer ningún poder sobre ti y sobre tu vida más que el poder que tú le das.**

EL PODER OCULTO DEL SUBCONSCIENTE

< Cuando aprendes cómo funciona la magia, ya no es magia, cuando aprendes cómo funciona tu mente, es magia de verdad >

Desconocido

Tu mente subconsciente tiene la capacidad de independizarte del tiempo y el espacio, también tiene la capacidad de liberarte del dolor y del sufrimiento, te puede proporcionar la solución a todos los problemas, desafíos o contratiempos que pudieses estar experimentando en tu viaje llamado vida.

> **Dentro de ti reside un poder y una inteligencia que van mucho más allá de tu intelecto.**

Todo pensamiento, creencia, convicción, teoría, dogma u opinión que grabes en tu subconsciente, **tarde o temprano, lo empezarás a experimentar como manifestación en tus circunstancias, en tus condiciones.**

> **Lo que escribas en el interior,
> lo experimentarás en el exterior.**

Sea lo que sea que imprimas en tu subconsciente, en ese cuarto oscuro, en esa armería donde se forjan armas o herramientas, y repito, sea lo que sea que tanto tú como otras personas imprimas o dejes que otros impriman en tu subconsciente, este removerá cielo y tierra para hacer que ocurra.

Existe un antiguo principio Hermético, de las enseñanzas más profundas y ocultistas de este mundo que dice lo siguiente...

> Así como es dentro, así lo será fuera;
> Así como es arriba, así lo será abajo

Piensa por un momento en un árbol, un árbol tiene una parte externa como bien podrían ser los frutos, las ramas, las hojas y el tronco, ¿verdad?

Pero también tiene una parte interna que generalmente no vemos, las raíces, ¿cierto?

¿Crees que la parte externa será fuerte, bonita y abundante con una parte interna débil, fea y pobre?

Así como es en las raíces, así lo será el tronco, las ramas, los frutos y las hojas, así como es en las hojas, en los frutos, en las ramas y en el tronco, así lo es también en las raíces.

¿Alguna vez has escuchado la frase... *"por sus frutos los conocerás"*?

Bueno, esta frase abarca muchos significados y temas distintos, **lo que quiere decir es que según lo de fuera, así también lo será dentro.**

Si los frutos son malos y amargos, así también lo será en el interior, si el interior es dulce y bueno, así también lo será en el exterior.

Toda tu vida es un balance con una precisión milimétrica entre lo que tú estás experimentando fuera en tu vida y lo que yace en tu interior, **lo que entra y lo que sale debe ser igual, de la misma naturaleza.**

Absolutamente todo lo que hoy es tu vida no es más que un mero reflejo de lo que reside dentro de ti.

No puedes cambiar lo de fuera, sin antes haber cambiado lo de dentro…

Ivan Vico Gómez

Si quieres cambiar tu mundo, antes deberías de hacer un viaje a tu otro mundo, a tu mundo interior, y en ese entonces crear dentro lo que quieres ver fuera, porque solamente así lo verás.

Una vez hayas comprendido y asimilado esto, entonces podrás pasar a descubrir esta maravillosa magia que todos tenemos pero que no todos conocen…

¿Estás preparado? ¿Estás preparada?

Entonces, si es así, vamos a descubrirlo…

UNIVERSO Y ÉTER

La creencia es un pensamiento inconsciente albergado en nuestra más profunda mente subconsciente que ni tan siquiera nos cuestionamos y que actúa y ejerce sobre nosotros por debajo de los niveles de la consciencia.

Más del noventa por ciento de tu vida mental es subconsciente, si a lo largo de un día tenemos entre 60.000 y 80.000 pensamientos y entre el 95%-98% es subconsciente, ¿ves lo poderoso e importante que es esto?

Los procesos subconscientes siempre tienden hacia la vida, **precisamente es tu subconsciente quien construyó tu cuerpo y quien mantiene todas sus funciones vitales las veinticuatro horas del día, sin dormir y sin que tú se lo tengas que pedir, siempre está intentando ayudarte y protegerte de cualquier daño o causa.**

Tu mente subconsciente está en contacto directo con lo que llamamos el Éter, o como yo le llamo, la Biblioteca del Universo.

Las grandes inspiraciones, aspiraciones y visiones de querer obtener o lograr una vida más grande provienen del subconsciente.

Tu mente subconsciente siempre te hablará de una determinada manera, **lo hará a través de intuiciones, impulsos, presentimientos, corazonadas o también, por**

ejemplo, a través de ideas repentinas que aparecen de la nada.

Ella siempre te estará diciendo que crezcas, que avances, que te aventures a hacer nuevas cosas, que te dirijas hacia lo desconocido, hacia lo nuevo, hacia la cima...

El Éter es un espacio infinito de todo el Universo y es, y continuará siendo, literalmente, **una biblioteca mental en la cual se pueden encontrar todos los pensamientos emitidos por la humanidad.**

¿Alguna vez has escuchado a un inventor decir que ha "inventado" algo?

Raras veces, pero aquellos que conocen la verdad no lo dirán, ellos dirán que *lo han descubierto*, pero no inventado, porque realmente no hay nada que no esté inventado, **todo está en el Éter, solamente debes conectarte a esa fuente y obtener el conocimiento que te permitirá mezclar determinadas piezas del puzle y descubrir algo nuevo.**

Mark Twain confesó en varias ocasiones que él nunca trabajó en toda su vida. **Todas sus grandes obras fueron el resultado de su habilidad para beneficiarse de la fuente infinita de conocimientos del Éter.**

Otro caso es el de Albert Einstein, él lo que hacía era sentarse en una silla a oscuras y con una piedra en cada mano, esperaba a entrar en lo que se denomina estados alfa, es decir, en estados de somnolencia profunda y esperaba esas ideas, corazonadas y visiones.

Las piedras las tenía por si se dormía, en caso de dormirse, estas caían al suelo y Albert se despertaba de golpe para volver a empezar y así una y otra vez hasta que llegaban los conocimientos del Éter.

Fue a través de la mente subconsciente como Shakespeare percibió y comunicó las grandes ideas escondidas para las personas normales y corrientes de su época.

El subconsciente es el pozo del que los grandes artistas obtienen su sorprendente poder.

Por ejemplo, este poder que no todo el mundo sabe y conoce pero que todos tenemos en nuestro interior, le permitió al gran artista italiano Rafael pintar sus Madonnas o por ejemplo al gran músico alemán Beethoven componer sus sinfonías aún sin poder oír ni escuchar debido a su sordera.

Tu subconsciente te dirá a través de ti cosas sabias de las que tu mente consciente no sabe absolutamente nada.

La radio es un claro ejemplo, la radio funciona con ayuda del Éter y lo hace de la siguiente manera...

El Éter recoge la vibración del sonido y transforma la audiofrecuencia en una radiofrecuencia, transportándola a una estación receptora correctamente sintonizada.

¿Si una radio es capaz de sintonizar con la vibración del sonido convirtiendo la audiofrecuencia en radiofrecuencia, no crees que tu subconsciente tiene la capacidad de convertir el conocimiento del Éter en vibraciones de pensamiento que se recogen en tu subconsciente en forma de corazonadas, pensamientos repentinos o visiones?

Hace tiempo esto era una teoría, una probabilidad, hoy es una realidad.

EL MAYOR SECRETO JAMÁS REVELADO

Imagina por un momento que alguien te pide que nombres según tú, el mayor secreto de la humanidad, el secreto de todos los tiempos. ¿Qué le responderías?

¿La metafísica? ¿La física cuántica? ¿Los agujeros negros?

No, no es ninguna de estas cosas...

¿Cuál es el mayor secreto de todos los tiempos y dónde lo podemos encontrar? Y en ese caso, ¿cómo podemos llegar a él?

No hay que ir muy lejos para descubrir la respuesta, es simple y sencilla, **el secreto es la magia que se halla en tu mente subconsciente.**

¿HAY MAGIA EN EL SUBCONSCIENTE?

En lo más profundo del subconsciente yace la sabiduría infinita y un suministro infinito de todo lo que es necesario para ti y para tu vida.

Todo eso está esperando a que tú los desarrolles, si empiezas a reconocer estas potencialidades que yacen en lo más profundo de esa armería, de ese cuarto oscuro, poco a poco y de forma paulatina empezarán a tomar forma en el mundo exterior.

Pero para ello, existe un requisito y ya lo dijo Albert Einstein hace ya un tiempo...

La mente es como un paracaídas, sólo funciona si se abre.

Albert Einstein

No se puede seguir poniendo más agua en el vaso que está lleno, **debe vaciarse el vaso para que este pueda ser rellenado de nuevo.**

Si optas por una actitud receptiva y sobre todo y lo más importante, por una actitud de mente abierta, **la**

Ivan Vico Gómez

Inteligencia Infinita de tu subconsciente podrá ayudarte a revelar todo aquello que puedas necesitar.

Thomas Paine fue una de las grandes mentes del período revolucionario norteamericano.

Se le atribuye tanto el inicio como el final feliz de la Revolución y también la ayuda que proporcionó a la redacción de la Declaración de Independencia, es considerado uno de los Padres fundadores de los Estados Unidos.

Al hablar de la fuente de su gran almacén de conocimientos, Thomas lo describió de la siguiente manera:

"Cualquier persona que haya hecho observaciones sobre el estado de desarrollo de la mente humana mediante la observación de su propia mente, sólo puede haber constatado que existen dos tipos de eso que llamamos pensamientos: los que producimos en nosotros mismos a través de nuestra reflexión y el acto de pensar, y aquellos que llegan a la mente de forma espontánea.

Siempre he seguido la regla de tratar a estos visitantes voluntarios con cortesía, cuidando de examinar, de la mejor manera posible, si valía la pena el albergarlos; y de ellos he adquirido prácticamente todos los conocimientos que a día de hoy poseo."

Thomas Paine, 1792

¿Qué medios de transmisión hay para tales visitantes, si no es el Éter? El Éter es el medio de transmisión de todas las formas de vibración conocidas, como el sonido, la luz y el calor. **¿Por qué no habría de ser, también, el medio de transmisión de la vibración del pensamiento?**

Toda mente está directamente conectada con todas las demás mentes por medio del Éter. Todo pensamiento emitido por cualquier cerebro puede ser captado instantáneamente e interpretado por todos aquellos que estén en "armonía" o en la "misma frecuencia" con la mente emisora.

¿Alguna vez estabas hablando con una persona, bien sea amigo, amiga, familiar… y de repete se os ocurre la misma idea o estabais pensando en lo mismo?

Eso no es casualidad, **ambas mentes estaban sincronizadas y conectadas.**

¿Alguna vez has pensado en alguna persona en concreto y de repente te llegó un mensaje o una llamada de esa persona?

Bueno, he aquí la respuesta.

El espacio infinito de todo el Universo es una biblioteca mental en la cual se pueden encontrar todos los pensamientos emitidos por la humanidad.

Toda mente humana es una estación transmisora y a la vez receptora de vibraciones de la frecuencia del pensamiento.

Lo que hay en el Universo por esencia, presencia o ficción lo tiene el hombre en la mente primero, y en las manos después.

Leonardo da Vinci

Y tú, amado lector, tienes el derecho a descubrir este maravilloso mundo interno del subconsciente, **aunque las fuerzas sean invisibles, son poderosas, como la gravedad, no la puedes ver, pero sí experimentar.**

Es dentro de ese cuarto oscuro en donde encontrarás las soluciones a todos los problemas que podrías estar experimentando.

Personalmente, he podido observar cómo la magia del subconsciente puede lograr que los ciegos vuelvan a ver, que personas en un estado de incapacidad física se vuelvan sanos o que personas con cánceres vuelvan a recuperarse sin necesidad de tratamiento.

Existe y reside dentro de ti una fuerza curativa que puede sanar las mentes preocupadas, corazones rotos...

También es capaz de abrir las puertas de la prisión de la mente y liberarte, así como también liberarte de todos los tipos de ataduras materiales y físicas.

**Todo eso y más, es lo que empezarás
a descubrir aquí,
en La Magia del Subconsciente...**

¿CÓMO DESARROLLAR ESE PODER? ¿EXISTE ALGUNA MANERA?

El subconsciente es básicamente un campo de consciencia en el que todo pensamiento que alcanza ese cuarto oscuro, esa armería, por medio de cualquiera de los cinco sentidos, se clasifica y se graba, como si se tratara de un archivador de documentos.

De esta misma manera, **también se puede recordar o retirar los pensamientos del mismo modo que pueden cogerse los archivos de un archivador.**

Cualquier ser humano puede plantar en el jardín de su subconsciente cualquier plan, pensamiento o deseo que desee manifestar en su equivalente físico, (más adelante hablaremos de cómo usar el subconsciente para el éxito y el logro)

Pero, y aquí está lo más importante que debes saber y conocer, **el subconsciente actúa y prioriza en un 99'99% más, todos aquellos deseos que previamente se hayan mezclado con emociones o sentimientos**, en el siguiente capítulo hablaremos del ingrediente clave o la emoción clave que el subconsciente prioriza como la número uno para la manifestación y creación de cualquier cosa en su equivalente físico.

> **Todo lo que el ser humano es capaz de crear, antes empieza en forma de pensamiento, las personas no pueden crear nada sin antes concebir alguna idea en su pensamiento.**

No se puede controlar al 100% el subconsciente, **pero sí se puede entregarle cualquier plan, deseo o propósito que se desee transformar en una realidad.**

Me gustaría recordar que el subconsciente funciona las veinticuatro horas del día, los siete días de la semana y los trescientos sesenta y cinco días del año durante toda tu vida, **tanto si se hace un esfuerzo como si no se hace.**

Todos aquellos pensamientos negativos, de miedo y de pobreza, sirven como estímulos para que el subconsciente haga su correspondiente trabajo.

> **A menos que uno domine sus pensamientos y consiga nutrir e implantar sus deseos en su subconsciente, este seguirá alimentando los pensamientos negativos y destructivos para toda su vida.**

¿Hasta aquí bien?

Es importante que lo entiendas para que puedas comprender lo que viene a continuación.

Si tengo tu permiso y crees estar preparado o preparada, entonces sigamos!

Si eres una persona algo observadora, te habrás dado cuenta de que la gran mayoría de las personas acuden al *rezo* o al hábito de *rezar* solamente cuando ya no les queda otra salida, **cuando ya lo han probado todo y de todo y toda su mente está cargada de miedos, dudas e inseguridades.**

Al hacerlo, lo que transmiten al Éter, Inteligencia Infinita o como prefieras llamarlo, **son exactamente esas mismas emociones y sobre las cuales el Éter actúa.**

> **No le transmites al Éter tus rezos, plegarias u oraciones, le transmites lo que tú sientes.**

Si una persona reza por algo, pero durante el rezo tiene dudas de que realmente no lo recibirá o de que el Éter, la Inteligencia Infinita o la Biblioteca Universal no actuará sobre su plegaria, entonces no habrá servido absolutamente de nada.

Me gustaría ponerte un ejemplo de cómo yo lo hice en un caso de desesperación hace no mucho tiempo.

En la fecha en la que escribo este libro tengo la edad de 21 años, todavía vivo en casa de mis padres.

Mi padre siempre ha trabajado como transportista por su propia cuenta, como autónomo, él y su camión son uno, pues para él es su medio de trabajo diario y por el cuál puede obtener los ingresos para mantener toda nuestra familia a flote.

Un viernes por la tarde recibo una llamada de mi madre avisándonos de que a nuestro padre le habían robado el camión mientras trabajaba, en él había el teléfono, tarjetas, papeles y las llaves de casa, con lo que nos dijo que debíamos cerrar todas las puertas de casa con llave y poner todos los seguros y que nos mantuviéramos alerta, pues ella no estaba en casa en ese momento y tardaría en volver.

En ese entonces una avalancha de dudas, preguntas, miedos y pensamientos negativos inundaron toda mi mente...

¿Cómo podrá nuestro padre ahora ganar dinero y poder pagar la vivienda en donde vivimos sin el camión?

¿Cómo podremos avanzar y sobrevivir?

¿Vendrán a casa a robarnos y nos harán daño?

Y un sinfín de preguntas más, de las cuales no tenía ninguna respuesta.

Mis padres habían conseguido poner una denuncia a la policía y emitir una orden de búsqueda y captura a ese camión con la matricula detallada, los oficiales de policía nos comunicaron que se pondrían en marcha con ello pero que esta clase de procedimientos no siempre suelen ser de un corto plazo de tiempo.

Nosotros no teníamos ese tiempo...

Pasé una tarde con miedos y bastante estrés hasta que ya por la noche llegó mi padre sin nada, solamente con su uniforme de trabajo y nos lo contó todo.

Habían decidido salir a la mañana siguiente a buscar el camión por algunos lugares en los que mi padre podía intuir que podría llegar a estar, pero, como ya bien podrás entender, era como buscar una aguja de las más pequeñas y afiladas entre una grandiosa cantidad de paja, algo prácticamente imposible.

No sabíamos si los ladrones se habrían llevado el camión fuera de la ciudad, si lo habrían escondido en algún almacén oculto o en alguna zona inaccesible, las posibilidades de encontrarlo eran 1 entre 1.000.000...

Sabía que yo no podía hacer nada al respecto salvo lo que sí sabía hacer, **comunicarme con la Inteligencia Infinita para que pudieran encontrar el camión y que así mi padre pudiera volver a recuperar su trabajo, así que me puse manos a la obra.**

En mi caso, cogí una libreta en la que todavía no había nada escrito y me puse a escribir de manera repetitiva la misma

Ivan Vico Gómez

frase unas 100 veces aproximadamente, esta frase decía: *"Me siento profundamente agradecido ahora que mis padres han encontrado el camión y todo ha vuelto a la normalidad"*

Terminé escribiendo...

"Gracias, gracias, gracias Inteligencia Infinita"

Sábado 16 de octubre 2021

Yo escribí esta carta o este escrito el viernes 15 de octubre por la noche, la fecha que puse era la fecha en la que yo quería que el camión fuera encontrado.

Seguidamente me fui a dormir habiendo eliminado cualquier emoción de miedo, duda o incertidumbre y me fui a dormir en paz, con serenidad, y con la certeza de que mis oraciones ya habían sido respondidas y no tenía nada por lo que temer.

Al día siguiente, mis padres fueron a buscar el camión y pocas horas después lo encontraron en perfecto estado y con todas las pertenencias de mi padre intactas, **ya había cumplido con mi parte.**

No les dije nada de lo que había hecho, pues no me creerían, pero yo sabía el motivo por el cuál lo encontraron, no me sorprendí al recibir su noticia, **solamente sentí la misma sensación que sentí el día anterior cuando escribía la misma frase durante 100 veces en mi libreta.**

No existen barreras entre la mente finita del ser humano y la Inteligencia Infinita, **la comunicación no cuesta absolutamente nada, más que paciencia, persistencia, fe, y un deseo real y sincero de querer comunicarse.**

La manera en la que una persona puede comunicarse con el Éter, Universo, Vibración, Biblioteca Universal, Inteligencia Infinita, es muy parecido al de la comunicación de la vibración del sonido por radio.

Si se comprende cómo funciona el principio de la radio, sin duda se sabe que el sonido no puede comunicarse a través del Éter hasta que se ha "ascendido" o se ha cambiado a una frecuencia de vibración que el oído humano no puede detectar.

La emisora de radio recoge el sonido de la voz humana y lo "mezcla" con un aumento de vibración millones de veces más elevada. Solamente de esta manera se puede comunicar la vibración del sonido a través del éter.

Cuando en ese entonces ha tenido lugar esta transformación, el Éter es el encargado de recoger esa energía y de transportarla a las emisoras de radio que estén sintonizadas con la misma frecuencia de vibración, a esto se le conoce como sonido.

¿Te acuerdas de que antes te comenté que tú no transmites tus plegarias, tus deseos, tus rezos, sino que tú transmites tu estado? ¿Tus emociones?

Tu estado es una radio frecuencia, por ejemplo, en el caso de mi historia, ¿te acuerdas desde qué estado o emoción estaba escribiendo mis afirmaciones en la libreta?

¿Desde un estado de miedo e inseguridad o desde un estado de certeza y paz?

Exactamente, desde un estado de paz, como si ya fuera una realidad, como si ya se hubiera dado, al día siguiente volví a experimentar el mismo estado cuando recibí la noticia, la conexión entre estación emisora y estación receptora había dado sus frutos, la conexión había sido un éxito.

> No recibes lo que tú pides,
> recibes lo que tú sientes en el momento
> en el que lo pides.

El subconsciente es el intermediario que traduce tus peticiones en unos términos específicos para que la Inteligencia Infinita pueda identificar, tú solamente presentas el mensaje y se te devuelve una respuesta, bien sea en forma de un plan, una idea en específico, la respuesta a un conflicto o hasta incluso esa circunstancia que quieres que suceda.

Pero, si queremos asegurarnos de que esto realmente funcione y obtengamos eso que andamos buscando, debemos de comprender cómo funciona lo que tenemos arriba, nuestra estación, es decir, nuestro cerebro.

NUESTRA PROPIA ESTACIÓN EMISORA Y RECEPTORA

Todo cerebro humano es una estación emisora y receptora de la vibración del pensamiento, **todo cerebro tiene la capacidad de recoger vibraciones de pensamiento que otros cerebros están emitiendo.**

Sé que podrías llegar a pensar que esto es algo chocante y que así de primeras podrías preguntarte: "¿y este qué diablos me está contando ahora?"

Me gustaría ponerte un ejemplo práctico para que lo entiendas, estoy seguro de que alguna vez en tu vida habrás experimentado lo siguiente...

¿Alguna vez has estado feliz, contento, entusiasmado o simplemente en un buen estado y de repente al entrar en un sitio, en algún lugar con más personas, sentiste como un peso pesado encima tuyo?

¿Cómo si algo te dijera que salieras de ese lugar?

¿Como si de repente ese buen estado que tenías se fuera haciendo más y más pequeño y no sabías por qué?

Bueno, eso es porque en ese lugar, los cerebros de las personas que había dentro estaban emitiendo una clase determinada de frecuencia negativa a través de su pensamiento y este hacía interferencia con el tuyo y se creaba esa sensación de no estar en tu lugar, esa sensación de querer irse cuanto antes...

¿Te ha pasado alguna vez?

Ahora ya sabes el por qué...

Cuando se aumenta la frecuencia de vibración (mediante emociones y sentimientos más positivos) la mente se vuelve más receptiva a la vibración del pensamiento que llega a través de elementos externos por medio del Éter **y te los hace llegar a través de corazonadas, sensaciones, pensamientos espontáneos...**

Mi cerebro es solo un receptor, en el Universo hay un núcleo del cual obtenemos conocimiento, fuerza e inspiración.

Nikola Tesla

Cuando el cerebro vibra a una frecuencia de vibración más elevada, no solo atrae pensamientos emitidos por otro cerebro a través del Éter, sino que también les da a los propios pensamientos esa "emoción" necesaria para que el subconsciente lo coja y actúe sobre ellos.

Observa la siguiente fórmula:

Pensamiento + Emoción = Subconsciente

Subconsciente = Emisor de vibración

Cuando combinas un pensamiento más una emoción, este penetra infinitas veces más en el subconsciente que un pensamiento sin emoción, en ese entonces, al penetrar en el subconsciente el pensamiento y la emoción, este transmite la frecuencia correspondiente a la suma de tu pensamiento y tu emoción.

Recuerda, **no es lo que pides o lo que quieres en tu vida lo que creas, es lo que tú sientes, lo que tú sientes es creado mediante pensamiento y emoción que es la fuente de toda creación.**

Te pondré un ejemplo...

¿Alguna vez has presentido que algo negativo iba a suceder en tu vida?

Bien sea un despido, que tu pareja se separe de ti, un problema en tu cuerpo, que un acontecimiento que no quieras que suceda en tu vida, no sabes porqué, pero sabes que sucederá...

¿Alguna vez has tenido alguna sensación similar y luego ha terminado sucediendo aquello que presentías?

Bueno, si observas la raíz, verás que todo empezó a través de un pensamiento seguido de una emoción, ¿verdad?

No te estabas dando cuenta poque no lo sabías, pero estabas transmitiendo mediante el subconsciente una clase determinada de vibración a lo que el Éter, Inteligencia Infinita, Universo, como prefieras llamarle, solamente respondió a tu plegaria e hizo su trabajo.

> **La vibración se puede cambiar a través del dominio del pensamiento.**

Un día, llegas a tu puesto de trabajo y corre la noticia de que están empezando a despedir personas, en ese entonces, ese pensamiento empieza a entrar en tu cabeza y te empiezas a cuestionar…

"¿Seré el próximo al que despidan?", "¿Qué sucederá entonces si me despiden?", "Mejor empezaré a buscar otros trabajos por si me despiden", "Seguramente seré el próximo porque un día hice mal mi tarea…"

Empiezas a tener miedo y cada vez ese pensamiento va penetrando más y más en tu mente absorbiéndolo por completo hasta el punto en el que solamente piensas en eso…

Al día siguiente llegas y te avisan para ir al despacho del director y para tu sorpresa, ¡tachan!

Estás despedido…

Esto, amado lector, cada vez sucede a más y más personas en multitud de ámbitos y todo se debe a la falta de este gran conocimiento que tú ahora estás aprendiendo.

Ahora bien, **existe un ingrediente CLAVE para poder transmitir nuestro deseo, nuestra petición, nuestra oración a ese Éter y hacer que**

realmente suceda, sin este ingrediente clave... hablando claro, lo tienes complicado.

Antes de pasar al siguiente capítulo y hablarte de él, me gustaría hablarte de varias maneras en las que tú mismo o tú misma puedes empezar a comunicarte con el Éter de manera consciente e intencionada, **bien sea porque podrías desear algo en tu vida que todavía no tienes o porque podrías estar buscando una respuesta o una solución a algo, sea lo que sea, se te puede dar siempre y cuando lo pidas.**

Recuerda, sin el ingrediente que aprenderás en el siguiente capítulo, nada de esto sucederá y funcionará, solamente quiero ponértelo fácil y decirte el CÓMO puedes hacerlo, cosa que muchos otros autores no hacen, pero quiero dar un paso más allá y aportarte todavía más valor en este libro que cualquier otro autor podría haber hecho anteriormente.

Entonces, ¿estás preparado? ¿estás preparada?

Si es así, vamos a por ello.

CREANDO TU PROPIA PETICIÓN...

A continuación, mostraré algunas de las maneras por las cuales puedes establecer tu propia conexión a la Inteligencia Infinita, Éter, Biblioteca Universal, etc...

❶. A través de tu estado emocional.

Como ya sabes, tus emociones son frecuencias. Si tú pides algo que deseas y no obtienes respuesta por ello u obtienes una respuesta negativa, **solamente estás recibiendo el equivalente a la frecuencia que tú transmitiste en el momento de la petición.**

❷. Actuar y sentir como si ya lo tuvieras.

¿Te acuerdas de mi ejemplo? ¿De mi padre y su camión? Bien, yo hice una petición a través de la escritura y el sentimiento de realización, fíjate cómo lo hice…

Al escribir muchas veces la misma petición en presente como si eso mismo ya fuera un hecho y dando gracias por ello aún sin haber sucedido, **me ayudaba a crear un estado emocional en el que ya sentía dentro de mí como un hecho aquello que yo estaba pidiendo, es decir, como si ya se hubiera concedido.**

Por otra parte, al escribirlo tantas veces, hacía que toda esa información penetrase en lo más profundo de mi mente subconsciente a través de la autosugestión, tema que abordaremos en el siguiente capítulo.

Al juntar ese sentimiento más el pensamiento continuo de lo que yo quería que sucediese, entonces transmitía la frecuencia correcta.

Eso es lo que hice yo, ahora bien, en tu día a día puedes sentir y sentirte como si aquello que tú deseas ya se hubiera manifestado en tu vida y ya estuvieras viviendo con ello, simplemente piensa… **¿cómo debería sentirme yo si esto que deseo ya estuviera en mi vida?**

Y siéntete así todo el rato, no dejes que las circunstancias externas te condicionen y te hagan decir: "no lo tengo", "nunca lo tendré", "mira lo que tengo en mi vida, así es imposible…" porque al decir todo eso seguirás experimentándolo una y otra vez, **debes crear dentro lo que quieres ver fuera y así será.**

 Recuerda lo que decía Van Gogh: **"Sueño con mi cuadro y luego pinto mi sueño"**

Cualquier cosa que desees crear fuera en tu vida, antes debe haber sido creada dentro de ti. **Difícilmente se puede experimentar algo fuera sin antes haber estado dentro de ti.**

❸. **Creando tu propia tarjeta visionaria.**

Este tercer punto está muy ligado al segundo, pero es algo que aprendí de un antiguo mentor mío que falleció recientemente y desde que lo uso, siempre he obtenido aquello que he deseado, consiste en hacer lo siguiente…

Debes coger una tarjeta en blanco o si no tienes ninguna tarjeta en blanco, recorta un papel en forma de tarjeta de un tamaño normal, ni muy grande ni muy pequeño, debes ser capaz de meter esa tarjeta en el bolsillo de tus pantalones o en algún lugar de tu ropa que sea accesible.

En esa tarjeta escribirás lo que deseas, tu petición, en presente como si eso mismo fuera ya un hecho, y terminarás dando las gracias por ello y agradeciendo que ya lo estás experimentando en tu vida.

Aquí está el secreto de todo esto, durante las 24 horas del día llevarás esa tarjeta contigo, en algún lugar accesible, ¿por qué debe ser accesible?

Porque cada vez que toques la tarjeta a través de un estímulo sensorial, empezará a recorrer por todo tu cuerpo una señal electromagnética hasta tu mente proyectando y creando la imagen de aquello que deseas obtener, es decir, **en la pantalla de tu mente saldrá tu deseo, tu petición, como si eso mismo fuera ya un hecho.**

¿Para qué sirve hacer esto?

Para pensar de manera continuada en tu petición, no como algo que sucederá sino como algo que ya ha sucedido, y lo mejor de todo es que la tarjeta puedes llevártela contigo a todas partes, en el trabajo, cuando sales de fin de semana, cuando te vas a dormir, cuando estás por casa...

Es simple, pero no todo el mundo lo hará, personalmente lo llevo haciendo durante más de dos años y hasta ahora nunca me ha fallado en nada, eso sí, **no puedes pedir algo que esté fuera de tu alcance, aquello que escribas debe ser algo que tú creas real y sinceramente que puedes alcanzarlo, de lo contrario, no sucederá.**

 Recuerda, **terminas obteniendo aquello en lo que piensas la mayor parte de tu tiempo.**

❹. Visualiza en estados alfa.

Justamente antes de dormir cuando todavía estás despierto o despierta, pero estás en esa transición hacia el sueño, en esos estados en los que poco a poco vas entrando en sueño es cuando estás en unos estados denominados *alfa*.

Es donde tu mente consciente de desconecta y deja paso a la mente subconsciente, el instinto biológico de "supervivencia" se desvanece y poco a poco tu subconsciente va tomando el control de tu cuerpo, ahí es cuando se crea lo que yo llamo: **una autopista directa al subconsciente.**

Y justamente en ese preciso momento es donde los últimos pensamientos que tengas **serán los elegidos con los que tu subconsciente trabajará durante toda la noche.**

¿Te acuerdas de lo que hacía Albert Einstein?

Se sentaba en una silla con una piedra en cada mano y esperaba justamente ese momento de somnolencia a punto de dormirse y ahí es donde esperaba esos pensamientos provenientes del Éter o hacía su petición, en caso de dormirse y no obtener respuesta, las piedras se caían y se volvía a despertar para volverlo a intentar de nuevo.

Entonces, ¿qué hacer?

Piensa y visualiza tu deseo, tu petición, nada más acostarte por la noche, eso te ayudará a impregnar el subconsciente y hacer que este trabaje en tu petición sin tú ser consciente de ello.

❺. Medita.

La meditación es un amplio concepto que abarca muchas prácticas que incluyen técnicas para la relajación, construir energía interna o fuerza de vida y desarrollar compasión, amor, paciencia, generosidad, perdón o gratitud.

Piensa en lo siguiente, **tu cerebro está continuamente creando pensamientos y filtrando toda la información y estímulos que percibe del exterior, cuando tienes los ojos abiertos tu cerebro es capaz de procesar cuatrocientos mil millones de bits de información por cada segundo.**

La magia de esto sucede cuando cierras los ojos, entonces es cuando tu cerebro ya no recibe estímulos, ya no recibe información, y ahí es donde tú puedes tomar el control.

Este punto es similar al punto anterior, **cuando tu cerebro deja de recibir información es cuando tú puedes introducirle la información con la que quieres que trabaje.**

Como ya te dije, la meditación abarca muchas prácticas, pero una de ellas es crear comunicación con el Éter.

Personalmente, suelo meditar por la mañana y por las noches justamente antes de irme a dormir, no es necesario que lo hagas tú también si no quieres, solamente quiero darte lo que a mí me ha funcionado y me sigue funcionando.

❻. Creando tu carta de petición.

En la historia que te conté con el camión de mi padre, hice dos cosas: **la primera ya te la he contado, actuar y sentir mi petición como un hecho, como una realidad ya materializada, lo segundo, escribí mi propia carta de petición.**

Quiero ir un paso más allá y antes de explicarte cómo podrías hacerlo también tú, quiero enseñarte una fotografía de la carta que hice el día anterior, hasta ahora nunca se la he enseñado a nadie, ni a mi propia familia, tómate esta imagen como algo personal entre tú y yo.

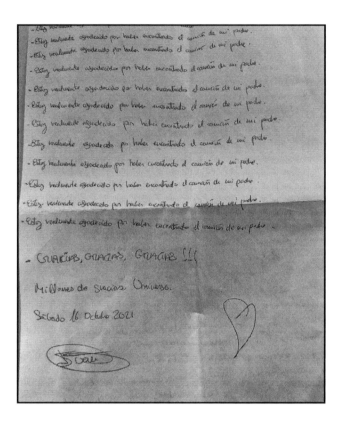

Esta es la cara final, eran un total de 2 hojas, pero aquí muestro cómo cierro la carta al final.

Como recordarás, esta carta la escribí el día anterior al encontrar el camión de mi padre. Hay varias cosas a comentar antes de que puedas crear tu propia petición.

Antes que nada quiero que recuerdes que nada de esto funcionará a menos que tengas el ingrediente que aprenderás en el siguiente capítulo, así que, no pruebes a hacerlo ahora sin antes leer el siguiente capítulo, y no solamente con leerlo ya te funcionará por arte de magia, no, como todo resultado no llega nunca de la noche a la mañana, todo tiene un proceso, de la misma manera que yo lo tuve y lo sigo teniendo y trabajando día tras día, también deberás hacerlo tú cuando comprendas el siguiente capítulo.

Entonces, lo primero, te habrás dado cuenta o te habrás preguntado... pero Ivan, ¿para qué escribiste 100 veces la misma afirmación?

Hay muchas tipologías para hacer cartas de petición y no existe una que sea la correcta o la que más funcione, simplemente es la que a mí me funciona **y sirve para autosugestionar masivamente mi subconsciente con una clara idea principal.** Todo eso lo verás más en el siguiente capítulo.

Lo segundo, como has podido ver, **la carta debe estar escrita en presente, todas tus peticiones deben de estar siempre en presente**.

Lo tercero, **debes de terminar tu petición agradeciendo, dando gracias de que tu petición ya haya sido respondida aún sin que todavía haya sucedido, debes dar por hecho lo que quieres que suceda.**

Lo cuarto, aunque no es obligatorio, pero sí opcional, **es poner una fecha en la que deseas que tu petición sea respondida.**

Personalmente recomiendo no poner fecha al principio hasta ya haber trabajado muy muy bien lo que te enseñaré en el siguiente capítulo, **una vez lo tengas muy trabajado entonces sí puedes ponerla.**

Al no poner fecha, no sabes cuándo sucederá, **por eso mismo siempre debes de estar en un estado de expectativa, estando alerta y atento o atenta,** te pondré un ejemplo.

¿Recuerdas que anteriormente te dije que no debes pedir algo que esté fuera de tu alcance? Es decir, algo que no creas que puedes realmente conseguir, ¿te acuerdas?

Bien, la primera petición que hice fue poder encontrar un euro por la calle, en ese momento era la primera que hacía y encontrar un euro lo veía factible, así que hice mi petición y seguidamente, y esto es lo más importante, cuando salía a la calle, **salía buscando mi euro.**

Yo sabía que lo iba a encontrar, mentalmente ya lo tenía, así que siempre que tenía que salir a la calle me preguntaba: ¿dónde estás euro?

Pasaron pocos días manteniendo ese estado de expectativa y encontré ese euro en un parquímetro, en un estacionamiento cuando iba a pagar la estancia para mi coche.

Lo quinto y último, **firma tu petición.**

Yo le puse un corazón, sé que no soy muy bueno dibujando, pero era una situación crítica, así que creo que el corazón funcionó.

Eso sería lo que yo utilicé y sigo utilizando para mis peticiones, aunque insisto, **no hay una metodología exacta que dé resultados al 100%.**

¿Mi recomendación para ti?

Hazla como más cómodo o cómoda te sientas, hazla tuya, no hace falta que sea mi método o el método de otra persona para que funcione, mi método lo hice yo, no lo cogí de nadie, si te sientes bien con el método que te acabo de enseñar, pues oye, hazlo tú también, pero no por usar mi mismo método obtendrás resultados sin el ingrediente secreto del siguiente capítulo.

Entonces, hasta aquí he querido mostrarte algunos métodos para poder crear tu propia petición, deseo de corazón que puedas usarlos todos y realmente hacer que sucedan cosas maravillosas en tu vida.

Si decides utilizar algunos de los métodos me encantaría saber cuál de ellos o cuáles de ellos utilizarás, nada me haría más feliz!

¿Te puedo pedir un pequeño favor?

¿Podrías hacérmelo llegar a través de alguna de mis redes sociales o a través de mi email ivanvico.1@gmail.com?

¡Gracias de corazón!

¡Ayuda a otras personas!

Ha llegado el momento de abrir nuestro corazón a la gente que te rodea. Repasa lo que has leído y piensa en alguna persona con la que podrías compartir alguna frase, texto o parte del libro que te haya inspirado o que te haya ayudado.

Incluso si también lo deseas, puedes sacarle una foto con tu teléfono móvil a alguna parte del libro y publicarla en Instagram o Facebook para compartirlo con tus seres más queridos y con tus amigos.

A continuación, realizaremos unas afirmaciones en voz alta y con alta intensidad emocional para que estas se fijen en nuestro subconsciente, ¿estás listo? ¿estás lista?

¡Vamos a por ello!

> YO SOY QUIEN QUIERO SER.
> YO SOY INCREÍBLE.
> YO HE VENIDO PARA BRILLAR.
> YO HE VENIDO PARA SOBRESALIR.
> YO HE VENIDO PARA SER LO MÁS.

EL INGREDIENTE DEL SUBCONSCIENTE

< Lo que la mente del hombre puede concebir y creer, es lo que la mente del hombre puede lograr >

Napoleon Hill

Nuestra mente subconsciente funciona a través de un ingrediente muy poderoso, ese ingrediente es denominado, **fe.**

La fe se traduce como **la convicción de lo que no se ve, la certeza de lo que se espera**, es decir, la fe es un grado de creencia muy profunda y arraigada en lo más profundo de nosotros que nos reafirma que algo es de una determinada forma y que por lo tanto debe ser así y la certeza no es más que un grado de expectativa.

Dicho en otras palabras, **la fe es la expectativa que tienes de que algo suceda en tu vida, tanto para bien como para mal, sabiendo a ciencia cierta que será así y ocurrirá así.**

La fe es creadora, **la fe es el ingrediente con el que tu subconsciente se pone a trabajar.**

Todas tus experiencias, condiciones, situaciones o actos son el producto de tu mente subconsciente en respuesta a tu fe. Esto es muy importante, observa:

No es la cosa en la que crees, sino la fe que hay en tu propia mente lo que produce resultados.

Si haces tu propia petición pero no tienes la fe de que realmente suceda, nunca sucederá. **Es creer en aquello que todavía no ha sucedido lo que hará que suceda.**

Cuando aceptas falsas creencias, opiniones de otras personas o miedos y los haces tuyos, en cierta manera, **le estás diciendo a tu subconsciente mediante la fe que eso es así y que, por lo tanto, debe ser así y así será.**

> **El subconsciente responde al pensamiento que ocupa tu mente, tanto si es verdadero como si es falso.**

Siempre les digo a las personas: **lo más importante que una persona puede hacer en su vida es poner un guardián en las puertas de su mente.**

En serio, debes ser consciente de lo que escuchas y sobre todo de lo que aceptas como real, porque, todo aquello que aceptes, tanto si es real como si no, como si es bueno o malo, el subconsciente responderá y lo manifestará.

Antes de que una persona venga a contarme algo, le hago un test de tres preguntas para filtrar la información, esas tres preguntas actúan como guardián, gracias a ellas tengo consciencia de lo que dejo o no dejo entrar dentro de mí, estas 3 preguntas son:

1 - ¿Esto que me vas a contar es positivo o negativo?

Ya de entrada lo que hago es filtrar si lo que aquella persona me va a contar es algo bueno o malo, si es positivo o si es negativo.

2 - ¿Sabes a ciencia cierta si lo que me vas a contar es cierto o crees que podría no ser cierto?

Aquí le pregunto si sabe e-x-a-c-t-a-m-e-n-t-e si la información que está a punto de decirme es cierta o podría llegar a ser una mentira o un bulo.

3 - ¿Lo que me quieres decir me va a beneficiar en algo o más bien me perjudicará?

Al hacer esta pregunta me aseguro de si es algo que podría llegar a beneficiarme o, por lo contrario, podría llegar a perjudicarme.

Entonces, imagina por un momento que haciendo este test, alguien te responde que quiere contarte algo que es negativo, que no sabe si es verdad porque él lo escuchó por ahí y por otra parte, podría perjudicarte.

¿Crees que lo escucharías? ¿Crees que dejarías entrar esa información en tu subconsciente?

Asegúrate de tener ese guardián en las puertas de tu mente y llénala con conceptos de armonía, de salud, paz y buena voluntad, y ocurrirán milagros en tu vida.

Hazlo por ti, amado lector.

LA FE COMO SUSTANCIA QUÍMICA DE LA MENTE

Cuando la fe se combina con la vibración del pensamiento, el subconsciente capta instantáneamente la vibración, la traduce a su equivalente espiritual y la transmite a la Inteligencia Infinita, a ese éter.

La fe es un estado mental que puedes llegar a inducir o crear por medio de afirmaciones repetidas una y otra vez al subconsciente, eso se hace mediante lo que se llama, autosugestión.

Para que te hagas una idea, la autosugestión no es más que la sugestión hacia uno mismo. Es el agente de comunicación entre la parte de la mente donde tienen lugar los pensamientos conscientes y la parte que sirve como asiento para la mente subconsciente.

Es a través de los pensamientos dominantes que uno permite que estén en la mente consciente, tanto si estos son buenos o como si estos son malos, los que terminan alcanzando el subconsciente.

Ningún pensamiento, bien sea positivo o negativo, puede llegar a acceder al subconsciente sin ayuda de la autosugestión, con excepción de aquellos pensamientos que llegan a través de la vibración del Éter.

Hay una frase que resume muy bien este último párrafo, observa...

> *Te conviertes en aquello en lo que piensas constantemente. Cada minuto, cada segundo, cada día de tu vida estás construyendo tu futuro, con tu manera de pensar.*
>
> **Earl Nightingale**

Más adelante hablaremos más detenidamente de la autosugestión y cómo usarla para nuestro bien, pero por ahora, nos enfocaremos en la fe.

La fe es un estado mental, es un estado que uno puede intensificar mediante la repetición de órdenes al subconsciente, es decir, **cualquier impulso de pensamiento que se transmita repetidamente al subconsciente, este finalmente lo acepta y actúa sobre él, y tan pronto como llega, el subconsciente procede a traducirlo en su equivalente material a través del proceso más práctico que haya disponible.**

Quiero que entiendas esto, mira, todos aquellos pensamientos, tanto buenos como malos, que previamente se hayan "emocionalizado" (cargado de emociones) y combinado con la fe, inmediatamente empiezan a convertirse en su equivalente físico.

Hoy en día, hay MILLONES de personas que creen estar condenadas a ser pobres, a no tener salud o a no tener la relación adecuada porque según ellos, existe una energía o fuerza extraña sobre la que no tienen ningún control.

La realidad es que **ellas mismas son las creadoras de sus propias desgracias por su creencia negativa, que es captada por el subconsciente y este lo traduce en su equivalente físico.**

Ahora bien, cualquier persona de entre esos millones también puede crear el efecto opuesto, **simplemente se debe transmitir al subconsciente un estado de esperanza o creencia de que realmente tendrá lugar en su equivalente físico.**

Ahora bien, la fe que ellos tengan en que eso realmente sucederá o no, es lo que determinará la acción de su subconsciente.

Tú puedes transmitirle a tu subconsciente que quieres riquezas, riquezas y más riquezas pero no tener fe en ello, por lo tanto, eso será en vano.

Una de las mejores maneras para transmitirle al subconsciente tu deseo y crear un estado de fe, **es actuar**

y comportarse tal y como lo harías si ya estuvieras en posesión del objeto material que deseas.

Sabemos a nivel neurocientífico que la mente no sabe discernir entre lo que es una "realidad" y lo que es una "fantasía", es decir, a nivel consciente sí sabes lo que es real o no, pero para tu subconsciente todo es real, **no existe nada que no sea real para ella.**

De esta manera, cuando actúas como si ya estuvieras en posesión de aquello que deseas, aunque todavía no sea así, en cierta manera, estaremos "engañando" al subconsciente para que genere ese estado de fe, creer que ya es tuyo, que ya lo tienes, y de esa manera acelerar el proceso mucho más.

La fe es la fuerza interna que da vida, poder y acción al impulso del pensamiento.

La fe es la causa, es el punto de partida, es el inicio de cualquier logro o resultado que uno pueda desear.

La fe es la base de todos los "milagros" y los misterios que no pueden ser explicados por la ciencia moderna.

La fe es el único antídoto vivo en la Tierra contra el fracaso.

La fe es el elemento que transforma la vibración del pensamiento creada por la mente del ser humano en su equivalente espiritual.

Si reconoces y entiendes la siguiente frase, todo este libro habrá valido mi alegría...

Cada ser humano en este planeta llamado Tierra termina por creer cualquier cosa que se repita a sí mismo, tanto si la afirmación es cierta como si es falsa, y por lo tanto, todo aquello en lo que uno cree, es aquello que uno termina creando.

Mary McLeod Bethune fundó la Bethune Cookman University. Si retrocedemos hasta finales de los años veinte, encontramos una mujer negra que nunca había sido presidenta de nada, nunca había sido presidenta ejecutiva, nunca había sido la primera de su clase, pero tenía algo, tenía un sueño...

Mary McLeod nació en una familia de clase baja, ella era la decimoséptima hermana de su familia y dentro de ella residía el deseo de querer aprender a leer.

A sus once años caminaba día tras día ocho kilómetros para ir a la escuela y poder aprender a leer, para después poder enseñar a todos sus demás hermanos y hermanas que estaban ocupados con sus trabajos y no podían ir a la escuela.

En 1904 con sólo seis estudiantes y mesas hechas con cajas de leche abandonadas, Mary abrió su primera escuela para chicas.

En 1931 se convirtió en la decana de la Bethune Cookman University, poco después fue invitada a la Casa Blanca por el presidente Roosevelt y la primera dama Eleanor.

La primera dama le preguntó a Mary: "¿Sabe usted que es decana de una universidad cuando casi no hay mujeres decanas en casi ningún sitio del mundo?"

Mary respondió: "Bueno... cuando abres una pequeña escuela y la conviertes en Universidad, nadie puede decirte que no tomes el puesto..."

La primera dama le preguntó: "¿Cómo surgió ese fuego en usted, siempre lo ha tenido?"

Mary respondió: "Cuando era todavía una niña fui con mi madre a llevar la colada a la casa de una mujer blanca y cogí un libro, pero su hija me lo quitó, me dijo: "tú no sabes leer", entendí que esa era la única diferencia entre los blancos y los negros, que los blancos sabían leer, mi vida entera se ha basado en eso"

Empezó donde estaba, sin recursos, sin tener idea de lo que iba a suceder, y no iba a dejar que nada ni nadie la desalentara.

Cuando a día de hoy visitas la Bethune Cookman University, te informan de que tienen más de veinte mil alumnos destacados por todo el país, y todo empezó porque hubo una mujer que se negaba a abandonar sus sueños...

El punto de partida de todo logro es el deseo acompañado de la fe.

Napoleon Hill

El subconsciente es el laboratorio químico en el que los impulsos del pensamiento se combinan y preparan para traducirse a la realidad física, **el subconsciente no sabe distinguir entre los pensamientos positivos o negativos, simplemente trabaja con el material que le proporcionamos.**

El subconsciente puede hacer realidad con la misma sencillez un pensamiento motivado por el miedo como un pensamiento motivado por la fe.

Una historia que puede explicar muy bien este concepto es la historia de cuando Jesús caminó sobre las aguas.

> **Después de que Jesús hubiera orado en la montaña, miró abajo al mar de Galilea y vio una tormenta. Sus apóstoles estaban en una barca remando con todas sus fuerzas contra el viento.**
>
> **Así que Jesús bajó y empezó a caminar sobre el agua hacia la barca. Cuando los apóstoles vieron a alguien caminando sobre el agua, se asustaron mucho. Pero Jesús les dijo: "Soy yo. No tengan miedo"**

Pedro dijo: "Señor, si eres tú, ordéname que vaya hacia ti"

Jesús le ordenó: "¡Ven!"

Así que Pedro bajó de la barca y fue caminando sobre el agua hacia Jesús en medio de la tormenta.

Pero, cuando Pedro se estaba acercando a Jesús, miró la tormenta, y le dio miedo. Sintió que empezaba a hundirse y gritó: "¡Señor, sálvame"!

Jesús lo cogió de la mano y le dijo: "¿Por qué empezaste a dudar? Hombre de poca fe…"

Según tu fe, te es dado.

Mateo 9:29

Si uno llena su mente de miedo, dudas y falta de confianza, **la ley de la autosugestión adoptará ese mismo espíritu de incredulidad y lo usará como patrón a partir del cual su subconsciente lo convertirá en su equivalente físico manifestando ese mismo miedo, duda o falta de confianza, es decir, falta de fe.**

Sabemos que la fe es muy similar al enamoramiento, cuando alguien se encuentra enamorado o enamorada de otra persona y cuando es capaz de hacer lo que sea necesario por el amor de dicha persona.

Por esta misma razón, todos los seres humanos que han logrado grandes resultados en su vida han sido influenciados por la presencia de una mujer o un hombre del cuál estaban enamorado o enamorada.

La emoción del amor en el cerebro humano y en el corazón humano **crea un campo magnético que atrae vibraciones de un calibre superior.**

CÓMO INDUCIR LA FE EN EL SUBCONSCIENTE

A lo largo del libro seguiremos hablando de la fe y su enorme poder, pero ahora nos adentraremos dentro del mundo de la autosugestión.

Como bien leíste antes, la autosugestión **es la sugestión hacia uno mismo.**

Es a través de los pensamientos que permitimos que estén en nuestra cabeza la mayor parte del tiempo los que alcanzan el subconsciente y terminamos viendo, tarde o temprano, en nuestra realidad física.

La autosugestión de una idea, pensamiento, plan, deseo o anhelo, es el proceso por el cual, cualquier ser humano puede alimentar su subconsciente con pensamientos de éxito y de logro o pensamientos destructivos y de miedo, **sea cuales sean estos, el subconsciente hará su trabajo y buscará todas las maneras posibles y por**

haber para que aquello que tú tanto repites, se vuelva realidad.

La repetición continuada de tu deseo o petición de aquello que tú deseas bien sea a través de pensamientos o imágenes mentales, es lo que llevará a tu mente a crear un estado de fe.

El subconsciente no discierne entre aquello que es realidad, de aquello que no es realidad, simplemente lo cree.

Así que dentro de ti reside un poder que es capaz de hacer de lo invisible, visible, siempre y cuando seas capaz de hacerle ver a tu subconsciente que tu petición ya es un hecho y ya la estás experimentando como real.

¿Alguna vez has contado tanto una mentira que te la has terminado hasta creyendo?

Sucede exactamente lo mismo.

Ahora bien, quiero recordar que **no existe la posibilidad de conseguir algo a cambio de nada** y que todo tiene un precio y un esfuerzo.

Me gustaría decirte que existe alguna manera rápida de poder inducir la fe, pero no es así. El precio para crear esa fe dentro de ti para que todas tus peticiones, deseos, anhelos, realmente se hagan realidad, **no es más que la continua persistencia en el hábito de la autosugestión.**

Antes te hablé de Mary McLeod, ahora quiero hablarte de otra persona muy especial y que ha podido realmente hacer de aquello que tenía en su mente, una realidad.

La fe no hace las cosas fáciles, hace las cosas posibles.

Lucas 1:37

Guillermo Marconi fue quien descubrió las radiofrecuencias, gracias él, la humanidad ha podido avanzar de una manera muy deprisa y efectiva.

En 1896, cuando Guillermo estaba trabajando y finalizando su primera radio de frecuencias sin cable, lo cual iba a ser el descubrimiento más importante de la época, fue justo cuando irrumpieron en su laboratorio dos agentes de un psiquiátrico.

Los agentes se llevaron a Guillermo por varias llamadas de sus amigos preocupados porque según decía Guillermo, podía oír sonidos a través de un dispositivo sin necesidad de cable, lo cual, preocupó mucho a sus amigos porque pensaban que estaba loco porque eso era imposible.

Los agentes lo cogieron y lo encerraron en el psiquiátrico hasta que un doctor fue a verle y preguntarle el motivo por el cual se encontraba allí, a lo que Guillermo respondió:

Ivan Vico Gómez

"Supongo que hablé demasiado en una cena después de una copa o dos de champán sobre cosas que las personas normales no entienden."

El doctor le dijo:

"Sus amigos están preocupados por usted y me temo que yo también, usted asegura que es capaz de enviar y recibir voces humanas por el aire, lo cual es la definición exacta de la esquizofrenia. "

Guillermo respondió:

"Yo doctor, no oigo voces sin cuerpo en mi cabeza, yo envío voces a través del aire, de un aparato a otro, en forma de hondas invisibles."

A lo que el doctor le respondió:

"Según mi experiencia eso es imposible."

Guillermo dijo:

"Su experiencia es algo del pasado, yo soy el futuro. Me han apartado a la fuerza de mi casa y de mi trabajo, me han quitado la ropa, sumergido en el hielo, vestido con uniforme de preso y mi único crimen es que soy demasiado listo para el ambiente de Londres, pero si me permite volver a mi taller, le demostraré estas cosas..."

Guillermo salió del psiquiátrico y le demostró al doctor que realmente era cierto y que no estaba loco.

Trece años después, Guillermo Marconi ganó el Premio Nobel de física en 1909, cuando tenía 34 años.

A día de hoy se le conoce universalmente como el inventor de la radio.

Marconi, entendía el poder de mantener en su mente todo el rato una imagen, un pensamiento, y eso se terminó traduciendo en la fe que le llevó a creer que realmente sí era posible enviar ondas invisibles a través del aire.

Las palabras simples y sin pasión ni entusiasmo, **no tienen ningún efecto sobre el subconsciente.**

No podrás lograr los resultados que tanto deseas ni que tus peticiones tengan respuesta **hasta que tus pensamientos o palabras con las que uses la autosugestión se hayan cargado previamente de una emoción con una verdadera convicción**.

¿CÓMO HACERLO?

Serán tres simples pasos para poder inducir la fe en el subconsciente en todo aquello que realmente quieras realizar, pero antes de contártelos, quiero que recuerdes lo que dije nada más empezar este capítulo.

Ivan Vico Gómez

No es la cosa en la que crees, sino la fe que hay en tu propia mente lo que produce resultados.

Henry Ford dijo una vez: **"Tanto si crees que puedes, como si crees que no puedes, en ambos casos tienes razón"**

 ¿Recuerdas la historia de Jesús y su discípulo que se hundió en las aguas por su falta de fe?

¿Recuerdas la historia con el camión de mi padre? Eso sucedió porque yo antes tenía fe en que mis peticiones iban a ser respondidas, no tenía dudas.

Hablando de dudas, lo que ahora te diré es muy importante que lo entiendas y lo grabes en lo más profundo de tu mente:

Un 1% de duda, es capaz de destruir un 99% de fe.

Si dudas ni que sea un poco, no dará resultados, **tu convicción, tu fe, debe ser absoluta y eso se consigue a través de la autosugestión siguiendo los siguientes tres pasos:**

❶. Para poder inducir la fe en el subconsciente debemos ser capaces de repetir una idea hasta que esa idea y nosotros seamos una, es decir, que no tengamos duda de que nosotros ya somos o ya tenemos aquello en nuestra vida. Y para ello, usaremos la autosugestión.

Todo lo que viene después de "Yo soy…" o "Yo tengo…" tiene un enorme impacto en tu subconsciente.

Cuando dices "Yo soy estúpido", automáticamente empiezas a enviar órdenes nerviosas a tu cerebro y empiezas a creer y crear un "autoconcepto" o una "autoimagen" de como tú eres, por mucho que no sea real.

Por eso mismo, cuando una persona comete un pequeño error y luego siempre se repite: "Yo soy torpe", automáticamente empieza a crear la identidad o el autoconcepto de que es una persona "torpe" y por mucho que no quiera, siempre seguirá cometiendo exactamente esos mismos errores, porque claro, "Yo soy torpe" ¿recuerdas?

Tu subconsciente no razona, **sólo cree y ejecuta con más fuerza todo aquello que se identifica con la palabra "Yo"**

<< Yo soy… >>

<< Yo tengo… >>

<< Yo creo… >>

<< Yo siempre… >>

<< Yo estoy… >>

Para crear tu propia petición o afirmación usaremos la palabra "Yo", más adelante, si quieres, cuando tengas más fe en que todo esto realmente funciona y es así, no hará falta que uses "Yo" si no quieres...

Entonces, ahora es necesario que hagas tu parte, debes de buscar o mejor dicho, **crear una afirmación en presente acerca de aquello que tú deseas en tu vida.**

Piensa en aquello que deseas y empieza con "Yo", recuerda que debe ser en presente como si eso mismo ya fuera un hecho real y termina agradeciendo y dando gracias.

Pondré algunos ejemplos para que puedas coger ideas.

<< Yo tengo y estoy experimentando la salud que siempre quise tener, yo tengo energía, vitalidad y cada día estoy mejor y mejor. Gracias. >>

<< Yo soy una persona con amor, tengo y doy amor día tras día, cada día me siento con más fuerza, con más entusiasmo y soy la persona que siempre quise ser. Gracias. >>

<< Yo estoy ganando 10.000€ de manera mensual a través de mis ventas de productos y servicios, cada vez estoy aumentando más y más mis ingresos. Gracias. >>

❷. Busca algún lugar tranquilo en donde no puedan molestarte ni interrumpirte (preferiblemente en la cama por la noche)

Lo que deberás de hacer será cerrar los ojos y repetir en voz alta (para que puedas oír tus propias palabras) la afirmación o petición que hayas escrito anteriormente con intensidad emocional, no palabras vacías.

Recuerda que las palabras simples y sin pasión ni entusiasmo, no tienen ningún efecto sobre el subconsciente, este actuará con las palabras que estén "cargadas" emocionalmente y que tengan "sentimiento"

❸. Repetir la afirmación o petición día y noche hasta que en tu mente, solamente esté eso mismo, hasta que ese pensamiento se haya fusionado contigo y solamente pienses en eso la mayor parte de tus días.

Cuando llevas a cabo estos tres anteriores pasos, estarás utilizando la autosugestión a tu favor, a tu bien.

Sé que estas instrucciones podrían parecer algo absurdas al principio y que carecen de sentido, si estás leyendo esto ahora, **no dejes que tu escepticismo o tu ego destruya todas las bendiciones que estos tres pasos podrían llevar a tu vida si se usan correctamente.**

Amado lector o lectora, deberás llevar a cabo estas instrucciones como si fueras ese niño o esa niña que un día fuiste.

He tratado de ser muy precavido de no añadir pasos o instrucciones poco prácticas porque realmente quiero ser de ayuda para ti y ofrecerte lo mejor que se haya escrito antes acerca de esta temática.

A continuación viene una de mis partes favoritas del libro, hablaremos de cómo el subconsciente puede ayudarte, o mejor dicho, será tu principal ayuda en tu éxito, en todo aquello que desees alcanzar y lograr en la vida.

Debes saber lo siguiente:

Detrás de todo efecto, siempre ha habido una causa que antes lo ha creado previamente.

Ivan Vico Gómez

Vayamos pues, a descubrir la causa que genera el éxito en la vida de las personas...

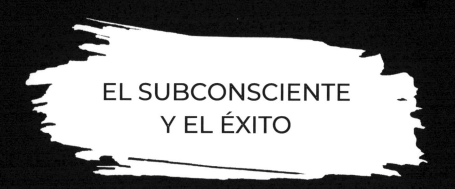

EL SUBCONSCIENTE Y EL ÉXITO

Ivan Vico Gómez

<u>< Los mayores impedimentos para los cambios en nuestros roles tradicionales parecen no estar en el mundo visible de la intención consciente, sino en el turbio reino de la mente inconsciente ></u>

Augusto

Cualquier ser humano que resida en este planeta llamado Tierra debe saber y entender una verdad fundamental como la siguiente: **todo lo que se consigue y se deja de conseguir, no es más que un resultado directo y proporcional a sus propios pensamientos.**

Tanto la construcción de una gran vida como la destrucción de la vida ya existente de una persona son resultados provenientes de él mismo o ella misma, no de ninguna otra persona, son circunstancias creadas por él o por ella y solamente pueden ser cambiadas y alteradas por él mismo o por ella misma, nunca por otra persona.

Como piensa, así es: como continúa pensando así seguirá siendo.

Desconocido

Hoy en día es normal tener el siguiente pensamiento: "Muchas personas son esclavas porque hay un esclavizador, una persona malvada que los esclaviza, debemos de odiar al opresor"

Poco a poco se va vislumbrando un nuevo pensamiento, que es el siguiente: "Hay un opresor porque muchos deciden ser esclavos, debemos de odiar a los esclavos"

Tanto el opresor como el esclavo trabajan juntamente desde la ignorancia, a simple vista parece que se hacen daño el uno al otro, pero en realidad se hacen daño a sí mismos.

Aquella persona que ha dejado de lado estos pensamientos egoístas no es ni opresor ni oprimido, es libre.

Y aquí está la premisa de todo este capítulo: **cualquier ser humano es capaz de alcanzar aquello llamado éxito, pero para ello, solo podrá elevarse, conquistar y lograrlo, elevando sus propios pensamientos.**

Solamente se puede permanecer pobre de salud, pobre de relaciones y pobre de dinero cuando uno se niega a elevar sus propios pensamientos.

Si ante el párrafo anterior no tienes ningún conflicto ni pensamiento en contra, ya habrás elevado tu propio pensamiento a una mejor conciencia, enhorabuena.

Si ante el párrafo anterior todavía tienes algún pensamiento o sentimiento en contra, tranquilo, tranquila, cambiar un paradigma, una manera de pensar que venimos arrastrando durante décadas no es nada sencillo y fácil de hacer, pero es justamente en el progreso de estas ideas cuando estas se van integrando dentro de ti y van formando parte de un nuevo paradigma, así que te invito a que sigas leyendo, tratando de asimilar todo lo que está por venir, así que enhorabuena también para ti!

A lo largo de este capítulo abarcaremos muchos temas y puntos de vista distintos acerca de la influencia del subconsciente en el éxito de cualquier ser humano y cómo tú puedes beneficiarte de ello.

Antes de continuar con el siguiente apartado, te recomendaría que te ciñeras a una cita de Lao-Tsé: **"Cuando dejo ir lo que soy, me convierto en lo que podría ser"**

Lao-Tsé nos hace una invitación a convertirnos en algo más grande de lo que ya somos, pero si dedicamos mucho tiempo y energía en afirmar continuamente "yo soy como soy", **lo único que estaremos haciendo es reafirmar todavía más nuestras propias limitaciones mentales.**

Dicho en otras palabras, **de la misma forma que te has convertido en lo que tú has decidido convertirte, esto quiere decir también que puedes decidir cómo deseas ser a partir de hoy.**

Lao-Tsé nos dice que, mientras mantengamos nuestras convicciones, seguiremos siendo igual. Y, por lo tanto, cosechando los mismos resultados que hayamos ido cosechando hasta el día de hoy.

Debes liberarte de ti mismo para poder crecer, expandirte y mejorar tu vida, tanto a nivel profesional como a nivel personal.

Si lees algo que te rechina o que a tu mente no le gusta, estarás transitando por el camino correcto, el crecimiento duele, sin dolor, no habría crecimiento, y cuando hay ese dolor o cuando nuestra mente se queja por un nuevo conocimiento que hasta ahora desconocíamos y que no es de agrado para la mente, no lo rechaces, no dejes de leer, sigue sumergiéndote en la magia de tu subconsciente.

Tómatelo como un proceso, no hace falta que digieras toda esta información de golpe, tómatelo como un camino desconocido que podrías estar transcurriendo y que siempre puedes volver a transitar.

Así pues, ¡sigamos!

CAMINO HACIA TU ÉXITO...

Antes que nada, debemos buscar lo que significa el éxito para nosotros, para mí significa lo siguiente: lograr aquello que deseo a través de un estado de paz y armonía, sin perjudicar a nadie en el proceso y que, con ello, pueda beneficiar y ayudar a otras personas.

¿Qué significa el éxito para ti?

Ivan Vico Gómez

Hoy en día, vivimos en una sociedad materialista y consumista en la que se "cree" que el éxito proviene de lo material...

"Soy exitoso cuando tengo una casa gigante de cuatro plantas, con dos piscinas y un garaje lleno de coches caros"

"Los multimillonarios son personas exitosas porque, claro, son multimillonarios"

"El éxito es lograr algo grandioso, cuanto más grande mejor y si no es así, es que no es éxito"

"El éxito es ganar mucho dinero, vivir sin hacer nada y a la vez, hacer siempre aquello que te plazca"

Estas son algunas de las definiciones de la sociedad materialista de hoy en día, la realidad, **es que cuanto más apegados estamos a lo material más nos alejamos de lo inmaterial que es justa y precisamente lo que crea lo material y el éxito en nuestras vidas**.

Realmente, el verdadero significado del éxito es triunfar en el negocio de vivir a través de un largo período de paz, alegría y felicidad y viendo lo material **no como el objetivo sino como la consecuencia de quien tú decidas ser.**

Nacemos sin traer nada, morimos sin llevar nada, y en medio, luchamos por ser dueños de algo.

Rumi

Existen 3 pasos hacia la consecución del éxito y que todas aquellas personas que han llegado han tenido que recorrer y que, si tú también deseas llegar, deberás seguir los mismos pasos.

Deseamos hacer las cosas siempre a nuestra manera, como a nosotros nos parece, **pero pasamos por alto que ya existe una manera para llegar donde tú deseas, ese lugar al que quieres llegar.**

Un antiguo mentor mío me decía algo que nada más escucharlo y entenderlo, mi cabeza se iluminó, él siempre me decía:

"Ivan, si hay alguien que ha logrado algo que tú también deseas, no hace falta que reinventes la rueda, solamente busca los pasos que esa persona ha seguido y tú también llegarás, te lo diré de otro modo, el éxito deja huellas, tu misión es encontrar las huellas de las personas que han recorrido el camino que tú también deseas recorrer"

A continuación, te mostraré las huellas, no hace falta que hagas el trabajo, he podido aprender y reconocer cuáles han sido esas huellas que han permitido a las personas más exitosas del planeta en cualquier ámbito llegar donde han llegado y son estas tres:

❶. Averigua lo que más te gusta hacer y entonces hazlo.

En mis eventos, conferencias y entrenamientos les digo a las personas: "éxito sin realización personal es el mayor de los fracasos" y es que, **a menos que te encante lo que tú has decidido hacer, no es posible que te consideres una persona exitosa en ese aspecto, aunque a nivel visual todo el mundo te llegue a percibir como alguien "exitoso"**

En una ocasión, asistí a un evento en donde Donald Trump estaba como ponente y él lo dijo muy claro: **"No se puede alcanzar algo grande sin amar aquello que haces, simplemente es imposible"**

Una vez tengas seleccionado muy bien aquello que más amas, aquello que más te gusta, entonces podrás pasar al paso número dos…

❷**. Especialízate en alguna rama concreta de aquello que más te gusta y destaca en ella.**

Imagina por un momento a alguien que le encanta la medicina. Deberá de centrarse en alguna de las muchas ramas que hay dentro de la medicina y dedicarle todo su tiempo y atención a esa misma especialidad.

El entusiasmo de aquella persona por la medicina debería de darle un deseo por saberlo todo, absolutamente todo lo disponible sobre aquella especialidad, debería saber más que nadie.

Hay algo que me gustaría recalcar, existe una enorme diferencia entre aquella persona que está entusiasmada y tiene un deseo por aprenderlo TODO acerca de su trabajo y aquella persona que quiere ganarse la vida o simplemente "ir tirando"

"Ir tirando" no es éxito, más bien es fracaso. Las motivaciones de aquella persona deberían de ser más grandes, debe servir a otros con aquello que más ama hacer y hacer de su trabajo una visión superior, incluso más grande que él mismo o ella misma y esto me lleva a hablarte sobre el paso número tres y el más importante…

❸. **Debes asegurarte de que, aquello que quieres hacer, no solamente contribuya a tu propio éxito, sino también debe beneficiar a toda la humanidad.**

Dicho de otra manera, **aquello que quieres hacer debe tener un propósito, debe de tener el propósito de servir al mundo.**

La Madre Teresa lo describía de la siguiente manera: "Si no vives para servir, entonces no sirves para vivir"

Martin Luther King Jr decía: "Si no has descubierto algo por lo que estar dispuesto a morir, no eres apto para vivir"

Hasta que no se unen el pensamiento y el sentimiento de propósito, no hay logro.

Cualquier ser humano debería de concebir un propósito lo suficientemente grande en su corazón y lanzarse a hacerlo realidad. Debería de hacer de este propósito su punto central en sus pensamientos.

La gran mayoría de las personas dejan que sus pensamientos deriven por el océano de la vida, dejándose arrastrar por cualquier "trabajo" aún sin gustarles ni lo que es más importante, satisfacerles.

ENTONCES, ¿DÓNDE ESTÁ EL ÉXITO?

A una persona con éxito le encanta y le apasiona aquello que hace y se siente completamente realizada al hacerlo.

Al contrario de lo que opina la masa, el éxito no está en la mera acumulación de riquezas, **las riquezas se obtienen por consecuencia y llegan por añadidura una vez se siguen los tres anteriores pasos con exactitud.**

Entones, ¿dónde está el éxito?

Aquél ser humano con éxito es aquella persona que dentro de él o ella reside un gran entendimiento psicológico y espiritual y aquí está lo más importante, **el éxito de muchos de los grandes líderes de hoy en día y del día de mañana, depende del uso correcto de su mente subconsciente.**

Ellos son capaces de visualizar su futuro ideal y traerlo a su presente, actuando y viviendo como si ya estuviera realizado.

Cuando te imaginas un objetivo con claridad, cuando dentro de tu mente lo único que reside es ese objetivo, ese propósito, **se te empezarán a suministrar todos los conocimientos, ideas y planes necesarios, de formas de las que no sabes nada, mediante la magia del subconsciente.**

Cuando seguimos los tres pasos anteriores y creamos un propósito y lo visualizamos en nuestra mente creando la imagen ideal de cómo sería, nos aparece un problema, no tenemos ni idea de cómo llegar, nos preguntamos… vale, ¿y ahora qué?

Pero aquí es donde reside la magia, si supieras cómo llegar, seguramente tu propósito no sería lo suficientemente grande, por eso mismo, los grandes líderes ponen su propósito en su futuro y lo traen a su presente convirtiéndose en la persona ideal para que realmente se les dé.

Olvídate del cómo, deja ese trabajo a tu mente subconsciente, de hecho, este libro ha sido obra de mi mente subconsciente.

Hace varias semanas que empecé a escribir La Magia del Subconsciente, pero todo empezó un día justamente antes de quedarme dormido.

Un día normal en mi vida, antes de dormirme por allá las 23:30 de la noche, un pensamiento atravesó mi mente, como si de una flecha se tratara, estaba prácticamente dormido y justamente ocurrió la magia, *"debes escribir un libro sobre el subconsciente, otro sobre metafísica y física cuántica y otro sobre espiritualidad, debe ser lo mejor escrito hasta la fecha"*

Ese pensamiento no solamente atravesó e invadió mi mente, sino que se quedó rondando por mi cabeza varios instantes, pero algo se encendió dentro de mí en ese instante y me levanté de golpe y me puse delante del ordenador dispuesto a escribir el libro que ahora estás leyendo.

Nada más sentarme en la silla y encender el ordenador, otra idea me atravesó la mente de una manera muy rápida, esa idea me llegó en forma de *"La Magia del Subconsciente"*

Así que abrí un documento Word en blanco, puse al instante esa frase que me había llegado y simplemente dejé que la Inteligencia Infinita, Éter o como prefieras llamarle, actuase a través de mí.

Pasé las siguientes horas recopilando muchas ideas que me empezaban a llegar y las apunté todas en una hoja de papel y así, poco a poco me iba quedando dormido hasta que me dormí por completo en mi escritorio.

Al día siguiente me levanté con un Word abierto, un título, y todo un guion ya escrito de lo que iba a contener, lo que a día de hoy es el libro que estás leyendo.

Por eso mismo, este libro no está escrito por mí, está escrito a través de una fuerza más grande que yo e incluso más grande que tú, amado lector, de ahí viene el título *La Magia del Subconsciente*.

> *La mente subconsciente escribe poesía si se la deja sola.*
>
> **Stephen King**

Así que, ¿dónde está el éxito?

Una vez comprendas que tienes en tu interior una poderosa fuerza capaz de hacer realidad todos tus deseos, anhelos y sueños, **ganarás una confianza superior y una tremenda sensación de paz sabiendo que estarás siendo guiado por algo mayor.**

¿Te puedo contar el mayor secreto de la vida?

El mayor secreto de la vida es dar, es servir, es contribuir con aquello que más amas hacer y que, con ello, puedas ayudar a otras personas.

> **La creación siempre ayuda a aquellos que ayudan a la creación.**

Cualquiera que sea la profesión a la que te dediques, deberás de tener en cuenta que aprender las leyes por las cuales se rige tu subconsciente será vital para la consecución de tu deseo.

Para terminar este apartado me gustaría contarte algo más y quiero que lo reflexiones con calma…

Cuando sepas cómo aplicar los poderes de esa fuerza que reside dentro de ti y cuando te sientas completamente realizado o realizada compartiendo tu pasión con los demás, en ese entonces, estarás transitando hacia el camino seguro hacia el auténtico éxito.

Entonces, **una vez hayas llegado aquí y hayas asimilado todo lo escrito anteriormente, pasaremos a descubrir cómo podemos usar nuestra mente subconsciente como compañera hacia nuestro éxito.**

USANDO EL SUBCONSCIENTE EN EL ÉXITO

Anteriormente te hablé del poder de la fe y cómo inducirla dentro de nuestro subconsciente para que nuestras peticiones, deseos, anhelos o sueños sean realizados, pero aquí está la pregunta que podría estar rondando por tu cabeza y que también lo hizo en la mía cuando empecé a descubrir y usar la magia del subconsciente…

> **¿Qué diablos ocurre si mis peticiones no son realizadas? ¿Qué puedo hacer? ¿Será que no funciona? ¿Será que esto es una estafa?**

Nada más lejos de la realidad, primero debemos de comprender las razones de este posible fracaso, en este caso son dos: **falta de fe y demasiado esfuerzo y trabajo.**

Te explicaré el por qué...

En la vida existen dos fuerzas creadoras, **la fe y el miedo.**

La fe engloba la seguridad, la certeza, la confianza, el amor, la paz, la convicción... mientras que el miedo engloba la duda, la preocupación, la ira, la tristeza...

Cuando uno tiene fe no puede tener miedo, cuando uno tiene miedo no puede tener fe, o dicho en otras palabras, **cuando uno tiene una convicción no puede tener dudas, si uno tiene dudas, no puede tener convicción.**

Tus peticiones, deseos o sueños deben de ser creados a través de la fe y todo lo que la engloba, el miedo y todos sus atributos anulan la fe, sin excepciones.

> **El miedo llamó a la puerta, la fe abrió y no había nadie.**

En el otro caso, cuando te esfuerzas demasiado por hacer que una petición se traduzca en resultados inconscientemente estarás creando lo que se denomina "potencial excesivo"

Este término lo seguiremos trabajando en el siguiente tomo con más profundidad cuando hablemos de metafísica y física cuántica, pero para no entrar en ello de lleno, te explicaré brevemente algunos ejemplos...

Ivan Vico Gómez

Cuando era pequeño jugaba en un equipo de futbol en donde cada fin de semana teníamos un partido, y entre semana los entrenamientos.

Bien, cuando yo entrenaba era un jugador excepcional y realmente entrenaba muy bien y conseguía destacar, pero al llegar el partido del fin de semana, todo cambiaba…

Teníamos audiencia, el margen de error era muy pequeño, el club tenía muchas expectativas en nosotros, nos jugábamos puntos para ascender o descender de posición en la competición, así que me sentía presionado y en vez de dejar que mi juego fluyera y jugar tranquilo como en los entrenamientos, me ponía más nervioso mientras jugaba y eso creaba un potencial excesivo que me impedía jugar igual de bien que en los entrenamientos, el resultado siempre era negativo…

Te pondré algún otro ejemplo con el que podrías sentirte identificado o identificada…

¿Alguna vez has estudiado para algún examen, prueba o certificación y te lo sabías todo de cabo a rabo y de repente al llegar a la prueba no te acordabas de nada y tu cerebro se quedaba en blanco?

Bueno, eso es muy típico no? Ja, ja, ja, ja!

Cuando estudiamos no tenemos la presión de estar en el examen y no tenemos nervios, con lo que nuestro cerebro es como un cajero, puedes introducir información fácilmente y luego retirarla cuando desees sin problema.

Pero ¿qué sucede cuando estás en el examen, en esa situación de nervios, estrés y presión?

Todo lo que habías introducido en el cajero de tu cerebro no sale, no lo puedes retirar, ¿cierto?

Eso es porque se crean potenciales excesivos.

Supongamos la historia de mi padre con su camión, ¿te acuerdas de cómo hice mi petición?

No me puse nervioso, no tenía dudas ni incertidumbre por si iba a funcionar, por si realmente lo iban a encontrar, por si todo se iba a arreglar, nada de eso!

Simplemente cree un estado de paz en el que eso para mí ya era real y me dejé llevar por ese estado sintiendo que mi petición ya había sido respondida.

Si me hubiera puesto nervioso, si mi mente me hubiera invadido con pensamientos de miedo y duda y los hubiera mantenido, **hubiera creado un potencial excesivo haciendo que mi petición se autoanulase de manera automática.**

Tu fracaso en obtener resultados también podría deberse a que mentalmente hayas hecho alguna de las siguientes afirmaciones:

- **Tengo dudas, estoy confundido.**
- **No sé qué hacer.**
- **No tengo esperanzas en que funcione.**
- **No veo la luz al final del túnel.**
- **No veo la salida en esto.**
- **Nunca obtendré respuesta a mi petición.**
- **Las cosas van de mal en peor.**
- **Todo me va siempre mal y esto tampoco me funcionará…**

Haz tu petición con fe y convicción y tu subconsciente se hará cargo de ella y te responderá.

Si en algún momento del proceso intentas obligar a tu mente subconsciente a que haga algo por ti, habrás fracasado incluso antes de empezar, los resultados que anhelas se alejarán más de ti en lugar de acercarse.

 Recuerda que tu mente subconsciente solo y exclusivamente responde conforme a tu fe, a tu convicción en una idea que previamente ha sido aceptada por tu mente consciente a base de autosugestión.

Si usas tu mente subconsciente de una forma negativa, siempre producirá problemas, fracasos, dudas, incertidumbre, pero cuando la usas de forma constructiva, es capaz de producir libertad, serenidad, paz, y te proporcionará guía.

Las ideas se convierten en cosas. Si lo ves en tu mente, podrás sostenerlo en tu mano.

Bob Proctor

Debes tener una idea clara en la mente, debes llegar a la firme conclusión de que existe una salida, una solución a ese problema o a esa enfermedad.

Tu subconsciente lo sabe todo. Conoce los medios y las formas para sanar todos los órganos de tu cuerpo. Pide salud y tu subconsciente lo hará realidad.

Sólo la Inteligencia Infinita que reside en tu subconsciente conoce la respuesta, cuando llegas a esa conclusión clara en tu mente subconsciente, esta adopta una decisión y se te cumplirá en función de tu fe.

Recuerda que debes sentir tu idea como algo ya hecho, como algo ya completo, no como algo que podría llegar a ocurrir en un futuro, no, **sino como algo que de verdad está ocurriendo en este momento.**

LA FACULTAD DE LA IMAGINACIÓN

Usa la imaginación, no la fuerza.

Como ya sabrás, **somos la forma de creación más elevada de Dios, estamos hechos a su imagen y semejanza,** así que tenemos varias facultades superiores, como bien pueden ser: la percepción, la voluntad, la razón, la imaginación, la memoria y la intuición.

Verás, todas las criaturas en el planeta están completamente a gusto en su entorno, están alineadas con el entorno, nosotros, los humanos, somos las únicas criaturas que estamos desorientadas en nuestro entorno **y eso es porque se nos han dado las facultades para crear nuestro propio entorno, pero nunca se nos han enseñado a usarlas.**

Hablaremos de ellas más profundamente en el tercer tomo, pero ahora nos centraremos en la facultad de la imaginación.

La imaginación es la capacidad de mantener en la pantalla de tu mente una imagen o idea sin desenfocarte de ella.

Conseguir la ayuda de la magia de tu mente subconsciente no es como luchar contra un obstáculo que se te resiste, nada de eso!

Integra esto dentro de ti: **trabajar más duro no produce mejores resultados, trabajar duro e inteligentemente sí los produce.**

Visualiza el fin y el estado de libertad que todo ello te produciría el haber conseguido tu petición o deseo.

Te darás cuenta de que tu mente consciente interfiere intentando encontrar maneras o formas de resolver el problema o lograr tu deseo o petición e imponérselas a tu mente subconsciente, **debes resistirte a ello.**

Desarrolla la capacidad de perseverancia en una fe sencilla, sin complicaciones e infantil, **no crees potenciales**

excesivos preocupándote por el cómo, deja ese trabajo a tu subconsciente.

La facultad de la imaginación y el subconsciente están estrechamente relacionados, sin duda, **la imaginación es la fuerza más maravillosa, milagrosa e increíblemente poderosa que el mundo jamás haya conocido.**

Piensa en lo siguiente, absolutamente todos los seres humanos que residen en este planeta usan la imaginación, tú, amado lector o lectora, también la utilizas, pero aquí está la cuestión, **la gran mayoría de las personas usan su imaginación pero totalmente contra ellos mismos.**

Imaginan lo que no quieren, imaginan que solamente surgen problemas… debemos de empezar a usar la verdadera imaginación que produce vidas extraordinarias, usemos la facultad de la imaginación tal y como Dios nos la entregó y no como el ser humano ha estado usando hasta ahora.

Todos podemos crear en nuestra vida lo que queramos, por ejemplo, observa las auténticas maravillas que existen en tu hogar, o posiblemente en tu trabajo y observa todas las comodidades que tienes…

Cosas que, probablemente, no tenías hace dos años, cinco años, diez años, veinticinco años…

Debes saber que todas estas cosas **fueron previamente creadas por la facultad de la imaginación en un ser humano.**

Todos podemos usar nuestra imaginación para ganar en nuestro futuro y traer eso al presente, así lo hacen todas las personas con más éxito del planeta, como te dije varias páginas atrás, esas personas ven hacia dónde quieren ir y actúan como la persona que quieren ser.

> **Actúa como la persona que realmente quieres ser, como si ya lo fueras.**

Siempre nos preguntamos, ¿qué estará pasando por la mente de los niños?

Hasta la edad de los cuatro o cinco años, usamos nuestras facultades superiores de una manera excelente, los niños, están constantemente usando su imaginación para crear imágenes maravillosas en su mente, pero luego van a la escuela y de repente se produce una interrupción grandiosa en sus facultades.

Mira, podemos ver, oír, oler, tocar y saborear, estos son nuestros sentidos físicos, como estamos viviendo en un cuerpo físico, en correspondencia de un mundo material, usamos estos cinco sentidos sensoriales.

Pero lo que nadie nos cuenta, **es que también disponemos de otros sentidos como bien te dije antes: la**

percepción, tu voluntad, tu memoria, intuición, razón o imaginación.

Podemos usar la imaginación para construir la imagen de cómo queremos vivir el día de hoy y el día de mañana.

Ahora mismo estoy escribiendo estas palabras a través de un ordenador, este ordenador se creó en la mente de un ser humano, **recuerda que todo lo que la mente puede ser capaz de creer y concebir, lo puede crear.**

Todo esto suena muy bonito, pero la realidad es que solamente entre el 2% y el 3% de la población a nivel mundial utilizan estas habilidades que Dios (o aquello con lo que más te identifiques) nos ha dado.

La gran mayoría de las personas caminan de puntillas por la vida buscando hacerla más segura hasta la muerte, es una pena, eso no tiene por qué ser así.

Creemos que no somos creativos, cuando realmente nadie es más creativo que nadie, la creatividad es una habilidad que nos ha sido entregada por algo más grande y es entrenable. Algunos eligen usar su poder creativo a un nivel más alto que otros.

Pero todo llega al mismo destino, imaginación.

**¿Cómo quieres vivir realmente?
Construye la imagen en tu mente.**

Ivan Vico Gómez

Quiero que por un momento nos teletransportemos al año 1930, Simeón Kirlian fue un fotógrafo ruso que revolucionó la fotografía.

Él dijo: "Si hacemos una conexión entre la fotografía y el cuerpo humano podemos ver la energía brillante que hay en él"

Esa energía fluye hacia tu mente, **las imágenes que creas en tu mente dictarán la vibración que este instrumento emitirá en manera de frecuencia a través de tu cuerpo físico.**

Como recomendación, **usa la imaginación todos los días, construye imágenes preciosas y hermosas sobre cómo quieres vivir y mantén vivas esas imágenes en tu mente y sobre todo, vive de esa manera.**

Si tienes activa esta facultad que se te ha otorgado tendrás una vida fenomenal, debes saber que la vida puede ser mejor cada día, mejorará cada día, mediante el uso correcto de tu imaginación.

Así que, imagínate a ti mismo sin esa enfermedad o problema. Imagina el sentimiento y la satisfacción de esa libertad que buscas.

Simplemente, imagina, porque toda tu energía fluirá hacia ello y tarde o temprano, lo terminarás viendo en tu vida...

LA IMAGINACIÓN DISCIPLINADA CREA MARAVILLAS

Aristóteles ya lo decía: **"La excelencia no es un acto, sino un hábito."** No se trata de usar tu imaginación por un día o por una semana, sino desde hoy mismo o mejor dicho, desde ahora mismo hasta el último día de tu viaje.

Como ya habrás aprendido, la mente subconsciente es la arquitecta y la constructora de todo tu cuerpo, ella es la encargada de que absolutamente todo funcione sin que debas hacer nada.

En la Biblia, Jesús dice claramente lo siguiente:

En verdad os digo que si tenéis fe y no dudáis, no sólo haréis lo de la higuera, sino que si aun decís a este monte: "Quítate y échate al mar, así sucederá" **Y todo lo que pidáis en oración, creyendo, lo recibiréis.**

Mateo 21:22

Creer es aceptar que algo es verdad, vivir como si eso fuera una verdad. Si como decía Aristóteles haces de ese estado, un hábito, experimentarás que tus peticiones siempre serán respondidas porque se darán conforme tu fe.

Pedid, y se os dará; buscad y hallaréis; llamad, y se os abrirá. Porque todo el que pide, recibe; y el que busca, halla; y al que llama, se le abrirá...

Mateo 7:7

Ivan Vico Gómez

Cuando iba al instituto tenía que cursar durante un año religión, allí nos enseñaron que la Biblia era de una determinada manera, algo más religiosa y siempre enfocada a la iglesia, o eso me enseñaron a mí, cuando realmente es una guía escrita para poder crear una vida mágica y extraordinaria!

Creo firmemente que la Biblia es interpretada de distinto modo en función de la persona que la lee.

La sabiduría que reside en la Biblia se amolda al recipiente que la lee, es decir, si se lee desde un punto religioso, encontrarás religión, si la lees desde un punto de crecimiento y desarrollo personal para crear una mejor vida, es lo que encontrarás.

> **No percibimos la realidad tal y como esta es, percibimos la realidad tal y como nosotros somos.**

La imaginación es la facultad más poderosa que tenemos y que nos ha sido entregada, **finalmente somos lo que nos imaginamos que somos.**

 Recuerda, Dios nos hizo a su imagen y semejanza, ¿qué hizo Dios? Crear el mundo, ¿no es así?

Entonces, **si Él creó el mundo y nosotros estamos hechos a su imagen y semejanza, ¿por qué nosotros no podríamos crear nuestro propio mundo?**

Al fin y al cabo, si Él creó, nosotros podemos crear también todo aquello que realmente queramos y más deseemos, no nos hace falta más de lo que ya disponemos, ya lo tenemos todo, ya lo tienes todo, eres la forma de creación más elevada que existe, no dudes, dentro de ti reside un poder que es inexplorado y puede que todavía no sepas que eso está dentro de ti, pero poco a poco empezarás a descubrir esta magia que tanto tú como yo disponemos.

A medida que nos adentramos en este conocimiento, no es que se deje de ser ambicioso o convertirse en alguien pasivo y se deje de tomar acción ni nada de eso, **sino que combinas el sentido con la ambición, combinas el poder que se te ha dado con lo externo, unes lo interno con lo externo,** porque entiendes y comprendes que lo interno sin la acción, sin lo externo, nunca podría llegar a dar resultados.

Puedes sembrar una semilla y esperar a ver un brote, o puedes sembrar una semilla y abonarla, cuidarla y regarla constantemente y entonces, esa unión creará frutos abundantes.

Al tomar consciencia de todo lo que estás aprendiendo en este ejemplar, empiezas a vivir un proceso en que eres guiado por una Inteligencia o por algo más grande que desconocemos, **te desapegas del resultado y ese desapego te permite no tener que pelear más, no tener que luchar constantemente por algo y dejar que las cosas se te presenten.**

Ivan Vico Gómez

Ya no eres la persona que hace que sucedan las cosas sino la que permite que aparezcan, la lucha ha desaparecido.

Al principio del libro te hablé de que nos pasamos la vida luchando contra las circunstancias, contra los efectos, y desde nuestra propia ignorancia, al hacerlo, hacemos más grande la causa, pero cuando dejamos de lado esa lucha y nos giramos hacia nosotros, hacia la causa, entonces dejamos que las cosas fluyan y refluyan, eso no significa pasotismo, eso significa sembrar las semillas correctas para poder cambiar aquellos frutos con los que siempre nos hemos estado peleando.

Todos nosotros sabemos que hemos venido aquí a tocar una música, a realizar un propósito, pero aun así, tendemos a pensar que somos seres separados, que estamos solos y que tenemos que encajar con los demás, creemos que esa es nuestra función, pero no es así.

Nuestro cambio puede suceder de muchas maneras, a través de una conversación, a través de una experiencia inesperada, a través de un libro o simplemente una coincidencia, puede ser cualquier cosa, **pero el resultado es siempre el mismo.**

Empiezas a darte cuenta de que no estás aquí para empujar a la vida y que sea una lucha constante, estás aquí para disfrutar, vivir en paz y hacer aquello que sientes en tu interior.

Nadie necesita preguntarse cuál es su objetivo principal en la vida, **ese propósito o ese dharma, siempre lo encontrarás ayudando a los demás a través de tu pasión.**

Si por un solo día puedes concentrarte en hacer que la vida de otros sea mejor, si puedes concentrarte en pensar así, así es como piensa Dios (o aquello con lo que más identificado te sientas), tocar la vida de alguien es más valioso que cualquier cantidad de dinero.

Creer que necesitas lo que no tienes, es la definición de locura. Que no te puedas realizar hasta que no consigas todas esas cosas es una ilusión.

Desconocido

No importa a lo que te dediques, si tienes un sueño, una visión, un anhelo por hacer algo en tu vida, hazlo, **siempre que te concentres en ayudar a los otros.**

Puedes dirigir un negocio así, desapegándote del resultado y centrándote en dar servicio, en cómo puedo ayudar, en cómo puedo ser más amable, cómo puedo dar más valor a mis clientes… **si piensas así, de alguna forma ya vives en pleno sentido de propósito.**

Hay un lugar en lo más profundo de nosotros que quiere sentirse realizado, que quiere saber que su vida ha marcado una diferencia, que ha dejado este lugar, este planeta donde ha vivido, mejor que cuando llegó, que ha conmovido profundamente la vida de alguien con su existencia.

Todos queremos eso, no es una cuestión de edad, ni de encontrarse a uno mismo, seas quién seas, tengas la edad que tengas, solamente estás a un pensamiento de cambiar tu vida.

Déjate llevar.

Lao-Tsé

QUÉ HACER PARA QUE TU PETICIÓN TENGA ÉXITO

Ahora ya sabemos que las dudas, las indecisiones, los pensamientos negativos... **lo único que harán será debilitar tu petición.**

Si te dices: "Espero que algún día me cure", "Ojalá algún día tenga esa abundancia económica", "Espero que esto pueda funcionar..." ya sabes que tu petición y la fuerza de tu subconsciente al transmitir tu deseo al Éter o Inteligencia Infinita se irá haciendo cada vez más y más débil.

A continuación te mostraré los tres pasos necesarios para poder tener éxito en tu petición...

❶. Debes de ser capaz de identificar tu problema y admitirlo.

❷. Una vez hayas identificado tu problema, (recordemos que todo deseo sale de un problema o necesidad existente en tu vida actual) debes traspasarlo a tu mente subconsciente a través de los métodos ya descritos anteriormente en el libro.

❸. Y este es sin duda el paso más importante, estar completamente tranquilo o tranquila, totalmente convencido o convencida de que ya se te ha dado la solución o el resultado a tu petición.

 Recuerda que todo aquello que pidas en oración, creyendo que ya lo tienes, que ya está en tu posesión, **lo recibirás.**

Para crear e intensificar ese sentimiento de pertenencia o de ya haberlo recibido existen tres preguntas muy poderosas que deberás de no solo responder, sino también imaginar y sentir la respuesta en tu mente.

Cada vez que hago una petición me hago estas tres preguntas justo antes de irme a dormir **y me duermo pensando y sintiendo en la respuesta.**

Ahora es el momento en el que me gustaría preguntarte: ¿realmente quieres que tus peticiones tengan éxito?

Las siguientes tres preguntas tienen mucho poder e influencia en tu subconsciente si eres capaz de trabajarlas día tras día en esos momentos de somnolencia justo antes de dormirte por completo, no te las tomes a la ligera, porque sin duda, **tienen la capacidad de crear grandiosos milagros en tu vida y en la vida de otros.**

Antes de contártelas me gustaría contarte el caso de una gran amiga mía a la que ayudé para que la aceptasen en un gran puesto de trabajo.

Supongamos que "Lucía" es mi amiga, Lucía quería trabajar en un emblemático edificio aquí en la ciudad de Barcelona, en el edificio de La Pedrera, en el que habían alrededor de 80 candidatos para ese puesto y Lucía me escribió para que le ayudase a ser la seleccionada.

Estaba algo insegura y con dudas y eso fue exactamente lo primero que trabajamos, seguidamente le dicté las tres preguntas que ahora tú también conocerás y siguió mis pautas de dormirse imaginándose la respuesta a las tres preguntas…

Pasados unos días me volvió a escribir tremendamente feliz y entusiasmada, resulta que había sido la elegida y me dijo que lo que había imaginado todas las noches anteriores es lo que realmente sucedió y de la manera en cómo ella se lo imaginó.

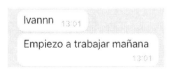

Las preguntas son las siguientes…

1. ¿Cómo me sentí cuando vi mi deseo realizado? Imagínalo y siéntelo…

2. ¿Quién fue la primera persona a la que le comuniqué la noticia y cómo lo hice? Imagina su maravillosa reacción y lo feliz y contenta que está esa persona por ti y siéntelo en tu mente…

3. ¿Cuál fue la primera gran cosa que hice cuando logré mi deseo? Imagínalo y siéntelo…

Recuerda hacerlo desde el presente, como si ya hubiera sucedido, y hazlo noche tras noche hasta obtener respuesta, duérmete cada día con estas tres preguntas, te darás cuenta del enorme poder que pueden llegar a tener.

¿CÓMO LLEVAR TODO ESTO A LA ACCIÓN Y HACER QUE FUNCIONE?

La respuesta es **a través de un objetivo principal en tu vida claro y definido.**

Un claro estudio demostró lo siguiente: el 95% de las personas en el mundo no tenían un objetivo principal al cuál dirigirse y toda su vida era un completo fracaso absoluto, mientras que el 5% que tenían no solo un objetivo principal, sino también planes definidos y estructurados para su realización tenían una vida llena de éxitos.

No hay ningún viento favorable para el que no sabe a qué puerto se dirige.

Séneca

Otro dato muy importante es que en ese estudio se demostró que **el 95% se dedicaba a trabajar en algo que no le agradaba, mientras que el 5% hacía lo que más le gustaba y apasionaba.**

Creo personalmente que es muy triste saber que el 95% de la población a nivel mundial van por la vida a la deriva, sin un propósito, objetivo principal o dharma, como prefieras llamarlo, unas páginas atrás dije que la gran mayoría de las personas caminan de puntillas por la vida buscando hacerla más segura hasta la muerte, por desgracia es así...

Hay un principio en psicología que dice que **los actos de una persona siempre estarán en armonía con los pensamientos dominantes de su mente.**

Cualquiera que sea el objetivo principal que se fije de forma consciente e intencionada con la mente y se mantenga ahí, con la determinación y perseverancia de realizarlo, **terminará siendo absorbido por el subconsciente hasta que este influirá automáticamente la acción física del cuerpo en dirección a la consecución de ese objetivo o propósito.**

Ahora bien, debes tener muy presente lo siguiente: tu propósito, dharma u objetivo personal debe ser seleccionado con sumo cuidado, y una vez seleccionado, deberías escribirlo en una hoja de papel, ponerlo de fondo de pantalla en tu teléfono móvil u ordenador, o en cualquier lugar en donde puedas verlo al menos una vez al día.

Este principio psicológico te servirá para fijar tu propósito en lo más profundo de tu mente subconsciente hasta que este lo acepte fuertemente y termine dominando todas tus actividades en la vida y que, termine conduciéndote paso a paso hasta el logro de dicho objetivo o propósito.

> **No le digas al mundo lo que eres capaz de hacer, ¡demuéstraselo!**

Todo lo que hasta ahora has leído en La Magia del Subconsciente te servirá como catalizador si lo usas a favor de un dharma o propósito, **de hecho, esa debería ser su finalidad.**

Mi propósito es que tú puedas realmente crear la vida que mereces y vivirla en base a tus propios términos, si a día de hoy tienes este libro en tus manos y ahora mismo estás leyendo esto, es porque previamente he usado todo lo que estás aprendiendo y seguirás aprendiendo en hacerte llegar este libro.

Este libro no existía físicamente, lo he creado yo a través de mi mente, he creado la portada, el título, el contenido, todo ha sido originado previamente en mi mente y ahora está en tus manos, de esta misma manera, **tú también**

tienes esta capacidad, se te ha dado nada más nacer, no tienes que preocuparte por cómo tenerla o cómo puedes adquirirla, pues ya reside dentro de ti.

Pero todo eso empezó porque establecí un objetivo principal al cuál perseguir sin importar lo que otros opinaran de mí, sin importar si tenía las capacidades tanto físicas como mentales para desarrollarlo, sin importar mi situación actual, pasase lo que pasase mi misión era y es ayudarte a hacer de tu vida una auténtica obra maestra.

Tengo la firme creencia que cuando nacemos, a parte de que se nos atribuyen millones y millones de datos genéticos que se integran en lo más profundo de nuestro ADN, más concretamente 3.200 millones de letras de tu padre y 3.200 millones de letras de tu madre y eso es lo que da forma a tu estructura genética que da como resultado el color de tu pelo, color de ojos, lo que crecerás o no crecerás, tu tono de piel... absolutamente todo.

Pero también creo que en ese plan genético también se incluye tu propósito, tu dharma, aquello que has venido hacer en este planeta.

Desde una temprana edad sabemos lo que realmente queremos hacer, sabemos a lo que hemos venido a este plano y soñamos con ello y nos lo imaginamos, **pero a medida que pasan los años, la escuela, los adultos, la sociedad en general, empieza a introducirte miedos, inseguridades, dudas, creencias negativas y**

autolimitantes y poco a poco se encargan de que vayas dejando de ser ese "niño" o esa "niña" y empieces a madurar y dejar todo eso atrás.

¿Por qué crees que en la Biblia se dice que solamente los niños entrarán en el Reino? ¿Es el Reino el cielo o la muerte? ¡Nada más lejos de la realidad!

El Reino es tu propósito, aquello que has venido a entregarle al mundo, **por eso mismo te dice que debes ser como un niño para entrar en ese Reino.**

Verás, cuando nacemos pensamos que somos vasos vacíos que deben ser rellenados con conocimientos, ideas, pensamientos y una visión general del mundo y nos envían a la escuela porque así se debe rellenar el vaso vacío, ¿no?

Bueno, yo creo todo lo opuesto, **creo que cuando nacemos ya tenemos el vaso lleno y justamente es cuando empezamos a tener más contacto con el mundo exterior cuando empezamos a vaciarnos.**

Todos sabemos lo que hemos venido a hacer en este mundo, pero nos lo negamos continuamente creyendo que es muy "infantil" o "inmaduro"

Ivan Vico Gómez

Piensa en lo siguiente: la mente subconsciente se puede llegar a comparar con un imán, y cuando se la ha cargado y llenado con un propósito, con un objetivo claro, **tiene**

una cierta tendencia a atraer todo lo que sea necesario para la consecución de este.

Esto es tan cierto como la ley de la gravedad, no la vemos, pero la experimentamos.

Las bellotas atraen de la tierra y el aire las sustancias necesarias para convertirse en un roble, cada grano de trigo que es sembrado atrae las sustancias necesarias para que crezca un tallo de trigo.

Si vamos un poco más allá, y eso lo seguiremos hablando en el siguiente tomo con más profundidad, **nos daremos cuenta de que los seres humanos también estamos sujetos a lo que se denomina la ley de la atracción.**

La ley de la atracción dictamina que **todo aquello que sea igual, con la misma energía y vibración, por ley, se deben de juntar y atraer entre sí.**

Por ejemplo, entra en cualquier bar de barrio y verás personas que tienen la misma inclinación mental general se relacionan entre ellas. De la misma manera, entra en cualquier comunidad que sea próspera, ahí encontrarás personas de la misma tendencia mental.

> **La gente que tiene éxito siempre buscará compañía de otras personas de éxito, las personas que se encuentren en el lado miserable de la vida siempre buscarán personas con sus mismas circunstancias.**

El agua, por ejemplo, siempre busca su nivel y lo similar a ella, de la misma manera que el ser humano busca aquellos que estén en su mismo nivel general, económico y mental.

Un profesor de educación física y una persona que odia y detesta el deporte no tienen nada en común, si se les juntara durante un tiempo, probablemente no serían felices y siempre tendrían disputas, peleas y malestares.

De la misma manera, el agua y el aceite están tan dispuestos a mezclarse y juntarse como las personas que no tienen nada en común, es lógico, ¿no crees?

Si nos damos cuenta y analizamos minuciosamente a la sociedad y al mundo externo en general, nos daremos cuenta de una sola cosa: **atraemos a las personas que armonicen con nuestra filosofía de vida, tanto si lo deseamos como si no.**

Los pobres siempre se rodean, buscan y atraen otros pobres porque son física y mentalmente acordes e iguales.

Los ricos siempre se rodean, buscan y atraen otros ricos porque son física y mentalmente acordes e iguales.

Las personas que no son saludables, siempre las verás en todos los restaurantes de comida no saludable, ¿y adivinas con quién? ¡Exacto! Otras personas no saludables...

Las personas que son saludables siempre estarán en gimnasios, ¿con quienes? Con otras personas saludables o que piensan, sienten y actúan de la misma manera...

No falla, es como la ley de la gravedad, todo lo que sube baja, es un hecho, de la misma manera, todo lo que es igual se junta, se atrae.

Desde pequeños nos enseñaron a normalizar la gravedad, nos la enseñaron en la escuela, nuestros padres nos la explicaron y en cierta manera, tenemos presente la gravedad, **pero muy pocas personas tienen presente la ley de la atracción en sus vidas, que es tan cierta y exacta como la ley de la gravedad.**

Ahora me gustaría preguntarte: sabiendo esto, ¿no ves la importancia de llenar e impregnar tu mente con un claro objetivo principal que atraerá hacia ti a personas que serán una ayuda y no personas que serán un obstáculo para tu vida?

Imagina por un momento un grandioso barco de mercancías que por un fallo o error perdiera su timón en medio del océano y empezara a dar vueltas en círculos, tarde o temprano agotaría su combustible sin llegar a su destino, a pesar de que gastaría el combustible suficiente como para ir y venir varias veces...

De la misma manera, aquella persona que trabaja sin un propósito, sin un objetivo bien cristalino y planificado,

en cierta manera, se asemeja a ese barco que ha perdido el timón.

Por ejemplo, el lugar donde vives fue un propósito, un objetivo claro y planificado en la mente de un ser humano. Imagina que la persona que tuviera en su mente construir el lugar donde tú vives actualmente lo hubiera hecho sin planos ni organización.

Los trabajadores se molestarían unos a otros, los materiales de construcción se amontonarían por todo el terreno antes de que los cimientos estuvieran hechos y por no hablar de que todos los trabajadores que estuvieran trabajando allí, tendrían una idea diferente de cómo debería construirse el edificio o la casa, resumiendo, todo sería un descontrol y un fracaso absoluto, ¿verdad?

Imaginemos el caso de que te regalo un barco y un día decides cogerlo y usarlo, pero no sabes hacia dónde te diriges, más temprano que tarde terminarás perdido y sin dirección yendo hacia cualquier sitio porque, finalmente, no tienes claridad de tu destino final.

Creo que eso no solamente sucedería en ese supuesto caso, **sino que también es lo que sucede en la vida real, no como un supuesto caso sino como una realidad.**

La confusión es el primer paso hacia la claridad.

Syd Field

¿Alguna vez te has parado a pensar que la mayoría de la gente acaba el instituto, la universidad, acepta un empleo o entra en un negocio o en una profesión sin tener ni la más mínima idea de nada que se parezca, ni tan siquiera, a un propósito u objetivo principal?

De una manera u otra, prácticamente todo el mundo tiene un propósito claro, ¡el deseo de querer más dinero!

Más adelante trataremos el tema del subconsciente y el dinero, pero hasta entonces, seguiremos trabajando en este importante principio.

El querer más dinero no es un propósito, para que tu propósito se pueda validar como correcto y verdadero, aunque este sea la acumulación de más dinero, **deberías de decidir cuál sería el método con el que pretendes ganar ese dinero, porque el dinero siempre viene como consecuencia de un producto o servicio que tú ofreces al mercado y que, normalmente, siempre viene de una pasión, de algo que realmente te encanta hacer.**

Para ello, deberías de preguntarte: ¿Cuál es mi propósito principal y cristalino en la vida? ¿Qué es lo que yo he venido a entregar a este planeta? ¿Qué es lo que realmente he venido a hacer?

O si quieres profundizar mucho más porque todavía no lo tienes claro, deberías preguntarte: ¿Quién soy yo?

Mucha gente no sabe quién es, **saben lo que creen que son, pero no verdaderamente lo que son.**

Si le preguntas a una persona quién es, seguramente te responda con su nombre, pero la realidad es que tú no eres tu nombre, tu nombre está compuesto por dos, tres, cuatro o hasta incluso cinco palabras, pero eso no define quien tú eres, **eso no son más que palabras escogidas por tus padres.**

Creemos que somos nuestro nombre, creemos que somos lo que otros nos dicen, creemos que somos lo que logramos o dejamos de lograr, creemos que somos lo que somos en función de nuestro trabajo… por dios, ¡nada más lejos de la realidad!

Presta atención a lo siguiente…

Somos el producto de nuestro entorno desde que nacemos y hasta que no nos empezamos a estudiar a nosotros mismos con profundidad, siempre seremos algo o alguien fruto de las circunstancias externas sin saber quién somos realmente de verdad…

Te invito a que releas este párrafo varias veces…

¿Quién eres realmente?

Es una pregunta muy buena, personalmente me he estudiado a mí mismo desde que empecé a salir de mi depresión, de mi sentimiento de inferioridad y de no amarme, desde entonces han pasado tres años y medio y todavía me lo sigo preguntando día tras día, ¿quién soy yo realmente? ¿Por qué estoy aquí y para qué estoy aquí?

Tengo la creencia de que somos algo más que carne y hueso, si estás aquí hoy, leyendo este libro, estés donde estés, tengas la edad que tengas, sé que probablemente tengas algo dentro de ti que realmente esté buscando algo más y que quiere dejar este mundo un lugar mejor que el lugar que se encontró al venir.

Creo que el trabajo más importante de toda nuestra vida es descubrir quién realmente somos, es una idea fascinante, pero sobre todo entender y comprender que no se trata de saber quiénes somos como sociedad, se trata de saber quién eres tú.

La mayor sabiduría que existe reside en conocerse a uno mismo.

Galileo Galilei

El objetivo principal de este apartado no es informarte sobre cuál debería de ser tu propósito u objetivo principal en la vida, **esto, sin duda, solamente podría hacerse después de un análisis completo de tu persona.**

Este apartado tiene como objetivo introducir en tu mente el concepto principal y el valor de tener un propósito.

A continuación te pondré los propósitos de algunas de las personas que han destacado en la vida, bien sea por sus negocios, por sus servicios, por su manera de pensar o por lo que representaban:

> **Madre Teresa de Calcuta** ayudó a las personas enfermas de lepra. Fundó una orden religiosa femenina llamada las Misioneras de la Caridad.
> Su trabajo principal fue el de enseñar a leer a los niños pobres de la calle. Ella no tenía un éxito económico, un éxito en los negocios, ella eligió como misión de vida la servidumbre y la entrega al bien de los demás y destacó por ello.
> **Nelson Mandela** fue un abogado, activista contra el apartheid, político y filántropo, su misión principal fue la lucha contra la impunidad, por lo que fue galardonado con el Premio Nobel de la Paz, entre otros muchos.
> **Guillermo Marconi** tuvo como misión crear un dispositivo con el que se pudiera enviar voces a través de las vibraciones del Éter.
> **Los hermanos Wright** quisieron hacer que el ser humano pudiera volar, y así lo hicieron, desarrollaron lo que a día de hoy conocemos como avión.
> **Henry Ford** escogió como propósito el crear y abastecer al mundo con sus vehículos, gracias a él hoy podemos desplazarnos con un coche.
> **Mark Zuckerberg** quiso conectar a las personas a través de algo llamado "Red Social" y así lo hizo creando la primera red social llamada Facebook.

▸ **Bill Gates** creó un software para ordenadores llamado Microsoft con el que las personas pudieran trabajar y usar los ordenadores de una mejor manera.

▸ **Jeff Bezos** eligió como misión crear un portal web en donde los usuarios de todo el mundo pudieran ir y comprar de manera online sin tener que desplazarse a ninguna tienda física.

Y podría seguir escribiendo, pero entonces el libro podría llegar a tener mil páginas, estos son algunos ejemplos de ámbitos distintos, pero si nos fijamos, nos daremos cuenta de un patrón en común...

Todo aquel que tiene éxito, sea en el ámbito que sea, trabaja con un propósito cristalino y bien definido como causa de sus esfuerzos.

Sea lo que sea que hagas, amado lector o lectora, en lo que sea que trabajes, te dediques o hagas, sería algo muy bueno por tu parte que tuvieras presente que probablemente tendrías más éxito si averiguas cuál es el trabajo que más te gusta, por lo general, **se tiene éxito en la profesión, sea cual sea, en la que se puede poner todo el corazón y alma en ello.**

HAY UN DESTINO PARA TI. FUISTE CREADO POR DISEÑO, NO POR DEFECTO.

Un médico entró en el hospital deprisa después de haber sido llamado para realizar una cirugía urgente. Contestó a la llamada lo antes posible, se cambió de ropa y se fue directamente al bloque de cirugía.

Allí encontró al padre del niño yendo y viniendo en la sala de espera. Al verlo, el padre gritó: "¿Por qué tomaste todo este tiempo para venir? ¿No sabes, acaso, que la vida de mi hijo está en peligro? ¿No tienes sentido de responsabilidad?"

El médico le sonrió y le dijo: "Lo siento, yo no estaba en el hospital y me vine lo más rápido que pude después de recibir la llamada... Y ahora, me gustaría que se calme para que yo pueda hacer mi trabajo"

"¿Que me calme? ¿Qué pasaría si fuera su hijo el que estuviera en esta habitación ahora mismo, estaría calmado? Si su hijo se estuviera muriendo ahora, ¿qué haría?", dijo el padre enfadado.

El médico volvió a sonreír y contesto: "Voy a decirle lo que dijo Job en la Biblia: 'del polvo venimos y al polvo volveremos, bendito sea el nombre de Dios'. Los médicos no pueden prolongar la vida. Iré a interceder por su hijo, vamos a hacer todo lo posible por la gracia de Dios"

"Dar consejos cuando no estamos en cuestión es tan fácil", murmuró el padre...

La cirugía llevó algunas horas, después el médico salió feliz: "¡Gracias a Dios, su hijo se ha salvado!"

Y sin esperar la respuesta del padre, el doctor muy apurado mira su reloj y sale corriendo. Mientras se marchaba, le dijo: "Si usted tiene alguna pregunta, ¡pregúntele a la enfermera!"

"¿Por qué es tan arrogante? ¿No podía esperar algunos minutos más para preguntarle sobre el estado de mi hijo?", dijo el padre...

La enfermera respondió con lágrimas en los ojos: "Verá, el hijo del doctor murió ayer en un accidente de carretera y él estaba en el cementerio cuando usted llamó para que realizara la cirugía de su hijo. Ahora ya le salvó la vida a su hijo, déjelo ir, que se fue corriendo para terminar el entierro de su hijo"

En esta historia se encierran muchas lecciones ocultas, una de ellas, **del mismo modo que el padre juzgó al doctor, nosotros nos juzgamos por lo que somos o no somos capaces de hacer,** observamos lo que es obvio en nosotros, pero no somos capaces de observarnos como la creación más elevada de Dios (o como te sientas más cómodo llamándolo) y que, si tú estás aquí hoy, si estás experimentando esto a lo que hemos llamado vida, no es por aleatoriedad, es por un propósito.

Entiende que, **la vida no comete errores, nada en este Universo es sucedido de lo aleatorio, todo tiene un por qué y un para qué, de la misma manera, tu vida también tiene un por qué y un para qué.**

Dios no juega a los dados.

Albert Einstein

Dios, el Universo, Éter, como prefieras llamarlo, **nunca quiso que vivieras una vida sin significado.**

No has sido creado o creada para pasar 30 o 40 años de tu vida haciendo algo que no amas, sin sentido, quedándote allí solo porque crees que es lo correcto o lo que se espera de ti o porque es lo normal, ¡para nada!

Va siendo hora de evaluar lo que estás haciendo.

Cuando sigues tu destino, cuando empiezas a hacer aquello por lo que fuiste llamado, en tu interior se empiezan a encender las llamas del entusiasmo y la pasión y eso hace que vivas una vida con significado, una vida con propósito, una vida al servicio del mundo.

Si no vives para servir, entonces no sirves para vivir.

Madre Teresa

Mucha gente me pregunta: "¿Ivan, cómo sé cuál es mi propósito, cómo lo encuentro? Tengo la sensación de que me esquiva, no puedo llegar hasta él…"

Creo que el propósito es llegar a un lugar en el que no estés siempre intentando ir a otro sitio. Muchas personas se pasan la vida esforzándose para poder llegar a otro lugar y jamás consiguen llegar.

Una de las formas de entender cómo encontrar tu objetivo en la vida es regresar a la naturaleza y desde allí, encontrar la tuya propia.

Ivan Vico Gómez

Lao-Tsé en su libro Tao Te King nos dice: **"Todo ser se origina del no ser"**

Jesús así lo dice en el Nuevo Testamento, **es el espíritu lo que da la vida, no proviene realmente de tus padres, todos nosotros provenimos del mismo lugar, de la misma fuente.**

Todos, cuando llegamos al mundo, lo hacemos a partir de una gota diminuta de protoplasma humano, de una pequeña mota, **todo lo que había en aquella pequeña mota se convirtió en ti, todo lo que necesitabas estaba en aquella pequeña mota.**

Desde los 9 primeros meses vida, desde el momento de la concepción hasta el momento del nacimiento, lo han hecho todo por ti y no has tenido que hacer nada, no te preocupa de qué color vas a tener los ojos ni qué aspecto tendrá tu cuerpo, es algo que no depende de ti, te rindes ante ello.

Es como un impulso que te lleva hacia el futuro, es algo que te empuja hacia la dirección en la que se supone que tienes que ir y no es ninguna barbaridad plantearse que si todo lo que necesitabas para tu viaje físico ya estaba allí, **¿por qué no también todo lo necesario para el resto del viaje?**

Todos tus propósitos están ahí, todo lo que eres, tu personalidad está ahí, todo lo que puedes llegar a ser, no solo lo físico, sino todo el resto, **si eres capaz de abrirte y lo permites, finalmente, te encuentras y te descubres.**

Nos rodea un montón de gente, nuestra familia, nuestra cultura, allá donde vayamos y empiezan a decirnos que no podemos confiar en quienes somos.

Tenemos que confiar en algo exterior a nuestra persona y entonces empezamos un viaje hacia la ambición, **un viaje hacia lo "externo" a nosotros.**

Desde que decimos "ahora nos ocuparemos nosotros" le estás dando un matiz, estás cogiendo esa perfección inexistente y estás expulsando a la fuerza creadora que reside dentro de ti.

Y justamente ahí es cuando aparece el ego, **el ego es la parte nuestra que empieza a decirnos que no somos una creación divina y perfecta, esa parte de lo "superior" de la cual provenimos.** De hecho, nos dice: "Tú sólo eres lo que tienes"

Se empieza con los juguetes para luego pasar a las cuentas corrientes y a las posesiones, en menos de lo que canta un gallo empezamos a identificarnos en base a nuestras posesiones, empezamos a creer en una serie de creencias que dicen que cuanto más tenga, más valioso seré como persona.

Por lo tanto, nos pasamos la vida cogiendo a los niños y sumergiéndoles en una cultura que profundiza en lo material, lo exterior, hasta incluso se convierte en una especie de mantra: "debes poseer más, cuanto más tienes más consciente eres de que la gente va a intentar arrebatarte las cosas y más deberás de protegerlas…"

Pero aquí está el dilema, **si eres lo que tienes y las posesiones desaparecen, lo que eres también desaparece en el proceso.**

Hay un segundo componente de eso llamado ego, **nos dice que no solo soy lo que tengo, sino que también soy lo que hago.**

Entonces, en este caótico mundo que cree que se es lo que se hace, nos consumimos pensando de que la idea del éxito, del valor y de la valía personal, se basa en cuantas cosas se puedan llegar a conseguir, por lo tanto, tengo que ganar más dinero, tengo que intentar ascender, tengo que competir con todo aquél que quiera arrebatármelo… **esto se nos enseña una y otra vez…**

Creemos que el mundo está diseñado para la competición, para querer ser los números uno en todo, por y para competir con todos aquellos que se interpongan en nuestro camino, eso es lo que dice el ego.

El tercer componente del ego nos dice que somos aquello que otros piensan de mí, es decir, soy mi reputación, soy lo que me dicen, y entonces pasamos a vivir una vida encadenada a las expectativas que las otras personas tienen de nosotros, **dejando de vivir la vida que hemos venido a vivir y viviendo la vida que otros quieren que vivamos.**

Cuando tomas consciencia de que eres algo más que carne y hueso y de que se te ha puesto en esta experiencia física para realizar un propósito, pasas a la fase del sentido de la vida en la que te das cuenta de que provienes de una fuente, podemos llamarlo Universo, Dios, Jesús, Éter, Inteligencia Infinita... no importa como la llamemos, esa fuente está en todas partes, no hay ningún lugar en este planeta Tierra en donde no esté, tiene que ser así porque lo crea todo, todo proviene de esa fuente.

Por lo tanto, está en mí, si está en todas partes, también lo está en ti.

Si entiendes esto, **de algún modo ya estás en sintonía, en espíritu, en frecuencia, con todo lo que echas en falta en la vida y que te gustaría tener**.

No estás solo o sola, amado lector o lectora, ten la certeza de que te van a guiar, de que tenemos una naturaleza y de que puedes confiar en ella.

No se trata de algo con lo que siempre tengamos que luchar de lo que siempre tengamos que estar al cargo, piensa en ello de esta forma… **déjate llevar por él, en vez de intentar controlarlo todo.**

Entonces, y solamente en ese entonces, **dejas de ser la persona que hace que las cosas sucedan y te conviertes en la persona que permite que aparezcan, la lucha, la pelea, ha terminado.**

Cuando llegas a ese punto, a ese estado, dejas de concentrarte en ti y en las cosas que quieres, **empiezas a pensar "prefiero que lo tenga otra persona antes que yo" y en eso consiste el propósito.**

Cuando te alejas de ese ego que te mantiene encadenado al mundo exterior, empiezas a pasar de un estado de derecho, a un estado de humildad y servidumbre.

Siento que hay algo más que se ocupa de nosotros, así que todo se trata de rendirse ante eso, de rendirse ante algo que es mayor a nosotros, que estamos conectados a ello y que lo controla todo.

Existe un lugar en nuestro interior más profundo que quiere sentirse en armonía con un propósito, con un dharma, y que quiere vivir una vida significativa y poder conmover la vida de alguien a través de aquello a lo que llamamos y denominamos propósito.

Personalmente creo que sería trágico pensar en llegar al final de mi vida y ver que no viví de verdad. Que no llegué a ser lo que realmente vine a ser. Que no viví, sino que, solamente, sobreviví.

Recuerda, solamente estás a un pensamiento de cambiar tu vida, date el permiso de crear ese pensamiento.

Ivan Vico Gómez

¡Ayuda a otras personas!

Ha llegado el momento de abrir nuestro corazón a la gente que te rodea. Repasa lo que has leído y piensa en alguna persona con la que podrías compartir alguna frase, texto o parte del libro que te haya inspirado o que te haya ayudado.

Incluso si también lo deseas, puedes sacarle una foto con tu teléfono móvil a alguna parte del libro y publicarla en Instagram o Facebook para compartirlo con tus seres más queridos y con tus amigos.

A continuación, realizaremos unas afirmaciones en voz alta y con alta intensidad emocional para que estas se fijen en nuestro subconsciente, ¿estás listo? ¿estás lista?

¡Vamos a por ello!

> YO SOY QUIEN QUIERO SER.
> YO SOY INCREÍBLE.
> YO HE VENIDO PARA BRILLAR.
> YO HE VENIDO PARA SOBRESALIR.
> YO HE VENIDO PARA SER LO MÁS.

NOTA PARA EL/LA LECTOR/A

Lo primero y antes que nada, si has llegado hasta esta parte del libro, déjame felicitarte y darte mi enhorabuena, es algo maravilloso que sigas recorriendo este viaje junto a mí para seguir descubriendo la magia del subconsciente, ¿qué te está pareciendo este viaje hasta ahora?

Realmente has aprendido un conocimiento que no muchas personas poseen y que muchísimo menos usan en sus vidas y que tú ahora tienes la posibilidad de hacerlo para tu bien y para el bien de los tuyos.

Al escribir La Magia del Subconsciente, desde el inicio, he tenido la intención de escribir el mejor libro que hablase del subconsciente de todo el planeta aportándote lo mejor de lo mejor y tratando de escribir todo aquello que sabía que te sería de utilidad para tú poder usarlo, pero tengo que contarte algo...

Sé que todo lo que has podido leer hasta ahora ha sido muy poderoso y realmente muy revelador, pero la realidad, es que solamente has aprendido un 20%. Lo que está por venir es algo que ni yo mismo puedo expresarte en esa nota, sencillamente es algo mágico.

A continuación, y hasta el final, hablaremos de las tres áreas más importantes de la vida y cómo el subconsciente influye en ellas y cómo puedes beneficiarte de ello: hablaremos de la salud, del dinero y del amor, juntamente con la magia del subconsciente...

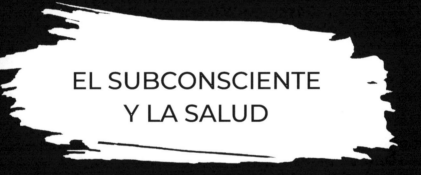

EL SUBCONSCIENTE Y LA SALUD

< Una persona sana tiene mil deseos, pero una persona enferma solo tiene uno>

Proverbio indio

Como ya sabrás, la magia de tu subconsciente va mucho más allá que el intelecto del ser humano.

El subconsciente te inspira y te guía. **Es capaz de traerte pensamientos muy poderosos de la Biblioteca del Universo.**

También, tu subconsciente controla los latidos del corazón y la circulación de la sangre. Regula la digestión, asimilación y la eliminación de los alimentos que tomas.

¿Cómo sabemos que eso es así?

Sencillamente porque no eres consciente de ello. **Tu mente subconsciente controla todos tus procesos vitales y todas tus funciones corporales, ella conoce la solución a todos tus problemas…**

Piensa en lo siguiente, tu subconsciente nunca duerme, nunca descansa.

Sin embargo, tu mente consciente sí descansa cuando tú estás dormido o dormida, digamos que se desconecta, pero el subconsciente sigue siempre activo, **desde que naces hasta que pasas al siguiente plano, no puedes deshacerte de él, no puedes sacar al subconsciente de ti.**

Puedes descubrir el mágico poder de tu subconsciente cuando afirmas constantemente que eres, respiras y sientes salud, el subconsciente obedecerá a ello.

El cuerpo no es más que el mero sirviente de la mente. El cuerpo obedece de manera exacta a todas las operaciones que se crean en la armería de tu mente, obedece tanto a las armas que son capaces de destruir todo tu cuerpo, como a las herramientas que son capaces de crear un mejor cuerpo, una mejor salud y vitalidad.

Ante las armas (pensamientos negativos), el cuerpo cae rápidamente en enfermedad y decaimiento, ante las herramientas (pensamientos positivos), se viste de juventud y belleza.

La enfermedad y la salud, como las circunstancias en la vida de un ser humano, **no son más que meras consecuencias (o efectos) de una causa previamente creada en el pensamiento, en el cuarto oscuro de la mente subconsciente.**

Los pensamientos de naturaleza enfermiza se expresarán mediante un cuerpo enfermo, más adelante descubrirás y verás en ejemplos bien clarificados, que el temor, el miedo, han matado a más de una persona tan rápidamente como una bala, **aprenderás que las personas que viven con miedo a la enfermedad son justamente las que enferman.**

Tal y como te conté nada más empezar con el libro, si te sientas junto a un ventilador y crees que eso hará que te resfríes, el subconsciente como buen ejecutador de creencias que es, lo hará realidad.

No se trata del ventilador, ya que su función es proyectar moléculas de energía que vibran a una alta frecuencia, lo que realmente causará tu resfriado son aquellas creencias que actúan a nivel inconsciente de que eso realmente te hará resfriar.

> **Los pensamientos fuertes, puros y alegres construyen un cuerpo fuerte y sano.**
> **El cuerpo es un piano, tu mente es la encargada de tocar las teclas.**

El cuerpo es un instrumento muy delicado que responde de manera muy precisa a los pensamientos que se imprimen en él, **los pensamientos producen efectos, tanto buenos como malos.**

Si deseas perfeccionar tu cuerpo por el resto de tu vida, vigila tu mente como si vigilases a tu hijo o hija recién nacido. Si realmente quieres renovar tu cuerpo, trata a tu mente como si de una reina se tratara.

Los pensamientos de maldad, envidia, pesimismo, odio, rencor… le quitan al cuerpo salud y gracia. **Una cara no se vuelve amarga por casualidad, está hecha de**

pensamientos amargos, esas arrugas provienen del orgullo, la locura y la pasión sin medida.

Y aquí está lo más poderoso de todo, **tu salud actual refleja, como si de un espejo se tratase, lo que tú estás creando en esa armería, en ese subconsciente.**

Que yo sepa, no existe mejor médico para curar las dolencias del cuerpo que el pensamiento alegre y positivo, como bien te digo, más adelante te pondré ejemplos de muchas gamas distintas que harán que te sorprendas como nunca antes te hayas sorprendido.

Vivir continuamente con pensamientos de mala voluntad, cinismo, sospecha y envidia, entre otros, **es estar como confinado en una prisión construida por uno mismo, literalmente es así.**

El pensar bien de todo, estar alegre con todo, aprender pacientemente a encontrar la bendición y lo bueno en todo, tales pensamientos son las puertas a una salud mágica.

Nuestros cuerpos son nuestros jardines, y de ellos nuestra voluntad el jardinero.

William Shakespeare

 ¿Recuerdas el antiguo proverbio zen que viste nada más empezar el libro? **"Cuando el alumno esté preparado, aparecerá el maestro"**

Si deseas ver una transformación milagrosa de todo tu ser físico, un cambio de salud y logros que podrías llegar a creer imposibles, debes hacer que tu mundo interior, eso a lo que hasta ahora hemos estado llamado subconsciente, **pase del "desearía que fuera así" a una intención de prestar atención a cualquier cosa que te encuentres y que pueda serte útil.**

Debes ser un estudioso o estudiosa de tu cuerpo físico.

Decide mentalmente a partir de este momento, que a pesar de la salud o de las capacidades físicas actuales, **eres ya un milagro.**

Estás en posesión de un cuerpo dotado de fluido universal de la vida. El solo hecho de poder observar un estado tan apasionante es ya en sí un milagro.

Podrías ser una roca, un cubo de cemento o una tomatera, pero sin embargo, estás lleno de algo que te permite respirar, tocar, gustar, ver y contemplar, algo que te permite estar hoy aquí vivo o viva en este universo, es asombroso!

Quiero contarte algo, si te comprometes a ver tu yo físico con asombro, maravillado o maravillada, y eres capaz de saber en lo más profundo de tu ser que el deseo de tu yo invisible es el de que el cuerpo en el que habitas sea lo más sano posible, serás un alumno preparado.

Pero, si realmente sólo te engañas a ti mismo o a ti misma al pensar en dudas sobre ti, tu cuerpo o tu salud y dices:

"Me gustaría llevar al máximo mi forma física y conocer esta realidad mágica, pero sé que no podré conseguirlo porque nunca he podido antes y, básicamente, soy débil y voy a ceder a la menor tentación que se presente", entonces no eres un alumno preparado.

Tu duda o tus dudas mentales son la garantía de por vida de que no vas a recibir ni la guía ni la ayuda que podrías necesitar.

Te lo diré de otra manera, **al tener dudas o pensamientos negativos sobre ti y tu vitalidad, te estarás negando a permitir la aparición de los maestros que pueden ayudarte en esta etapa.**

No es que los maestros no estén ahí o no estén dispuestos a ayudarte, lo que ocurre es que no les estás permitiendo que estos hagan su trabajo en ti.

Recuerda, los maestros se manifiestan de muchas maneras, podría ser por una persona en concreto que te dice una frase concreta, por una experiencia que te hace sentir una determinada emoción, una imagen en las redes sociales o hasta incluso, si lo permites, La Magia del Subconsciente.

La vida siempre está poniendo delante de ti todo aquello que necesitas para tu crecimiento y evolución, muchas veces no lo vemos, no porque no esté, sino porque no vemos la vida a través de los ojos de un alumno.

Ivan Vico Gómez

Cuando conoces y reconoces que eres un alumno y que la vida siempre conspira a tu favor y para tu propio bien, te entregas a ella sabiendo que todo lo que vives es una lección, una enseñanza, empiezas a ver la vida y lo que te sucede como algo que llega sola y exclusivamente para ti y para tu expansión.

La Vida no comete errores, ella siempre te está haciendo llegar mensajes a través de multitud de mensajeros, tan sólo date la oportunidad de ver la vida a través de los ojos de un aprendiz hambriento de conocimiento y permítete hacerte las dos siguientes preguntas:

▸ **¿Será esto un maestro?**
▸ **Y si es así, ¿qué está tratando de enseñarme y que ahora no estoy viendo?**

Las herramientas que has utilizado hasta el día de hoy para crear tu yo físico son tus pensamientos, tanto aquellos que se te han impuesto como aquellos que has decidido como tu modo de procesar tu universo.

Tan sólo recuerda: **tu cuerpo es un piano, tu mente es quien lo toca.**

CÓMO EL SUBCONSCIENTE DIRIGE TODOS LOS PROCESOS CORPORALES

Esdaille fue uno de los primeros cirujanos en usar la anestesia mental. Esdaille era escocés y trabajó en Bengala por allá la década de 1840 a 1849, antes de que se empezaran a utilizar los métodos modernos de anestesia química.

Entre el año 1843 y 1846, el cirujano Esdaille practicó unas cuatrocientas operaciones importantes de varias clases, entre ellas: amputaciones, extirpación de ganglios, tumores cancerígenos, operaciones de ojos, oído y garganta. **Todas estas operaciones se realizaron con anestesia mental.**

Los pacientes decían que no sentían ningún dolor y tampoco ninguno murió durante ninguna operación.

Es realmente muy sorprendente al ver que, **la tasa de mortalidad tras las operaciones de los pacientes de Esdaille era muy baja.**

Esto ocurrió mucho antes de que científicos occidentales como Louis Pasteur y Joseph Lister indicaran que el origen bacteriano de las infecciones estaban en los instrumentos utilizados al no haber sido esterilizados.

Sin embargo, cuando Esdaille sugestionaba a sus pacientes, que estaban en un estado hipnótico, diciéndoles que ninguna infección o contaminación se desarrollaría, **sus mentes subconscientes respondían de manera automática.**

Como ya has aprendido, tu subconsciente no puede razonar, solamente actúa según lo que escribas en él o aceptando de manera completa y rotunda las afirmaciones de tu mente consciente.

Por eso mismo, **estás creando continuamente efectos sobre tu cuerpo porque tus pensamientos, tarde o temprano, se convierten en tus experiencias.**

El hombre es lo que piensa todo el día.

Ralph Waldo Emerson

Tu pensamiento se recibe como una serie de descargas neuronales en el córtex cerebral, que es el órgano de tu mente razonadora consciente.

Una vez que tu mente consciente acepte el pensamiento por completo, este será enviado a las partes más viejas del cerebro, **donde se hará carne y se manifestará como realidad.**

Si piensas de manera negativa, destructiva y en cierta parte, malvada, **estos pensamientos generarán una clase de emociones que deberán ser expresadas en su totalidad y siempre encontrarán la forma de salir.**

Por ejemplo, esas emociones se expresarán en forma de úlceras, problemas de corazón, tensión, ansiedad, entre otras...

¿Sabías que por cada 5 minutos de ira o enfado que experimentas, tu sistema inmunológico se debilita o hasta incluso se apaga por 5 horas?

El sistema inmune son las barreras que tu cuerpo tiene para protegerse contra cualquier virus o bacteria exterior, cuando este se debilita o se apaga, te conviertes en un ser indefenso.

¿Sabías que el miedo hace que tu cuerpo detenga la segregación de las células T que son las encargadas de reforzar y mantener tu sistema inmune activo y con vida?

Todavía queda mucho viaje por delante y mucho que aprender, tan sólo ten presente lo siguiente: **¿con qué frecuencia te has dañado a ti mismo o a ti misma al enfadarte, tener miedo, celos o deseos de venganza?**

Estos son los venenos que tú mismo dejas introducir en tu mente subconsciente. **Nada aparece en tu cuerpo a menos que el equivalente mental esté antes en tu mente.**

Al cambiar tu mente llenándola con afirmaciones de salud, vitalidad, energía, optimismo, también cambias tu cuerpo, esa es la base de toda curación.

EL INGREDIENTE DEFINITIVO PARA LA SANACIÓN Y LA SALUD

Los nervios ópticos de la señora Bite estaban atrofiados y no cumplían con su principal misión, la visión, con lo que la señora Bite era ciega.

Ivan Vico Gómez

Existe uno de los santuarios de curación más conocidos en el mundo y está en Lourdes, al sudoeste de Francia. Los archivos del departamento médico de Lourdes están repletos de lo que llamamos "curaciones milagrosas" y un caso de ellos, es el caso de la señora Bite.

Bite, decidió visitar el santuario de Lourdes con la intención bien clara de sanar su visión de una vez por todas y así fue, **después de visitar Lourdes volvió a recuperar su visión.**

Varios médicos que la examinaron más tarde estaban de acuerdo que sus nervios ópticos todavía seguían atrofiados y que era imposible que la señora Bite pudiera ver, **¡y aun así veía!**

Un mes después, en un nuevo examen a la señora Bite, **se vio que su mecanismo visual había sido completamente restaurado, es increíble.**

Lo que curó y sanó a la señora Bite no fue más que el ingrediente secreto para la sanación milagrosa de cualquier ser humano en este planeta, la fe, el creer en algo que todavía no es visible.

Sin duda, la señora Bite fue al santuario de Lourdes con una esperanza en que ella se iba al sanar al 100% **y su mente subconsciente reaccionó a su creencia y se ejecutó al momento, al instante.**

En su corazón sabía que se iba a curar, su mente subconsciente respondió en consecuencia de ello liberando las fuerzas curativas que siempre están presentes dentro de nosotros.

Y todo lo que pidiereis en oración, creyendo, lo recibiréis.

Mateo 21:22

Hipólito Bernheim era profesor de medicina en Nancy, Francia, a principios del siglo XX.

Él fue uno de los primeros en explicar cómo la sugestión de un médico a su paciente podía funcionar gracias a la fuerza de la mente subconsciente.

Hipólito cuenta la historia de un hombre cuya lengua estaba paralizada. Ya se habían probado todos los tratamientos habidos y por haber, sin ningún éxito.

Un día, el médico del hombre dijo que había oído hablar de un nuevo instrumento que seguramente solucionaría su problema **y así se lo había hecho creer a su paciente.**

El médico puso un termómetro de bolsillo en la boca del paciente **y este se creyó que este era el instrumento que le salvaría la lengua.**

En un momento gritó con alegría que de nuevo podía mover la lengua como él quisiera, su creencia, su fe, en que eso le iba a sanar, fue lo que le sanó.

Ivan Vico Gómez

Otra forma estupenda de llevar la idea de la salud al subconsciente es mediante la imaginación, **mediante las imágenes creativas en tu mente.**

Las imágenes mentales tienen una historia larga, se remontan a la antiguo Egipto y al antiguo cercano oriente y hoy en nuestro presente, se denomina el jeroglífico de la mente, como tal, es el lenguaje natural y verdadero de la vida interior, lo usamos como una forma de dirigir nuestro ser para sanar y cambiar nuestra dirección en la vida.

El cuerpo responde a ese lenguaje interno, responde a esas imágenes mentales que uno crea dentro de su armería, dentro de su subconsciente, responde tanto a las armas como a las herramientas y las convierte en realidad.

Un ejemplo, es el caso del Dr. Alan Grass, Director del equipo de trasplante de corazón en el centro médico Westchester y su cadera.

El Dr. Alan estaba montando su bicicleta y tuvo un accidente con otro ciclista y se cayó, fracturándose así su cadera.

Al ir al centro médico a hacerse una radiografía descubrió que tenía la cadera fracturada por aplastamiento y también el cuello de la cadera estaba fracturado y en él había un hueco de un milímetro en el hueso.

No quiso someterse a cirugía y optar por fisioterapia y las imágenes creativas que había aprendido y lo hizo de la siguiente manera…

Se imaginaba como él mismo se ponía hueso líquido en el hueco del hueso roto con un manguito de panadero, de esos que se utilizan para adornar los pasteles, y cada día se imaginaba y creaba esa imagen mental.

A las pocas semanas fue a hacerse una segunda radiografía y esta mostró ese material esponjoso dentro de ese pequeño espacio en el hueso y el cirujano que le llevaba su tratamiento se quedó asombrado, le dijo: "Eso parece hueso" y a él no le sorprendió.

En poco menos de dos meses estaba de vuelta en la bicicleta evitando la cirugía.

Como bien ya has aprendido, el cuerpo no es más que un sirviente de la mente, obedece de manera exacta y precisa todo lo que se imprime en ella.

LA VISUALIZACIÓN DE IMÁGENES

A un hombre de 61 años le diagnosticaron un tipo de cáncer de garganta casi mortal y le dijeron que tenía menos del cinco por ciento de probabilidades de sobrevivir.

Su peso había bajado de 59 kilos a 45 kilos, estaba extremadamente débil, apenas podía tragar su propia saliva y tenía problemas para respirar.

De hecho, hasta los médicos habían discutido si darle o no radioterapia, porque existía la clara posibilidad de que el tratamiento sólo le ocasionaría más molestias sin mejorar sus opciones de sobrevivir, pero de todos modos decidieron seguir adelante.

Entonces, este hombre tuvo la suerte de que pidieran al doctor Carl O. Simonton, oncólogo radioterapeuta y director médico del Centro de Investigación y Asesoramiento sobre el Cáncer de Dallas (Texas) que participara en el tratamiento.

Fue ahí donde Simonton sugirió que el propio paciente podía influir en el curso de su enfermedad, entonces le enseñó unas cuantas técnicas de relajación y visualización de imágenes mentales para que practicase.

A partir de ese momento, **durante tres veces al día, Frank se imaginaba el tratamiento de radio que recibía como si fueran millones de minúsculos proyectiles de energía que bombardeaban sus células.**

También visualizaba sus células cancerígenas y las veía debilitarse y volverse más confusas que las células normales y, por tanto, incapaces de reparar el daño que sufrían.

Luego visualizaba los leucocitos, que, por decirlo de una manera sencilla, son los soldados del sistema inmunológico, **y lo que hacía era visualizar cómo los leucocitos irrumpían en las células cancerígenas muertas y moribundas llevándoselas después hasta el hígado y los riñones para expulsarlas del cuerpo.**

El resultado fue increíble y funcionó como si fuera magia. **Recuperó el peso perdido, la fuerza, y al cabo de un par de meses nada más, desaparecieron todas las señales del cáncer.**

Simonton cree que la extraordinaria recuperación de este paciente se debió en gran parte al régimen diario de ejercicios de visualización.

¿Cómo puede ser que una imagen formada en la mente pueda causar efecto sobre algo tan formidable como un cáncer?

Tú eres la única persona que piensa en tu mente. Eres el poder y autoridad en tu mundo.

Louise Hay

Todas las experiencias, en última instancia, sólo son procesos neurofisiológicos que tienen su origen en la mente.

El motivo de que experimentemos algunas cosas como realidades internas (como las emociones, por ejemplo) y otras como realidades externas (como el canto de los pájaros o el ladrido de los perros) **es que así es como las sitúa la mente cuando crea la imagen interna que experimentamos como realidad.**

Y como ya bien sabes, **la mente no es capaz de distinguir entre lo que está "ahí fuera" y lo que cree que está "ahí fuera".**

Y eso explica que las personas con un miembro amputado tengan a veces sensaciones de miembros fantasmas. Dicho de otra manera: **en el subconsciente, la imagen recordada de una cosa puede tener tanto impacto en los sentidos como la cosa misma.**

A primera vista puede parecer algo extraño que el cuerpo no sepa distinguir entre un acontecimiento imaginado y uno real, pero así es como funciona la magia del subconsciente.

Te pondré un ejemplo muy normal para que incluso lo puedas experimentar ahora mismo, ¿te parece?

¿Alguna vez has comido algún limón?

Si es así, cierra los ojos por un momento y visualiza mentalmente todo el proceso: coges un limón, lo cortas por la mitad, le quitas la piel y le das un buen mordisco.

Si lo has hecho, ¿qué ha sucedido?

El limón al ser una fruta ácida nos hace salivar, entonces, habrás experimentado que hay un aumento significativo en tu salivación, ¿cierto?

Bueno, ahí tienes el ejemplo. Es muy simple pero eficaz, y sobre todo, nos muestra cómo una imagen mental puede realmente generar un cambio en nuestro cuerpo.

ALÉJATE DE TODO LO QUE NO SEA SALUD

Todos conocemos alguna historia o hemos escuchado hablar sobre alguna historia de un paciente al que, los médicos sin dar esperanza de vida a dicho paciente lo mandaron a casa, a morir, **pero como este 'creía' otra cosa, dejó atónito al médico al recuperarse completamente.**

Un ejemplo de ello es una mujer que ingresó en el hospital paralizada y en coma y le diagnosticaron un tumor cerebral de gran tamaño.

Le operaron para reducirlo, pero como los médicos creían que estaba a punto de morir, la enviaron a casa sin administrarle radioterapia ni quimioterapia.

Pero en vez de morir en seguida, se fortalecía día a día y al cabo de dieciséis meses no mostraba indicio alguno de cáncer, **¿cómo se puede desarrollar tal cambio?**

Aunque la mujer era inteligente y sabía desenvolverse, **su formación era mediana y de hecho desconocía el significado de la palabra "tumor" y de la sentencia de muerte que transmite.**

De ahí que no creyera que iba a morir y que superaría el cáncer con la misma confianza y determinación que había empleado toda su vida para sobreponerse a todas las demás enfermedades.

Esto nos da a entender que, todo aquél o aquella que tenga una enfermedad, aunque sea un simple resfriado, **debería de llenarse de todas las imágenes, noticias, conocimiento o referencias de pacientes que sanaron como le fuera posible.**

Y por supuesto, eliminar por completo de manera directa y radical cualquier creencia e imagen que contenga cualquier consecuencia negativa para la salud y saber que nuestras imágenes mentales son algo más que meras imágenes.

Así que, he preparado siete creencias para que puedas empezar a introducirlas en tu ser y que así, poco a poco, puedan ir saliendo todas aquellas que son limitantes, negativas y tóxicas para ti y para tu salud.

SIETE CREENCIAS PARA MANIFESTAR UNA REALIDAD MÁGICA EN TU SER FÍSICO

Las siguientes siete creencias que compartiré contigo serán de vital importancia que las integres dentro de ti y las hagas parte de tu ser.

Hasta ahora, hemos rozado la superficie de la superficie de este capítulo, pero para continuar con la información de valor que vendrá a continuación deberás antes de integrar estas siete creencias para comprender de mejor manera todo lo que está por venir.

Puedes aprender a desarrollar una mayor confianza y fe en la capacidad de tu cuerpo para curarse y permanecer sano, la pregunta es: ¿Y cómo lo hago? Empezaremos por integrar las siguientes siete creencias para luego seguir con el contenido de más valor, ¿te parece?

Entonces, ¡vayamos a descubrir estas creencias!

❶. Reconoce la existencia de una fuerza vital invisible en tu interior.

¿Alguna vez te has dado cuenta de la increíblemente poderosa fuerza invisible que reside dentro de ti?

Aun cuando nunca puedas experimentarla con tus cinco sentidos, aprende a utilizarla cuando intentes comprender el funcionamiento de tu cuerpo físico.

Cuando establezcas contacto con esa fuerza de una manera positiva y llena de fe **empezarás automáticamente a actuar de acuerdo con lo que esa fuerza interior te dicte.**

Te pondré un ejemplo, si por alguna razón te has convencido a ti mismo de que eres incapaz o insuficiente para hacer ciertas tareas como nadar, correr largas distancias, de que eres alguien enfermizo o incapaz de superar las enfermedades o hasta incluso de llegar a tener una buena forma física, **esta será la dirección que habrá tomado tu cuerpo físico.**

Es muy probable que otras personas te hayan enseñado a que tú creas en estas afirmaciones y simplemente las has dado por buenas, las has aceptado, creando y manifestando esa realidad, tal y como aprendiste en la primera parte de La Magia del Subconsciente.

Cada día al levantarte por la mañana observas tu cuerpo, ves un cuerpo débil y fofo, luego empiezas a decirte a ti mismo o a ti misma lo desgraciado o desgraciada que eres al haber heredado unas determinadas facultades genéticas por parte de tus familiares o que tus genes no te permiten tener una buena y auténtica salud.

Luego, por mera consecuencia de lo anterior, esa fuerza vital que yace en tu interior y que siempre está presente desde el inicio hasta el final de nuestro viaje, **actúa reforzando esos pensamientos.**

Para ser un alumno o alumna que esté preparado o preparada para recibir a su maestro, **deberás empezar a reexaminar ese diálogo interno, empezar a cambiar lo que te dices a ti mismo y creer que tu salud, que tu vitalidad, que tu sanación, son posibles.**

Y para ello, a lo largo del libro, seguiré mostrándote muchísimos más ejemplos de curaciones milagrosas que te harán pensar "esto es imposible" pero que a día de hoy es más que posible y también lo es para ti.

Así que esta es la primera creencia, **reconoce la existencia de una fuerza, poder, o energía invisible que yace en tu interior.**

❷. **Debes saber y entender que todos tus pensamientos tienen su origen en ti.**

Libérate de la creencia de que no controlas tu cuerpo. En la cita que menciono más arriba, Shakespeare hacía referencia a nuestra "voluntad".

Así es, **tú voluntad es el jardinero que crea o destruye el jardín de tu cuerpo.** Esa voluntad es totalmente invisible y sin embargo, tiene su origen en ti y solamente en ti.

Date el permiso de utilizar esa voluntad invisible de tal modo que abra tu mundo físico a lo que antes parecía imposible, entiende, que tus pensamientos tienen origen en ti y que son los encargados de controlar toda tu experiencia física.

Si realmente tienes fe y actúas con la finalidad de sanar tu cuerpo de enfermedades y otros estados en los que creías que estaban fuera de tu control, descubrirás la realidad mágica que yace dentro de ti.

Así que esta es la segunda creencia, **todo lo que emana de ti son efectos, tus pensamientos son la causa, todo tiene su inicio en ti.**

❸. Toma consciencia de que no existen los límites.

Lo primero es lo primero, **empieza reforzando dentro de tu mente la confianza en que no existen dentro del mundo físico límites para que consigas ese estado de salud, de bienestar, de vitalidad o de sanación que deseas.**

Personalmente, he visto a personas sanarse de cánceres terminales en fase cuatro con una fecha límite de esperanza de vida en pocos días, he visto personas ciegas recuperar su visión, personas con incapacidades físicas y dependencia de otras personas sanarse en poco menos de una semana, personas que aún sin recuperar la visión y estando con los ojos cerrados tener la capacidad de ver y observar el exterior, personas que a pesar de un catastrófico diagnóstico por parte de médicos sin fe y sin esperanza en sus pacientes, asombrarles con una asombrosa sanación que según ellos es "milagrosa"

Nada de esto es fantasía, todo esto y más puedes observarlo por tu propia cuenta en internet si deseas.

A lo largo de este capítulo, como bien te decía antes, **seguiré mostrándote más y más ejemplos, literalmente hasta que te canses, para que así aumentes tu fe en ello**.

Ahora, sé que te podrás preguntar: ¿Y cómo es posible que todo esto no lo muestren en la televisión o en la prensa pública?

Bueno, es muy buena pregunta.

La industria farmacéutica es una de las industrias más grandes del mundo y precisamente es a la que menos le interesa esta información, porque es tan verdadera y funcional que les dejaría en bancarrota de la noche a la mañana.

Por eso mismo no observas en la televisión lo que quieres, sino lo que otros quieren, para programarte y para que seas y hagas determinadas cosas, no las que tú quieres, sino las que otros quieren, así es como controlan a la masa para que se comporten de una determinada manera y actúen de determinadas maneras.

No hay nada que te impida convertir tu enfermedad en buena salud, ¡NADA!

Y si cuando lees estas líneas te dices: "Ivan, te equivocas amigo mío, no sabes cuál es mi estado", **eso será precisamente lo que utilizarás en la creación de tu cuerpo físico.**

Tus limites serán aquellos que defiendes constantemente y en aquello que crees, **sólo podrás actuar según tu pensamiento, aun en la creación de tu cuerpo físico.**

Sea lo que sea que te diga un médico, sea lo que sea que experimentes a través de adicciones como el tabaco, drogas, cafeína o alcohol, sea la mala alimentación a la cuál sigues aferrándote, todas ellas, pueden ser invertidas de manera milagrosa a través de tu fuerza interior pero sólo y repito, **pero solamente si entiendes y comprendes que las limitaciones que podrías estar viviendo a día de hoy son consecuencia de un pensamiento y una fe limitada.**

A medida que te vayas liberando de tus pensamientos limitadores, los maestros que durante largo tiempo han estado ausentes en tu vida empezarán a aparecer y a guiarte en el camino hacia los milagros.

Pero recuerda que el pensar que has de tener limitaciones será equivalente a poner una muralla enfrente de ti y que imposibilitará la aparición en tu vida de esos maestros.

Así que esta es la tercera creencia, **no existen las limitaciones más que aquellas en las que tú creas.**

❹. Debes saber que tu vida tiene un propósito.

En el anterior capítulo ya estuvimos hablando del propósito, pero me gustaría profundizar un poco más.

Todo en este planeta Tierra tiene un propósito, **incluida tu llegada aquí como ser humano, todo forma parte de la perfección de este Universo.**

La pregunta maestra aquí es la siguiente: **"¿Qué me está tratando de enseñar esto?"**

Procura descubrir de manera seria y consistente la lección o la enseñanza que hay en tu incapacidad para lograr ciertas tareas, en el problema físico que podrías estar experimentando o, por ejemplo, en la adicción a ciertas sustancias que podrías tener, en ese entonces pasarás del sufrimiento a aprender cuanto puedas de tus enfermedades, accidentes o adicciones.

A veces, **nuestro propósito o dharma aparece como revelación a un sufrimiento que podrías estar sufriendo o que podríamos haber sufrido, te explico…**

Generalmente antes de llegar a ese momento "eureka" en donde de repente te llegan imágenes, visiones y una claridad muy grande sobre tu propósito y de lo que has venido a hacer, **antes de todo eso viene el sufrimiento, luego ese sufrimiento da paso a unos resultados y por último llega el propósito.**

Cuando tienes un propósito toda tu vida cambia, no necesitas centrarte ya en la lección que podría encerrar tu enfermedad o sufrimiento, **porque sabes y entiendes que tu vida entera es para dar, servir y ofrecer a los demás.**

Como consecuencia, para poder llevar a cabo tu misión y serle fiel, **empezarás a dar a tu cuerpo el máximo estímulo y amor que puedas darle con el objetivo de poder realizar tu propósito.**

Te darás cuenta de que deseas hacer ejercicio físico con frecuencia, y lo harás con entusiasmo y amor, apreciando la perfección de tu cuerpo.

Acariciarás y mimarás a tu cuerpo como buen encargado de albergar tu alma, tu espíritu, lo que te da vida, y te asombrarás ante su perfección y belleza.

En ningún momento lo juzgarás ni tampoco tendrás pensamientos negativos sobre él, porque sabrás de corazón que el propósito se basa en amar y servir y esto significa tener pensamientos de amor y generosos hacia todo y todos, incluido tu cuerpo.

Y aquí está lo más poderoso, **cuando te pongas de lado de tu propósito, también lo mismo hará tu cuerpo.**

Para ti será un placer alimentarlo adecuadamente, eliminar cualquier tipo de sustancias que te limiten de cualquier modo o manera a servir mejor con tu propósito, curarlo de manera natural y apreciar su maravillosa perfección.

Cuando integres esto dentro de ti y actúes y vivas cada día en armonía con ello, los maestros empezarán a aparecer con regularidad y a guiarte hacia la sanación de tu cuerpo físico.

Así que esta es la cuarta creencia, **no estás aquí en vano, Dios no juega a los dados, estás aquí por algo, por un motivo, por un propósito. No se te ha creado por defecto, se te ha creado por diseño.**

❺. Supera la debilidad dejándola atrás.

Acostúmbrate a dejar atrás todos aquellos malos hábitos autodestructivos en lugar de intentar vencerlos mediante el pensamiento o la manipulación.

Te sorprenderás de lo rápido con que eres capaz de abandonarlos cuando te armonizas con la fuerza de tu interior.

Cuando dejes en tu pasado tu manera de pensar, también dejarás atrás tu manera de ser.

Cuando empezaba a hacer mis primeras conferencias gratuitas por la ciudad donde vivo, aquí en Barcelona, me sorprendía al verme sin energía en el escenario, llegaba a casa agotado, todo eso era debido a la mala alimentación, no comía dulces o comida mala en exceso, **pero sí tendía a consumirla, y eso afectaba no solo a mi rendimiento diario del día a día sino también a mi claridad mental.**

Me quedé asombrando al descubrir con qué facilidad dejé de comer toda esa porquería y cambié mi alimentación de una manera muy radical eliminando dulces, carbohidratos procesados, disminuí drásticamente el consumo de carne, alimentos con muchas calorías, entre otras muchas cosas…

Es algo maravilloso que todo el mundo puede hacer, y cuando me refiero a todo el mundo me refiero también a ti amado lector o lectora, cualquiera que sea aquello con lo que tiendas a sentirte débil.

Antes comía dulces por tentación, ahora como dulces por elección, todo lo que comía antes por impulso ahora lo como con una previa decisión sin dejarme llevar por ello.

Así que esta es la quinta creencia, **deja atrás todo aquello que te pueda hacer sentir débil.**

❻. Examina muy detalladamente aquello que crees imposible y luego cambia tus creencias.

Las dos palabras "Es imposible" representan pensamientos.

La idea de imposibilidad no constituye una realidad separada de nuestros pensamientos. Aunque lo hablaremos en los siguientes libros de la saga, el pensamiento no tiene ni dimensiones ni tampoco una forma en concreto, nada es imposible.

Te darás cuenta de que tu cuerpo es una masa de carne sólida, pero cuando lo examinamos más detalladamente vemos que no es tan sólido como pensamos, **sino que**

realmente es energía, son átomos vibrando a una alta frecuencia creándonos la falsa percepción de que tan solo es carne y es lo único que hay.

En este viaje llamado vida, no olvides que todas las células del universo, incluidas también las de tu cuerpo, están formadas por una fuerza invisible, en el segundo tomo profundizaremos más sobre ello y te hablaré sobre física cuántica y metafísica, pero te hago aquí un pequeño adelanto.

Todo es energía, tanto tú como yo, tanto este libro como las paredes de tu casa o como el lugar donde podrías estar sentado o sentada ahora mismo es energía y esta energía está compuesta por átomos, los átomos son formaciones de protones y neutrones junto con electrones dando vueltas alrededor, como si de un sistema planetario se tratara, y aquí está la magia de todo ello, al indagar todavía más, nos damos cuenta de que los protones y neutrones están formados por lo que se denominan *quarcks*, a lo que consideramos energía universal o conciencia.

Así que, olvida el modo en cómo se pronuncia tu nombre o cómo se escribe, olvida la etiqueta. Entiende que está ahí y que nada es imposible en esta dimensión física, incluida tu capacidad para utilizar esa fuerza vital que yace en tu interior.

Los milagros, la sanación, la energía y vitalidad **sólo podrán tener lugar cuando te hayas librado de ese concepto de lo imposible y te permitas experimentar la magia del creer.**

Así que esta es la sexta creencia, **libérate de aquello que crees que es imposible.**

❼. Ve más allá de lo que es lógico.

Nos han educado a apoyarnos con mucha fuerza en nuestra mente consciente, en nuestra mente racional y lógica como guía. **La mente racional nos hace jugarretas y tiende a engañarnos continuamente.**

Hay una larguísima lista de cosas que desafían la lógica, lo que los científicos y aquellos que son más lógicos definen como "explicación racional"

Por ejemplo, ¿qué es un pensamiento? ¿Cómo se relacionan entre sí los pensamientos? ¿Cómo puede ser que las madres sepan lo que piensan sus bebés?

Ni tan siquiera sabemos lo que es esto llamado vida, no existe una explicación "lógica" para ello ni mucho menos una explicación del por qué los seres humanos tenemos la capacidad de pensar.

¿Por qué hemos de apoyarnos con fuerza a nuestra condición cerebral racional en cuanto a lo que somos capaces de lograr o no?

Todas las células de tu cuerpo contienen la más pura energía universal, **en vez de percibirte como un ser humano en mitad de un Universo infinito, haz lo**

contrario, es decir, imagina que el Universo está dentro de ti.

El Universo y toda su magia está presente y a tu alcance en cada una de las células de tu cuerpo. Date el permiso de creer en la divinidad de tu alma, de tu espíritu.

Date el permiso de saber que cada uno de todos tus pensamientos es un milagro que no puede ser explicado por la lógica y la parte científica.

Entiende que, tú y tu alma, son un milagro y que nada de lo que puedas imaginar en tu mente es imposible. **No existe nada imposible a menos que creas en ello.**

 Recuerda que, cuando un ser humano cree en algo, sea beneficioso o malicioso para él o ella, su creencia lo hace realidad.

Así que está es la séptima y última creencia, **trasciende los límites lógicos impuestos por la sociedad racional y científica.**

Estas son las siete creencias que deberás integrar dentro de ti (si quieres vivir una vida de salud, energía y vitalidad) y poder manifestar sanaciones y milagros.

> **Piensa en el bien, y el bien se manifestará.**
> **Piensa en el mal, y el mal se manifestará.**
> **Eres lo que piensas a lo largo de todo el día.**

Todo cambio externo es producido antes por un cambio interno. **El camino hacia la creación de una mejor versión tuya empieza y termina en tu yo invisible, en ese lugar sin límites donde se ponen en movimiento todas tus acciones: tu mente subconsciente.**

Estas siete creencias te servirán para comprender de mejor manera toda la información que está por venir, pero antes de ello, me gustaría decirte que te des el permiso de des-aprender, de quitar todo conocimiento lógico y racional que la sociedad haya podido introducirte en tu subconsciente, sé como ese niño o esa niña que un día fuiste y date la oportunidad de creer en lo que leerás, no es filosofía, no son teorías, no es nada inventado, es una realidad ocultada durante mucho tiempo y que tú aquí hoy descubrirás en La Magia del Subconsciente y que, sobre todo, ha funcionado, funciona y seguirá funcionando.

Así pues, ¡vamos a por ello!

CÓMO EL SUBCONSCIENTE OBRA MILAGROS EN LA SALUD Y EN LAS ENFERMEDADES

Durante milenios de años, las gentes de todos los continentes y culturas han sabido de una manera instintiva que en algún lugar residía un poder curativo, **esa fuerza interior que es capaz de transformar la enfermedad en salud.**

Esas gentes creían que esa fuerza podía ser invocada de algún modo, y según su creencia, si esta fuerza era invocada correctamente significaría el alivio o la paz del ser humano.

En las primeras épocas del mundo se decía que el poder influir de manera secreta en las personas para bien o para mal, incluyendo también la sanación de los enfermos, solamente era posible por parte de los sacerdotes, sacerdotisas y las personas sagradas.

Ellos afirmaban tener poderes que provenían de una fuente superior bien llámese Dios, Universo, Inteligencia Infinita…

Los procesos que estos usaban en sus curaciones y sanaciones tendían a ser distintos en las diferentes partes del planeta, pero en general incluían peticiones (como las que ya hemos trabajado anteriormente), ofrendas a un ser superior, ceremonias diversas como bien pueden ser: la imposición de manos y los conjuros, uso de amuletos, talismanes, anillos, joyas o imágenes.

Los más antiguos encontraron muchas maneras distintas para obtener la magia del subconsciente y poder usarlo en sus sanaciones. **Aunque ellos sabían que realmente funcionaba y daba resultados, no sabían ni entendían cómo o por qué funcionaban todos esos métodos.**

> *La salud no es un estado de la materia sino de la mente.*
>
> **Louise Hay**

En todas las antiguas épocas, curanderos y sanadores han obtenido resultados increíbles en casos en que las habilidades de los médicos habían fracasado y abandonado toda esperanza.

¿No da todo esto que pensar?

¿Cómo puede ser que desde milenios y milenios de años se hayan estado usando todas estas prácticas que han quedado reflejadas en los textos sagrados que nos han llegado en la actualidad y sigamos creyendo más en una salud externa que no en una salud interna?

Es más fácil engañar a una persona que decirle que ha sido engañada, siempre, la mejor manera de esconder un secreto ha sido y será ponerlo a disposición de todo el mundo…

En la Biblia se nos repite una y otra vez, y nombro la Biblia porque son los textos que nos han llegado más en Occidente, pero en todos expresan exactamente lo mismo, pero de distinta manera.

> *Todo lo que pidiereis en oración, creed que lo habéis recibido, y lo tendréis*
>
> **Marcos 11:24**

Te invito a que releas este pasaje y presta suma atención a los tiempos verbales.

El verbo *creed* está en imperativo, pero por ejemplo los verbos *recibiréis* y *dará* están en futuro.

El autor de este texto sagrado nos está diciendo que si creemos y aceptamos como verdadero el hecho de que nuestro deseo o petición ya se nos ha realizado, que ya está concedido, entonces su realización seguirá en el futuro.

"Respondiendo a Jesús, les dijo:

Tened fe en Dios. De cierto os digo que **cualquiera que diga** a este monte:

"Quítate y arrójate en el mar", **y no duda en su corazón**, sino que **cree que será hecho lo que dice**, lo que diga será hecho.

Por eso os digo, que **todo lo que pidáis en oración, creed que lo obtuviste ya, y se os dará**"

Requisitos:

- Ten claro lo que deseas.
- No dudes en tu interior, en tu mente subconsciente.
- Cree que ya está hecho.

Lo visualizas ya realizado, ya hecho, ya completo, ya existe en tu mundo y ya lo disfrutas.

¿Cómo se hace?

- Creyendo que ya lo tienes.
- Pensando desde el final.
- Viviéndolo desde el final.

El éxito de esta técnica consiste en la convicción total y absoluta de que el pensamiento, la idea o imagen ya es un hecho en la mente. Para que algo realmente influya en el **subconsciente debe ser pensando como algo que realmente ya existe, como algo ya materializado.**

En la Biblia, Jesús nos insistía constantemente en la fe, él decía que *"se hará de acuerdo con nuestra fe"*

La fe que tanto describe la Biblia no es una fe religiosa, ni muchísimo menos, **la fe que describe la Biblia es una forma de pensar, una actitud mental, una certeza interna, sabiendo que la idea que aceptas por completo en tu mente consciente será absorbida por tu mente subconsciente y puesta en marcha para su elaboración.**

La fe es creer en aquello que todavía no se ve, es aceptar como verdadero lo que tu razón y tus sentimientos niegan.

Es cerrar, negarse a escuchar a la pequeña, racional y analítica mente consciente y **adoptar una actitud de confianza plena y completa en la magia interna de nuestra mente subconsciente.**

Me gustaría ponerte un caso que se nos enseña en la Biblia para que lo entiendas de una mejor manera. La Biblia está escrita con parábolas y en un lenguaje muy antiguo que nuestra sociedad moderna a entendido como una religión y en base a ello se han ido creando todas estas doctrinas religiosas, Jesús no dijo: "Adoradme y cread una religión en base a mis enseñanzas", Jesús dijo: "Seguidme"

Él nos decía que al seguir sus enseñanzas estaríamos en sintonía con Dios, con el Padre. Jesús usaba esos términos para referirse al Todo, o por ejemplo a la Inteligencia Infinita y no a la imagen que todos tenemos de un Dios con barba y en una silla, ¡para nada!

Todos provenimos de la misma fuente y todos regresamos a esta misma, bien llámese Dios, Universo, Conciencia o como prefieras llamarle, **si todos provenimos de la misma fuente, entonces todos somos la fuente y estamos conectada con ella de algún modo u otro, el medio que nosotros disponemos para conectar con esa fuerte es a través de la magia de nuestro subconsciente.**

Uno de los ejemplos más claros que puedo mostrarte (de todos los que la Biblia nombra) es el siguiente:

Entrando en la casa, se le acercaron los ciegos y les dijo Jesús: "¿Creéis que puedo hacer yo esto?". Respondiéronle: "Sí, señor". Entonces tocó sus ojos, diciendo: "Hágase en vosotros según vuestra fe". Y se abrieron sus ojos. Con tono severo les advirtió: "Mirad que nadie lo sepa"

Mateo 9, 28-30

Aquí hay mucho que analizar y comprender.

Lo primero, al decir: "hágase en vosotros según vuestra fe", Jesús **estaba buscando la cooperación de la mente subconsciente de los ciegos.** Su fe era su gran esperanza, su sentimiento interno, su convicción, de que algo milagroso ocurriría y por tanto así fue.

Lo segundo, al decir: "mirad que nadie lo sepa**", Jesús estaba pidiendo a sus pacientes que no discutieran su sanación con otros ya que, al hacerlo, serían acosados por el escepticismo y las críticas de los ignorantes.**

Al discutir con escépticos y críticos sobre su sanación ayudaría a deshacer los beneficios que habrían recibido porque estarían dejando entrar en su mente subconsciente pensamientos de miedo y dudas, **entonces su estado volvería al estado anterior a la sanación.**

El otro día estaba revisando la Biblia sobre ejemplos que incluir en La Magia del Subconsciente y encontré uno que viene como anillo al dedo.

Jesús volvía de dar un sermón ante una multitud de gente y, al volver, la multitud le recibió con gozo porque todos le esperaban... y aquí empieza *Lucas 8, 41-48*.

"Entonces vino un varón llamado Jairo, que era principal en la sinagoga, y postrándose a los pies de Jesús, le rogaba que entrase en su casa."

"Porque tenía una hija única, como de doce años, que se estaba muriendo. Y mientras iba, la multitud le oprimía."

"Pero una mujer que padecía de flujo de sangre desde hacía doce años, y que había gastado en médicos todo cuanto tenía, y por ninguno había podido ser curada, se le acercó por detrás y tocó el borde de su manto; y al instante se detuvo el flujo de su sangre."

"Entonces Jesús dijo: ¿Quién es el que me ha tocado? Y negando todos, dijo Pedro y los que con él estaban: Maestro, la multitud te aprecia y oprime, y dices: ¿Quién es el que me ha tocado?"

"Pero Jesús dijo: Alguien me ha tocado; porque yo he conocido que ha salido poder de mí"

"Entonces, cuando la mujer vio que no había quedado oculta, vino temblando, y postrándose a sus pies, le declaró delante de todo el pueblo por qué causa le había tocado, y cómo al instante había sido sanada"

"Y él le dijo: Hija, tu fe te ha salvado; ve en paz."

Ten por seguro que la fe es como una semilla sembrada en la tierra, ella crecerá siempre de acuerdo con su especie. Siembra la semilla (idea) en tu mente subconsciente y riégala y abónala, **tarde o temprano esa semilla buscará su manifestación y pasará de ser invisible a ser visible.**

TÚ SANACIÓN SÍ ES POSIBLE

El doctor Henry R. Rose es el autor del ejemplo que te mostraré a continuación y me gustaría que le prestes especial atención.

<< Si mi mujer muere, no creeré que Dios existe.>> Su esposa estaba enferma con neumonía, y así fue como me recibió el marido cuando llegué a su casa.

> Ella me había mandado llamar porque el médico le había dicho que no se recuperaría.
>
> La mujer había llamado a su marido y a sus hijos para que se acercaran a su lecho y se había despedido de ellos. Luego, pidió que fueran a buscar al sacerdote.
>
> Encontré al marido en el salón, llorando, y a los hijos haciendo lo posible por animar a su madre. Cuando entré en su dormitorio, respiraba con dificultad y la enfermera me dijo que estaba muy deprimida.

Pronto descubrí que la señora me había mandado llamar para que yo cuidara de sus hijos cuando ella hubiera muerto. Entonces le dije: ¡USTED NO VA A MORIR!"

Siempre ha sido una mujer fuerte y saludable, y no creo que Dios quiera que muera y deje a sus chicos a mi cuidado, o al de cualquier otra persona.

Le hablé en esos términos y luego le leí el salmo 103 y recé una oración preparándola para que se pusiera bien, en lugar de encaminarse a la eternidad. Le dije que pusiera su fe en Dios y arrojara su mente y su voluntad contra cualquier pensamiento sobre la muerte. Luego la dejé, diciéndole: "Volveré después del servicio, y entonces la encontraré muy recuperada"

Esto fue el domingo por la mañana. La visité esa misma tarde. Su marido me recibió con una sonrisa y me dijo que en cuanto me hube marchado, su esposa los había llamado a sus hijos y a él y les había dicho: "El doctor Henry Rose dice que no voy a morir, que me voy a poner bien, y así será"

Y se puso bien.

¿Qué es lo que sucedió para que esta sanación se hubiera realizado?

Dos cosas: la primera, **la sugestión por parte de una figura de autoridad, una persona que representa una autoridad en nuestra mente y en la cual creemos**

sin cuestionar aquello que dice, como era el caso del doctor Henry R. y la segunda cosa **fue la fe en su sanación.**

He aquí otro caso que demuestra la fuerza de sanación que todos tenemos dentro. **Está explicado en primera persona, pero ten en cuenta que no soy yo quien realiza la sanación.**

> "Un médico me pidió que fuese a ver a la señora H. Me dijo que no le ocurría nada a nivel orgánico, pero que sencillamente se negaba a comer.
>
> Al estar convencida de que no podía retener nada en el estómago, había dejado de comer y se estaba muriendo lentamente por inanición (falta de alimentación).
>
> Fui a verla y me enteré de que, en primer lugar, no tenía ninguna creencia religiosa. Había perdido su fe en Dios o en algo superior. También descubrí que no tenía ninguna confianza en su capacidad de retener alimentos.
>
> Mi primer esfuerzo fue el de devolverle la fe en algo superior y que creyera que Él estaba con ella y le daría poder. Entonces le dije que podía comer cualquier cosa que quisiera, la verdad es que su fe en mí era enorme, y mi afirmación le impresionó.
>
> A partir de ese día empezó a comer. Tres días más tarde se levantó de la cama por primera vez en semanas. Ahora es una mujer normal, sana y feliz."

¿Qué es lo que sucedió para que esta sanación se hubiera realizado?

Lo mismo que en el caso anterior: una sugestión por parte de una figura de autoridad y su propia fe.

Existen ocasiones en que la mente está enferma y hace que el cuerpo enferme. En estas situaciones, muchas veces, se necesita de una mente más fuerte para sanar y especialmente que le dé confianza y fe en sí misma.

> **Nuestra mente va más allá de nuestro intelecto, es el instrumento más poderoso que tenemos, trátala bien y ella te tratará bien, úsala siempre a tu favor y no en tu contra, pues a veces puede ser un arma o algunas otras, una herramienta.**

El doctor Schofield describe el caso de una mujer que tenía un tumor. La colocaron sobre la mesa de operaciones y le pusieron la anestesia cuando, de repente, el tumor desapareció inmediatamente y no fue necesaria ninguna operación.

Pero cuando recuperó la conciencia, el tumor volvió de nuevo. Entonces el médico averiguó que ella había estado viviendo con un pariente que tenía un tumor real, **y la imaginación de esta mujer era tan vívida que había llegado a creer que ella también tenía uno.**

Entonces, la volvieron a colocar en la mesa de operaciones, la anestesiaron y la vendaron alrededor de la mitad del cuerpo, para que el tumor no pudiera volver artificialmente.

Cuando despertó, le dijeron que la operación había sido un éxito, pero que era necesario que llevara el vendaje durante varios días.

Ella creyó al médico y, cuando finalmente le retiraron las vendas, el tumor no había vuelto.

No se le operó en ningún momento, simplemente la mujer había liberado de su mente subconsciente el pensamiento de que tenía un tumor y su imaginación ya no tenía con qué trabajar, tan sólo con la idea de salud y eso fue exactamente lo que manifestó.

Lo que el cuerpo te enferma, la mente te lo sana.

Ivan Vico Gómez

La curación se produce gracias a la confianza, que actúa sobre la mente subconsciente como una poderosa sugestión, liberando su fuerza curativa.

Ten presente lo siguiente, **solamente hay un poder curativo: tu mente subconsciente.**

Elige cualquier método o teoría que te llame la atención y si puedes estar confiado, si tienes fe, **obtendrás resultados.**

Si crees que puedes, podrás.

LA LEY DE LA VIDA ES LA LEY DE LA CREENCIA

No se trata de desear la sanación, la curación o la salud, **se trata de creer en ello.** Este poder curativo está en la mente subconsciente de todas las personas sin importar sus ideales, su color o la raza, nada de eso importa.

No tienes que ser religioso y pertenecer a una Iglesia para utilizar la fuerza natural que se te ha dado para la sanación, tu subconsciente curará tu herida o incluso dolor de cabeza, aunque seas ateo o creyente.

Una manera para llevar a cabo la sanación, tal y como se nos dice en la Biblia, es cerrar la mente de toda posible distracción externa o resultados que estemos experimentando en esos momentos en nuestra vida física, y en ese entonces transmitir nuestro deseo o petición de manera tranquila y con paz a nuestra mente subconsciente, sabiendo que la Inteligencia Infinita que gobierna en ella responderá en función de nuestras necesidades.

Lo más poderoso de ello es lo siguiente: **imagínate el fin deseado y siente ya su realidad, cree que ya lo has recibido, y lo recibirás.** Por ley, lo terminarás obteniendo, porque si lo puedes ver en tu mente, tarde o temprano, lo podrás experimentar en tu vida.

La creencia es un pensamiento de tu mente que distribuye la magia de tu mente subconsciente por todas las partes de tu vida en función de tus hábitos de pensamiento.

Debes de darte cuenta de cuando en la Biblia habla de creencia, no habla de tu creencia o tu fe en un ritual, ceremonia, técnica o fórmula, no, no, no. Está hablando de la creencia en sí misma. **La creencia, la fe de tu mente, es sencillamente el pensamiento de tu mente.**

Personalmente creo que es de ser poco inteligente pensar continuamente o creer en algo que nos haga daño o de alguna manera nos hiera, me gustaría recordarte algo que hemos hablado al principio del libro y que me gustaría volver a recalcar.

No es la cosa en la que crees la que te hace daño, **sino la creencia o pensamiento que hay en tu mente la que produce el resultado.**

Todo lo que hoy es tu vida, todas tus experiencias, todos tus actos, absolutamente todo, **no son más que reflejos de tu propio pensamiento.**

Y he aquí lo verdaderamente importante, **el subconsciente de cualquier ser humano está tan expuesto al control de su propia mente consciente como a las sugestiones de los demás seres humanos.**

Si nosotros no controlamos lo que dejamos o no dejamos entrar en nuestro subconsciente, otros lo harán por nosotros.

De ahí podemos deducir que, **sea cual sea tu creencia inconsciente arraigada en tu subconsciente, sea de**

quién sea que provenga esa creencia inducida por una sugestión, si consciente o inconscientemente decides tener fe en ella, esa misma sugestión controlará tu subconsciente y se cumplirá como si de un mandato se tratase.

Hoy en día vivimos en la era de la información, en donde acceder a ella es cada vez más fácil y accesible para todo el mundo, pero también estamos empezando a entrar en la era de la desinformación, **en donde preferimos entretenernos antes que formarnos, antes que autoeducarnos.**

Dejamos que nuestro subconsciente deambule a través de nuestro consciente mediante sugestiones por parte de informativos negativos en los que continuamente te recuerdan el caos en el mundo, que, por cierto, **la única función de estos es coger pequeños sucesos que han sucedido en el planeta y ponerlos en una pantalla haciéndote creer que todo el mundo está fatal, que todo es mal, caos y dolor, entonces empezamos a coger esa imagen del mundo y el mundo nos devuelve exactamente aquello que nosotros creemos que es.**

Sugestiones por parte de las redes sociales, sugestiones por parte de medios de entretenimiento, sugestiones por otras personas tóxicas y negativas...

Ya lo ves, vivimos en la mejor época para acceder a esta información, pero cada vez, los seres humanos, nos estamos volviendo más ignorantes y pasivos dejando nuestra vida y peor aún, nuestro subconsciente, en manos de un mundo cada vez más aletargado en cuanto a estos principios se refiere.

Creo que es nuestra misión, amado lector, y digo nuestra porque esto va mucho más allá de mí, de difundir con todas las personas posibles: amigos, amigas, familiares, conocidos, hermanos, hermanas, padres e hijos, toda esta información que hasta ahora ha sido ocultada, porque realmente tiene un valor incalculable.

Pero como te decía, **la ley de la vida es la ley de la creencia, es la ley de la fe.**

La fe necesaria para las sanaciones y las curaciones mentales es una fe íntegramente arraigada en nuestro cuarto oscuro, en nuestro subconsciente.

Ahora la pregunta es, ¿cómo consigo esa fe?

La forma de conseguirla es terminando con la oposición continua de nuestra mente consciente. **Para que realmente se dé una curación eficaz en nuestro cuerpo es importante que tanto la mente consciente como la mente subconsciente hayan aceptado por completo la fe.**

Por ejemplo, puedes llegar a crear un estado en donde la mente consciente se apague y deje paso a la mente subconsciente mediante la relajación de la mente y el cuerpo, es decir, en un estado de adormecimiento.

En ese estado de adormecimiento, sea lo que sea que pienses, se impregnará con una gran eficacia en lo más profundo de nuestro cuarto oscuro, de nuestro subconsciente.

¿Alguna vez has notado que tiendes a sanar más tus heridas por la noche que estando despierto/a?

Eso es porque la mente consciente no interviene, no hay bloqueos ni dudas, la mente subconsciente puede ejercer su trabajo con total normalidad puesto que el consciente está desconectado.

Como sugerencia personal, **te sugiero que dejes cuanto antes mejor de hablar sobre tus dolores o hasta incluso de darles un nombre, especialmente en los momentos antes de irte a dormir.**

Cuando más hablas de tus dolores y de tus carencias, **inconscientemente les estarás dando más poder sobre ti.**

*Nos convertimos en lo que pensamos
la mayor parte del tiempo, y ese es el secreto
más extraño.*

Earl Nightingale

Ivan Vico Gómez

CÓMO HACER REALIDAD TU SANACIÓN O MILAGRO FÍSICO

Como ya sabrás, escribí La Magia del Subconsciente con una intención: **darte lo mejor del planeta en cuanto a información sobre el subconsciente y no quiero saltarme nada, no quiero dejarme nada, quiero que esto realmente funcione para ti, así que vamos a por una parte muy importante, el cómo.**

La fórmula para la sanación o la aparición de milagros en nuestra salud incluye un papel activo por tu parte para poder así, reprogramarte a fin de crear lo que antes creías imposible. A continuación, compartiré contigo varias pautas de las más poderosas que he aprendido y usado personalmente y que podrás llevar a cabo en tu vida.

Estas te permitirán tener más claridad sobre cómo puedes hacerlo y cómo puedes usar la magia de tu subconsciente para que realmente hacer que suceda.

❶. Elimina tus juicios, dudas e incredulidad mediante afirmaciones.

Como parte de tu día a día, practica las siguientes afirmaciones que te ayudarán a eliminar tus dudas y posibles juicios que te podrían estar impidiendo pasar al siguiente nivel en el plano físico:

"Me encuentro ahora mismo en el proceso de sanación/milagro que merezco"

"Estoy dispuesto a abandonar aquello que me ha limitado hasta el día de hoy"

"Confío plenamente en que no voy a estar solo en el proceso y en que voy a recibir guía cuando esté preparado"

"Tengo la fe en que poseo la capacidad de lograr cualquier cosa que mi mente sea capaz de concebir"

Puedes utilizar estas afirmaciones y otras que podrían ser creadas por ti mismo. **Cuando las repitas constantemente y en voz alta, te ayudarán a eliminar cualquier duda que puedas llegar a tener.**

❷. Escucha de manera muy atenta a tu cuerpo y todo lo que este te diga.

Si te sientes gordo, gorda, enfermo, enferma, cansado, cansada, ansioso, ansiosa, si tienes dolores o cualquier otro síntoma físico, deberás de preguntarte a ti mismo: "¿Qué es lo que está tratando de decirme mi cuerpo?" "¿Qué lección he de sacar de esto?"

Limítate a escuchar y toma nota de lo que podrías oír, no pasará mucho tiempo hasta que recibas el mensaje que te da tu cuerpo, te daré algunos ejemplos:

"Hazme hacer ejercicio. No quiero estar aquí sentado o sentada poniéndome más gordo o gorda"

"Presta atención. Deja de meterme tanta comida"

"Me encanta que me des grandes cantidades de agua limpia y filtrada. Eso me ayuda a eliminar toxinas"

"¡Basta ya de drogas, por favor! ¿Por qué crees que respondo con resacas, resuello, ansiedad, aumento de presión sanguínea, taquicardia, tos, y demás?"

Escucha siempre a tu cuerpo y este te dirá de manera exacta y precisa lo que necesitas saber.

Cada una de las células de tu cuerpo tiene en sí una inteligencia universal e infinita. Alimenta a esa inteligencia de manera continua, los milagros y las sanaciones serán tu recompensa.

❸. Afirma que eres un ser sin límites practicando nuevas actividades.

Toma consciencia de aquellas cosas que estabas seguro de que no podrías lograr hace un año, dicho de otra manera, **¿qué es hoy una realidad que el día de ayer fue un sueño?**

Digamos, por ejemplo, correr una maratón de un kilómetro sin parar. O pasar un año entero sin un solo resfriado, o dejar de beber alcohol.

Estos ejemplos que te acabo de mostrar son muy específicos, pero no necesitan serlo para que tengas una idea que te haga ser capaz de ir más allá de las limitaciones impuestas por ti mismo.

Empieza escogiendo lo que para ti a día de hoy sea una limitación, algo que hasta ahora te podría haber estado limitando, y crea tu propio desafío personal, pasar de donde estás a donde te gustaría estar.

Un kilómetro, un día, un año, pero todo de día en día, haz de lo grande pequeño, **divide tu limitación en pequeñas limitaciones que vayas haciendo y superando día tras día.**

Te sorprenderás de los resultados que eres capaz de conseguir y todo nació por un simple pensamiento de superación, ¿maravilloso no crees?

Si lo haces día tras día con constancia, acabarás creyendo que no hay nada que no puedas lograr si lo decides en tu mente y crees en ello. Es maravilloso.

En mi primer libro, en CÓMO SER TÚ, es lo que llamé la TÉCNICA DEL 1%. **Tan sólo se trata de hacer un 1% más de lo que hiciste el día de ayer, los resultados vendrán como por arte de magia y romperás con tus autolimitaciones.**

❹. **Confía en aquellas corazonadas e intuiciones que tienen que ver con tu cuerpo físico.**

Presta especial atención a todo cuando parezca ser una voz, intuición o corazonada dentro de ti. **Tus voces** interiores te dirán a quién debes acudir, a quién eludir, qué leer, en quién confiar, qué comer y cuándo hacerlo, cuándo hacer ejercicio y hasta cuándo dormir.

Personalmente me dejo llevar por lo que mi cuerpo me pide, a mí personalmente me lo hace transmitir en sensaciones instantáneas. Muchas veces no ceno, o suelo no comer en un día entero, no porque quiera hacerlo, sino porque mi cuerpo me pide que no coma y yo simplemente le obedezco.

Te llenarás de asombro y te maravillarás ante estos mensajes que te transmite tu yo no físico a tu yo físico. **Acata sus órdenes y verás que empezarás a experimentar los milagros de los que yo te hablo.**

❺. Sustituye la duda y el miedo por la sabiduría y la confianza.

En todo cuanto examines de tu vida física y en todo cuanto te gustaría que ocurriera, **sustituye por un período corto de tiempo, la duda y el miedo por la sabiduría y la confianza.**

Piensa, que por cada 1% de duda que dispongas en tu subconsciente, eliminas un 99% de creencia. **El miedo y la duda provienen de la falta de conocimiento, de hecho, son la ausencia de conocimiento.** De la misma manera que la oscuridad es la ausencia de luz, el temor, la incertidumbre y la duda son la ausencia de sabiduría.

Observa las vidas de aquellos que dudan constantemente y pregúntate si eso es lo que deseas en cuanto a lo que quieres conseguir.

Observa luego la vida de aquellos que saben y mira la diferencia.

Los que saben están llevando vidas distintas: hacen ejercicio, están sanos y sorprenden al mundo con sus logros. Los que dudan suelen estar sentados por ahí en su normal papel de críticos y chismosos.

❻. Compórtate en tu cuerpo como si este fuera ya lo que deseas que sea.

Así es, ¡finge! Miéntete hasta que se haga real.

Obsérvate en tu mente como una persona sana, energética, vital y capaz de lograr nuevos y espectaculares logros y compórtate como si esta fuera tu realidad.

Cuando entiendas y comprendas que eres lo que piensas, verás lo increíble y fantástico que es verte ya como aquello que deseas ser. Cuanto más te metas en el papel, desarrollarás más fe y con mayor rapidez reaccionará tu cuerpo ante esta imagen que estás creando.

De la misma manera, si crees que crear grandes cambios en tu yo físico va a ser muy complicado, que tendrás que dedicar mucho tiempo y que te costará grandes sufrimientos, actuarás en consecuencia.

Si te ves a ti mismo o a ti misma en tu propia mente como una persona sana, fuerte y vital y crees en ello con firmeza, harás que suceda. Dejarás de ser la persona que hace que sucedan las cosas y te convertirás en la persona que permite que las cosas sucedan, aquí está la magia.

❼. Recuerda que nunca se tiene bastante de lo que no se desea.

Date cuenta de todas tus adicciones, tanto las grandes como las pequeñas. **Tu cuerpo no desea esa sustancia adictiva ni esa comida excesiva y, sin embargo, nunca tienes bastante.**

Cuanto más te envenenes de tus adicciones, más te convencerás de que eres incapaz de trascender tu adicción, eso lo que hará es llenarte de dudas y miedos y esas dudas y miedos reforzarán todavía más la creencia de que no puedes hacerlo.

Es totalmente cierto que nunca se tiene suficiente de lo que no se desea, **será ya hora de que dejes de ir detrás de lo que no deseas y empieces a dirigirte hacia lo que sí deseas.**

Todo lo que necesitas para un equilibrio y una salud perfecta ya reside dentro de ti, no necesitas ningún otro cuerpo, tan sólo necesitas confiar en la magia del subconsciente, en esa inteligencia que habita dentro de ti.

❽. Medita cada día.

Acostúmbrate a entrar en tu interior y desde ahí crea la imagen que te gustaría experimentar en tu yo físico, en tu cuerpo, esa sanación, ese milagro.

Todo se crea desde dentro hacia fuera. Crea dentro lo que quieres ver fuera, ten fe en ello, cree en ello, y así se hará.

❾. La técnica de la persuasión.

El secreto de la manifestación de cualquier petición es la repetición, consiste en repetirse una idea tantas veces hasta que esa idea empieza a formar parte de ti como algo verdadero, incluso cuando al principio fuese algo no verdadero.

Esta técnica consiste en usar la acción concentrada de la mente consciente para persuadir a la mente subconsciente para que haga algo que desees.

Para una mejor eficacia, esa persuasión se lleva a cabo mejor en un estado de adormecimiento.

Piensa con calma en lo que quieres, visualízalo haciéndose realidad desde este preciso momento en adelante.

❿. El arte de la verdadera oración.

En la Biblia se nos dice lo siguiente…

Pedid, y se os dará; buscad y hallaréis; llamad, y se os abrirá.

Mateo 7, 7

¿Qué trata de enseñarnos este versículo?

Estaremos de acuerdo que significa que recibirás exactamente aquello que pidas. Se te abrirá cuando llames y encontrarás lo que estás buscando.

Este versículo es realmente muy poderoso porque implica la firmeza de las leyes espirituales y también mentales, cosa que seguiremos trabajando y profundizando en los siguientes tomos de la saga.

Siempre hay una respuesta de la Inteligencia Infinita, del Éter, del Universo, o como prefieras llamarlo, de tu mente subconsciente a tu mente consciente.

Supongamos el caso de que pides agua, no recibirás vino, recibirás agua, pues es lo que has pedido.

Si quieres recibir, **deberás pedir con fe.**

Tu oración o petición, **deberá ser aceptada en tu mente como una imagen vívida y real para que la magia del subconsciente actúe sobre ella y la haga realidad.**

Deberás de alcanzar un estado de aceptación en tu mente, un estado de convicción en donde la duda no tenga lugar.

También, deberás acompañarlo con una emoción de tranquilidad, de paz, de relajación, al saber que se te hará, ya no dudas, ya no tienes incertidumbre, sabes que será así y ocurrirá así, como aquél que va a buscar el pan.

Pide de esta manera, y recibirás. Te lo aseguro.

11. La técnica de la visualización.

Recuerda, todo aquello que veas previamente en tu mente, tarde o temprano, lo sostendrás en tu mano. Toda idea se concibe dentro en forma de imagen y luego nace fuera, en el exterior.

La forma más fácil de crear una idea es visualizarla, verla con la imaginación de una manera muy vívida, como si estuviera ya delante de ti.

Con tus ojos sólo puedes ver lo que existe en el mundo externo, así que con tu imaginación puedes ver lo que existe en tu reino mental.

Lo que creas en tu imaginación es tan real como lo que experimentas en tu mundo visible. El exterior y el interior no tienen separación, son dos en uno, si ves dentro lo que quieres ver fuera y permaneces fiel a esa imagen, un día aparecerá eso mismo en tu mundo exterior.

Nuestros pensamientos son formas de impresiones en la mente. **Estas impresiones, siempre tienden a**

convertirse en experiencias y circunstancias manifestados en nuestra vida física.

Siempre que tengo alguna dolencia, sea la que sea, utilizo la técnica de la visualización. Personalmente me imagino una energía universal bajando del cielo y recorriéndome todo el cuerpo con la intención de sanarme, entonces empiezo a visualizar cómo todo mi cuerpo reacciona a esa energía sanadora y cómo todo mi cuerpo se armoniza con ella.

Habiendo construido la idea en mi imaginación, la mantengo ahí como una imagen mental mientras me digo: "Estoy curado", "Me siento de maravilla", "Me siento increíblemente bien"

Me quedo así durante diez minutos aproximadamente y se me da, es maravilloso.

Otra de las maneras que uso personalmente es recordar que la mente subconsciente hará que ocurra en la realidad cualquier imagen que tengamos en la mente y que, sobre todo, esté apoyada por la fe.

Así que sabiendo esto me visualizo en presente, en el ahora, en un estado completamente sano y saludable, libre de cualquier dolencia, como si eso mismo ya fuera un hecho, independientemente de las circunstancias actuales.

Me gusta recordarme la frase de "Si actúo tal como soy, seré" y para ello, **debo de obviar el mundo exterior y** lo que podría estar sucediendo y girarme al mundo interior y crear lo que quiero que suceda.

❶❷. La técnica del agradecimiento.

En las escrituras sagradas, se nos recuerda una y otra vez que demos a conocer nuestras peticiones a través de la oración y que también demos las gracias por ello.

El corazón agradecido siempre está más cerca de las fuerzas invisibles del Universo, haciendo que numerosos deseos y beneficios fluyan hacia él por la ley de la acción y reacción, o lo que es lo mismo, la ley de causa y efecto, que seguiremos hablando de ella en el segundo tomo.

Una vez escuché una frase que decía lo siguiente: **"Aquellos que son agradecidos, siempre se les da más de aquello que agradecen"**

Qué razón que tiene.

Así que, siempre que vayas a realizar una petición, acuérdate de dar gracias por anticipado de aquello que pides y que ya se te ha concedido, créeme, experimentarás auténticos milagros haciéndolo.

Bien, hasta aquí las doce pautas que personalmente considero las más poderosas que hasta ahora conozco.

Ivan Vico Gómez

Hoy en día se ha hecho de la enfermedad y del malestar corporal una normalidad, yo creo que es todo lo contrario. **Estar enfermo es algo anormal, lo normal es estar sano. La salud es el verdadero estado de tu ser.**

Cuando afirmas salud, armonía y paz y cuando te das cuenta de que son principios universales de tu propio ser, reorganizas todos los patrones negativos de tu mente subconsciente y le haces entender que el estar bien es lo normal, el estar mal es lo anormal, ella obedecerá.

EL CASO DE MEIR SCHNEIDER

Meir Schneider es un hombre que recuperó la vista por sí solo. Él dice que: "la educación que recibimos no es de ningún poder, que no sabemos nada, pero no es cierto. Dentro de cada uno de nosotros está todo lo que necesitamos saber"

Meir nació en Ucrania en 1954, y tenía estrabismo y glaucoma, nistagmo, astigmatismo y varias enfermedades más. Es decir, tenía todo lo más malo relacionado con la visión.

Le operaron cinco veces antes de cumplir los siete años de edad. En una cirugía se le rompió el cristalino de su globo ocular y cuando llegó al segundo año de secundaria, ya estaba completamente ciego.

Con tan solo 17 años, cuando ya los médicos le habían defenestrado, Meir conoció a un chico un año menor que él, quien le dijo lo siguiente: "si quieres, puedes entrenarte para ver"

Aunque Meir no le creyera para nada, tampoco tenía nada que perder, así que lo probó.

Después de un año de hacer los ejercicios, tal y como Isaac, aquel chico, había predicho, Meir empezó a ver.

No veía demasiado al principio, pero lo suficiente para magnificar su fe, su convicción, en que aquel chico sabía más que todos los médicos anteriores juntos.

Con el tiempo comenzó a ver como para poder correr y finalmente pudo hasta sacarse el carné de conducir. Según Meir dice: **"Los ciegos se vuelven más ciegos porque no esperan recuperar la visión. Se les encasilla ese pensamiento, pero realmente todos pueden."**

Increíble, ¿no crees?

William James fue un filósofo y psicólogo estadounidense con una larga y reconocida carrera en la Universidad de Harvard, donde fue profesor de psicología, así como fundador de la psicología funcional.

En una ocasión, dijo lo siguiente: **"El poder de mover el mundo está en la mente subconsciente, lo que sea que imprimas en tu mente subconsciente, esta removerá cielo y tierra para que se cumpla"**

En el mundo antiguo, Enoc, conocido también como Hermes Trismegisto, se considera como el sabio con más repercusión al que se le otorgaban poderes mágicos, así como el que tenía más poder que ninguna otra persona sobre todo el planeta Tierra.

Siglos después de su muerte, se abrió su tumba esperando encontrar el secreto más bien guardado de todos los tiempos, y realmente se encontró.

Este es el secreto:

> *Como es dentro, así es fuera, como es fuera así es dentro.*
> *Como es arriba, así es abajo, como es abajo, así es arriba.*
>
> **Hermes Trismegisto**

Esto también fue dicho por Jesús, Lao Tse, Buda y otros grandes maestros. **Todo lo que impregnes en tu cuarto oscuro, en tu subconsciente, siempre se expresará en tu mundo exterior.**

Entiende que **el único límite está en tus creencias.** Me gustaría volver a incluir aquí lo que dijo una vez Henry Ford, dueño y creador de la Ford Motorcompany:

> *Tanto si crees que puedes, como si crees que no puedes, en ambos casos tienes razón.*
>
> **Henry Ford**

Cualquier estructura física, tanto en tu cuerpo como en la materia, **está limitada por tu creencia, y es modificada por la misma, en todos los campos y aspectos.**

EL PODER QUE CREÓ EL CUERPO, CURA EL CUERPO

Creo firmemente en que hay una Inteligencia, una fuerza sobrenatural, un Universo o Dios que crea todo lo que vemos.

Esa fuerza que da vida a una semilla, que forma un niño a partir de dos células y que hace que todo esté perfectamente sincronizado con la naturaleza, con la ley de la vida.

Todo órgano, toda célula de nuestro cuerpo, puede regenerarse en las circunstancias adecuadas. Incluido lo que la ciencia dijo que no. **Todo nuestro cuerpo está diseñado para repararse a él mismo, pero somos nosotros quienes lo impedimos.**

El ambiente adecuado no es tanto el externo como el aire, el agua o los alimentos, sino el interno, nuestros pensamientos y emociones.

De hecho, **Buda nos decía que cada persona es el arquitecto de su propia curación y de su destino.**

Ese poder que nos creó es el poder que nos creará, y lo único que tenemos que hacer es apartarnos de su camino.

Ivan Vico Gómez

La ciencia ya está empezando a descubrir que el 100% de las enfermedades **son generadas por el estrés, la ansiedad y el miedo.**

Todo ello hace que tu cuerpo segregue cortisol, adrenalina, noradrenalina y eso hace que deje de segregar células T, que son las encargadas de mantener tu sistema inmunológico, con lo que entonces te quedas al descubierto, a flor de piel, de cualquier virus o bacteria externa.

Es decir, **que el miedo, el estrés, la ansiedad, es lo que tenemos que evitar si queremos evitar la enfermedad.**

Y el problema está en nuestra medicina actual, y es que los doctores y médicos **se centran en el síntoma, y entonces nos suministran medicamentos para sanar el síntoma.**

Sí, nos quitan resfriados, gripes, cánceres, sustituyen órganos dañados... **pero el problema no está en los efectos, está en las causas.**

Debemos recordar que **el mundo en el que vivimos se comporta como un espejo, cualquier problema que exista en el mundo físico, en realidad es solo un síntoma que nos ayuda a hacer cambios en el mundo interior.**

Como un árbol que da sus frutos, si estos no son adecuados no está allí el problema, sino en las raíces.

Si cambias tus pensamientos por unos más positivos, los negativos se irán. **Las conexiones neuronales del pasado que te llevaron a tu vida actual, no son eternas, sino que tú las mantienes al reforzarlas con los mismos pensamientos y emociones.**

En la década de 1990, este concepto le valió el Premio Nobel al neuropsiquiatra Eric Kandel, quien descubrió que **cuando no usamos las conexiones neuronales, estas empiezan a reducirse en tan sólo 3 semanas.**

Y ahora quiero que te cuestiones, ¿cómo cambiaría tu vida si aplicaras todo lo que estás aprendiendo aquí en La Magia del Subconsciente en las primeras 3 semanas?

Pruébalo y ya me contarás...

EFECTO PLACEBO Y EFECTO NOCEBO

En la ciencia más moderna **ya se ha descubierto y validado el poder que tienen los placebos y los nocebos en los seres humanos,** ambos efectos no son más que un resultado, tanto positivo como negativo, producido en la mente subconsciente de cada individuo.

El efecto placebo y el efecto nocebo son una pieza esencial en nuestra mente subconsciente, tanto para bien como para mal, y he decidido incluirlos en La Magia del

Ivan Vico Gómez

Subconsciente, pero antes de eso, déjame que te cuente un poco sobre el efecto placebo...

Fue descubierto durante la Segunda Guerra Mundial por un anestesiólogo llamado Dr. Henry Beecher, quien se quedó sin morfina en medio de un bombardeo alemán.

Desesperada por aliviar el dolor de un soldado, la enfermera de Beecher inyectó una jeringa con solución salina, **pero le dijo al hombre herido que estaba tomando el analgésico.**

Para asombro de Beecher, **la solución salina calmó la agonía del soldado y evitó que entrara en estado de shock.**

Después de que Beecher regresara a la Facultad de Medicina de Harvard una vez finalizada la guerra, fue pionero en el uso de estudios clínicos controlados para nuevos medicamentos, en los que algunos de los sujetos de prueba obtenían un placebo sin siquiera saberlo.

En un estudio realizado en Harvard, cien estudiantes de Medicina fueron llamados para probar dos medicamentos: **una pastilla roja "superestimulante" y una azul "supertranquilizante"**

Sin que los estudiantes supieran nada, se cambiaron los medicamentos a propósito: la roja era en realidad un barbitúrico y la azul, una anfetamina.

Y aun así, **los estudiantes a los que se les dio un "tranquilizante" experimentaron estimulación debido a sus expectativas, mientras que los que tomaron la "estimulante", que en realidad era un barbitúrico, se sintieron cansados.**

¿Explicación?

La expectativa que tenía cada estudiante sobre lo que iba a suceder, **sus percepciones a nivel subconsciente de lo que iba a suceder una vez injirieran la pastilla hizo revertir el impacto de lo que normalmente crean estas sustancias.**

¿Increíble no crees?

Si eso te ha asombrado, prepárate para ver esto...

En un ensayo en el Centro Médico para Veteranos de Houston, Estados Unidos, se llamó a 180 sujetos con dolor significativo provocado por osteoartritis.

Dos tercios se sometieron a cirugía real, los otros 60 se sometieron a un procedimiento falso de "cirugía placebo", es decir, **se les anestesió y durmió, se les hizo un corte y se les volvió a coser, sin practicar la cirugía real.**

Ambos grupos tuvieron la misma preparación y fueron atendidos durante la noche por enfermeras que no sabían quién había sido sometido a la operación real.

Los resultados fueron los siguientes… (Esto te sorprenderá)

Los pacientes que habían sido tratados con cirugía placebo **informaron tanto alivio del dolor y mejoría funcional como los que se sometieron a la cirugía real.**

Un año más tarde, el grupo de placebo caminaba y subía escaleras mejor que los pacientes quirúrgicos.

Esto es realmente asombroso.

> **Tu mente subconsciente es 30.000 veces más poderosa que tu mente consciente.**

Según un estudio realizado en Ohio, aquellas personas de mediana edad con actitudes positivas sobre su salud **terminaron viviendo un promedio de más de siete años más que aquellos con actitudes negativas.**

Y otro estudio realizado en Yale, encontró que **las personas mayores con un enfoque positivo sobre el envejecimiento tenían un 44% más de probabilidades de recuperarse por completo de un problema de salud incapacitante.**

En La Magia del Subconsciente, como ya te dije en un principio, no quiero saltarme nada, no quiero dejarme nada, quiero que este sea el libro más completo del mundo sobre el subconsciente y quiero ofrecerte todos los datos posibles y conocidos.

Así que, me gustaría que vieras un estudio más antes de pasar al siguiente apartado sobre el subconsciente y la salud.

Este estudio es más reciente y fue llevado a cabo por el profesor Langer. Se le dijo a un grupo de limpiadoras de habitaciones de hotel que su trabajo diario cumplía con los requisitos emitidos por el cirujano general de los Estados Unidos para un estilo de vida activo. A un grupo de control no se le dio esa información.

Cuatro semanas después, el primer grupo había reducido su presión arterial sistólica, su índice de masa corporal y su porcentaje de grasa corporal. El grupo de control no mostró ninguna de estas mejoras.

El profesor Langer terminó escribiendo lo siguiente: **"Está más que claro que la salud se ve significativamente afectada por la mente"**

La ciencia ya empieza a darse cuenta de esta conexión mente-cuerpo, y es que es así, **tu cuerpo no es más que un piano, tú eres el pianista, y en todo momento estás decidiendo qué teclas tocar y cada tecla (pensamiento) influye de una manera en el piano (tu cuerpo)**

Ivan Vico Gómez

NADA PUEDE HACERNOS TANTO DAÑO COMO NUESTROS PROPIOS PENSAMIENTOS

Un estudiante de postgrado de 26 años de edad llamado Fred, cayó en una profunda depresión, producida por la ruptura con su pareja.

Un día, Fred vio un anuncio en el periódico de un ensayo clínico con un fármaco antidepresivo nuevo y decidió participar.

Cuatro años antes ya había tenido un brote depresivo y el médico le había recetado un producto a base de amitriptilina, pero se había visto obligado a prescindir de él por la somnolencia que le provocaba.

El medicamento del pasado era demasiado fuerte para él y ahora esperaba que este nuevo le hiciera el mismo efecto, pero sin los efectos secundarios.

Después de un mes de tomar el nuevo medicamento, decidió llamar a su novia, pero volvieron a tener una fuerte discusión, y en un arrebato después de colgar, agarró el frasco de pastillas y se tomó las 29 que quedaban con intención de suicidio.

Sin embargo, al instante se arrepintió, salió de casa corriendo y en mitad de la calle de desplomó. Una vecina que lo escuchó gritar se lo encontró tirado en mitad de la acera.

Fred se estaba retorciendo del dolor mientras le contaba a la vecina lo que había hecho, pero no se quería morir, así que esta lo llevó directo al hospital.

Llegó a urgencias pálido, sudoroso, con la tensión muy alta y a más de 140 pulsaciones por minuto. Respirando agitadamente sin parar de gritar que no quería morir.

Cuando los médicos le miraron, **se dieron cuenta de que lo único que tenía era la tensión baja, el ritmo cardíaco acelerado y la respiración algo agitada**.

Le hicieron análisis de sangre y orina. Le preguntaron qué medicamento había tomado, pero él no recordaba el nombre. Les explicó que era un antidepresivo experimental en un ensayo clínico. Les dio el frasco vacío, pero en la etiqueta no ponía el nombre.

Al cabo de cuatro horas, después de comprobar que los análisis eran completamente normales, llegó un médico que había participado en el fármaco experimental.

Le dijo a Fred que **había estado tomando un medicamento placebo y que esas pastillas no contenían ningún fármaco.**

Milagrosamente a los pocos minutos Fred volvió a la normalidad.

Ivan Vico Gómez

Las enfermedades no nos llegan de la nada. Se desarrollan a partir de pequeños pecados diarios contra la Naturaleza. Cuando se hayan acumulado suficientes pecados, las enfermedades aparecerán de repente.

Hipócrates

 Recuerda siempre que **el bien es la normalidad, el mal siempre lo eliges tú.**

¡Ayuda a otras personas!

Ha llegado el momento de abrir nuestro corazón a la gente que te rodea. Repasa lo que has leído y piensa en alguna persona con la que podrías compartir alguna frase, texto o parte del libro que te haya inspirado o que te haya ayudado.

Incluso si también lo deseas, puedes sacarle una foto con tu teléfono móvil a alguna parte del libro y publicarla en Instagram o Facebook para compartirlo con tus seres más queridos y con tus amigos.

A continuación, realizaremos unas afirmaciones en voz alta y con alta intensidad emocional para que estas se fijen en nuestro subconsciente, ¿estás listo? ¿estás lista?

¡Vamos a por ello!

> YO SOY QUIEN QUIERO SER.
> YO SOY INCREÍBLE.
> YO HE VENIDO PARA BRILLAR.
> YO HE VENIDO PARA SOBRESALIR.
> YO HE VENIDO PARA SER LO MÁS.

Ivan Vico Gómez

NOTA PARA EL/LA LECTOR/A

Antes de continuar con la lectura me gustaría felicitarte. Es increíble y maravilloso que sigas transitando este camino junto a mí para seguir descubriendo todo lo que la magia que reside en nuestro subconsciente puede llegar a crear.

También me gustaría recordarte que nada aparece en nuestro cuerpo a menos que el equivalente mental esté antes en nuestra mente.

Al cambiar nuestra mente llenándola con afirmaciones de salud, energía y vitalidad, también cambias tu cuerpo. Esta es la base de toda curación.

Toda enfermedad se origina en la mente. Nada aparece en el cuerpo a menos que exista un patrón mental que se corresponda con él.

Hay un proceso de sanación que es la fe. Sólo hay un poder curativo que se llama mente subconsciente. Trata de descubrir lo que te cura. Date cuenta de que, si le imprimes la dirección correcta a tu subconsciente, esta sanará tu cuerpo y cualquier dolencia u enfermedad.

Con esto, no quiero hacerte ver que usar la medicina o ir al médico es la peor decisión del mundo, pues todo siempre funcionará conforme tu fe, conforme tu creencia sobre ello.

A continuación, hablaremos sobre cómo el subconsciente influye en el dinero y cómo podemos utilizarlo a nuestro favor para crear y generar riqueza y abundancia.

Si todo lo que hasta ahora has leído te ha fascinado, prepárate a lo que viene...

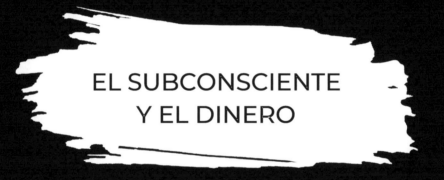

< Para tener riquezas en tus manos, debes primero tener riquezas en tu mente. >

Desconocido

Uno de los derechos fundamentales de todo ser humano, es el derecho a ser rico. Si estás aquí en este plano físico, es para vivir una vida abundante, ser feliz y alegre, pero para eso, nuestras mentes deben ponerse de acuerdo...

Tu subconsciente acepta lo que tú realmente crees que es verdad. Esta idea es siempre aceptada por el subconsciente, idea que debería estar siempre en armonía con la riqueza y no con la pobreza.

Por lo tanto, si entiendes esto, entiendes que deberías tener todo el dinero que necesitaras para tener una vida rica, feliz y próspera.

Como seres humanos estamos aquí para crecer, expandirnos y desarrollarnos espiritual, mental y materialmente, es decir, en todos los sentidos de la vida. **Tienes todo el derecho a desarrollarte y expresarte por completo en todo tu potencial, en todo tu ser.**

¿Por qué conformarse con lo más justo para ir tirando cuando puedes disfrutar de la abundancia de la magia de tu subconsciente?

En esta parte del libro trabajaremos no solo el cómo puedes sentirte bien con el dinero, sino también cómo obtenerlo usando la magia que reside en lo más profundo de nuestra mente subconsciente.

Y aquí va lo primero que debemos de entender: **no dejes que nadie te haga sentirte mal, te haga dudar o te haga avergonzar, por tu deseo de prosperar y obtener más riquezas.** Al final, es desear una vida más realizada, más feliz, y más maravillosa.

Pero antes de profundizar en ello, debemos de entender cómo funciona nuestro subconsciente para crear riqueza, y es justo lo que veremos a continuación.

CÓMO FUNCIONA LA MAGIA DEL SUBCONSCIENTE PARA CREAR RIQUEZA

Tu subconsciente es como el genio de la lámpara, si deseas algo y crees en eso, ella encontrará la forma de hacerlo realidad. Si deseas y crees que tendrás la bendición de tener buena salud, prosperidad y relaciones increíbles, así será.

Pero, si en cambio, esperas o temes sufrir mala salud, pobreza y soledad, ese será tu destino.

Para lograr lo que deseas en la vida, primero debes aprender cómo funciona la magia del subconsciente, y créeme, llevo años estudiándola y creo que todavía no he rozado ni la superficie, es un tema fascinante porque cuanto más aprendo, más me doy cuenta de lo poco que sé.

Piensa por un momento en la riqueza como el aire que respiras, desarrolla por un momento esa actitud mental. Una mujer le preguntó una vez a Ralph Waldo Emerson cómo podía prosperar y este se la llevó hasta el océano y le dijo: "Observa"

La mujer dijo: "Vaya, cuánta agua", y Emerson le respondió: "Mira la riqueza de esa manera y nunca te faltará"

Qué maravillosa idea, ¿no crees?

De hecho, **tanto la riqueza como la pobreza no es una circunstancia física, es una circunstancia mental, es una imagen en tu mente.** Es una idea. Es una actitud mental.

A lo largo de mi vida me he encontrado con muchas personas con una idea errónea de lo que supone todo esto, ellos creen que uno solo puede sentirse rico cuando posee riquezas. Pero realmente es al revés, **solo atraerás riquezas si antes te sientes rico.**

> No puedes ver fuera
> lo que tú antes no tienes dentro.

Walt Disney había soñado toda su vida con crear el primer parque de atracciones con hospedaje para los visitantes y fue justo unos meses antes de su inauguración, cuando el señor Walt Disney falleció.

Todo el peso y toda la presión recayó sobre su hijo, a quien pocos meses después de la muerte de su padre, en la inauguración del parque de atracciones Disney, un periodista se le acercó y le preguntó: "¿No está usted triste de que su padre no pueda estar aquí hoy y contemplar esto?"

El hijo de Walt Disney le respondió: **"Se equivoca, mi padre lo contempló antes que usted y que yo, por eso mismo podemos estar aquí hoy observando esta maravilla"**

Walt Disney estableció en su mente la imagen exacta de aquello que quería representar físicamente.

Todo deseo, logro o éxito, siempre es creando antes en la mente de un ser humano y si tú, amado lector o lectora, creas una imagen exacta de lo que deseas y la siembras en el jardín de tu mente y la riegas, la cuidas, la abonas, y te preocupas por ella diariamente, llegará un día en donde eso que habías sembrado en tu mente, lo empezarás a experimentar fuera.

Y sé que te podrías llegar a preguntar: "Vale si Ivan, pero ¿hay personas destinadas o elegidas para experimentar y disfrutar de las riquezas de este mundo y otras, en cambio, condenadas a sufrir desafíos, problemas y adversidades?

¡De ninguna manera! Cada uno define su propio destino. **Recibimos siempre aquello que pensamos, creemos y aceptamos que merecemos ser, hacer y tener.**

Ivan Vico Gómez

La magia del subconsciente que reside dentro de nosotros va moldeando y diseñando sin cesar las condiciones y circunstancias de nuestra vida, y lo hace en función de los pensamientos que imprimimos en nuestra mente subconsciente en forma de imágenes, emociones y creencias.

Y sé que también te podrías estar preguntando: "Y entonces por qué los ricos se hacen más ricos y los pobres más pobres?

Quienes disfrutan de la verdadera abundancia y prosperidad que ofrece la vida son conscientes del poder creador de la mente, el pensamiento y las creencias.

Estas personas graban ideas de abundancia espiritual, mental y material en su mente subconsciente, la cual, de manera automática, hace que la abundancia se manifieste en sus vidas.

Tan sólo se trata de la Ley Universal de Correspondencia, y esta dice que **como es dentro así es fuera, y como es fuera así es dentro, esto será siempre así y nunca dejará de serlo.**

Nuestras creencias más profundas y sinceras se manifiestan en forma de experiencias, acontecimientos y condiciones. Se materializan de acuerdo con la naturaleza de nuestras ideas.

Por ejemplo, si comprendemos y entendemos que vivimos en un Universo generoso, nuestra creencia se reflejará en nuestras circunstancias y actividades.

Del mismo modo, si nuestra creencia es que no soy digno de la riqueza infinita del Universo, que estoy condenado o destinado a sufrir, eso es lo que se verá reflejado en las circunstancias.

Los pensamientos de abundancia producen abundancia; los pensamientos de escasez producen escasez.

Ivan Vico Gómez

Y sí, lo sé… no resulta sencillo pensar en la abundancia y en la riqueza cuando se es pobre, pero también sé que no se trata de un trabajo imposible.

Debemos creer de manera sostenida y constante que lo obtendremos, que lo lograremos. **La persona que ponga en práctica este pensamiento disciplinado alcanzará sin duda la riqueza.**

Y una manera para hacerlo es a través de las afirmaciones. Las afirmaciones tienen el propósito de preparar a nuestra mente para aceptar los dones, talentos, pensamientos, creencias o peticiones para que estos se conviertan en parte de nuestro ser y entonces ser uno con esa idea, y ahí es cuando esa misma idea empieza a crearse exteriormente, cuando tú y la idea seáis uno mismo.

Mira, existe un principio que te servirá de guía: **el único lugar donde podemos curar nuestras carencias y limitaciones es en nuestra propia mente.** No necesitamos esforzarnos y trabajar de más para cambiar las condiciones externas, debemos centrar nuestros esfuerzos únicamente en nosotros mismos.

Cuando hayamos trabajado sobre nuestra mente subconsciente, nos empezaremos a dar cuenta de que el mundo exterior (salud, riqueza y relaciones) será un reflejo milimétrico de nuestro estado mental interno.

Yo no soluciono mis problemas, yo soluciono mis pensamientos, y mis pensamientos solucionan mis problemas.

Louise Hay

Una vez concibas en tu mente que posees aquello que deseas, **tu subconsciente procederá a hacerlo realidad.**

Y quizá te estés preguntando: "¿Y cómo puedo convencer a mi mente subconsciente de que poseo riquezas o cualquier cosa buena cuando mis sentidos me dicen que las facturas se están acumulando, que los proveedores me reclaman impagos, que el banco me exige pagos, etc.?"

La respuesta es que no puedes. **Si no dejas de pensar en deudas y obligaciones, lo único que harás será magnificar tu desgracia.**

Debes ignorar el mundo de los cinco sentidos y dirigirte a la magia de tu subconsciente que habita dentro de ti y que se comunica con la Inteligencia Infinita, Dios, Universo, o como prefieras llamarle…

Una vez que tu subconsciente acepte tu afirmación como un hecho, procederá a hacer todo lo posible para que logres riquezas, ese es el sentido de las afirmaciones: **convencerte a ti mismo de la verdad que afirmas.**

Tu mente consciente es como un lápiz capaz de grabar un mensaje en tu subconsciente. Escribas lo que escribas, se expresará siempre en tu vida, y se puede manifestar de varias formas: actividades, experiencias, acontecimientos, personas, objetos…

Por lo tanto, asegúrate de que lo que escribas, lo que afirmes, sea bueno y beneficioso para ti y para tu vida.

TU DEBER Y TU DERECHO SER RICO Y PRÓSPERO

Siempre les digo a las personas en las conferencias y eventos que para vivir una vida plena y en armonía, sus tres áreas maestras deben estar en sintonía.

Difícilmente puedes tener salud, si no te quieres y te amas y si no eres capaz de invertir económicamente en ti: gimnasio, alimentación, etc…

Difícilmente puedes tener amor si no tienes salud, energía, vitalidad y dinero para sustentar una relación.

Difícilmente puedes tener dinero si no te amas y te quieres, así como salud, energía y vitalidad para esforzarte e ir a por más dinero y abundancia.

Las tres áreas de la vida están siempre conectadas y en armonía, cuando una falla, las demás fallan y se debilitan.

Son como una mesa triangular con tres patas, si una de estas patas se deja de trabajar o se corrompe, la mesa cae.

> **Es tu obligación y deber bendecir tu vida y la vida de tus seres queridos con más abundancia y prosperidad.**

Y ahora la pregunta es... Esto pinta bien Ivan, ¿pero cómo lo hago?

Y eso mismo es lo que descubrirás en La Magia del Subconsciente y para ello debes de...

DEJAR DE ESFORZARTE Y CONFIAR

Eso no significa convertirse en alguien pasivo y no tomar acción, ¡para nada! Eso forma parte de la fórmula, es imposible prosperar desde el sofá de tu casa, ¿estamos de acuerdo?

Pero, mientras reclamas riquezas, evita luchar y forcejear, recuerda: **debes dejar de ser la persona que hace que las cosas pasen y debes de ser la persona que permite que las cosas pasen.**

¿Acaso puedes hacer que crezca una semilla con tu fuerza, esfuerzo o trabajo duro?

No, no puedes. Siémbrala en la tierra y crecerá. El roble está en la bellota, la manzana está en la semilla, **tu riqueza está en la magia de tu subconsciente.**

El arquetipo del patrón está ahí, pero debes sembrarlo en la tierra (en el cuarto oscuro de tu subconsciente), donde muere, se disuelve y lega su energía a una nueva encarnación de sí mismo.

Por ejemplo, cuando una persona con una manera de pensar espiritual observa una bellota, ve un bosque, y así es como funciona el subconsciente, **magnifica lo bueno en abundancia y lo malo en escasez.**

Por eso mismo, debes evitar luchar. **La preocupación, el miedo, la ansiedad, estrés o falta de fe, inhiben lo bueno.**

Hacen que experimentes retrasos en tu petición o en el crecimiento de la idea introducida en el subconsciente, obstáculos y hasta incluso estancamiento… **Recuerda que aquello que más temes es aquello que sucede.**

Como ya bien sabes, tu mente consciente tiende a fijarse en las condiciones externas y trata continuamente de luchar, pelear y resistirse.

Nos pasamos la vida luchando contra las circunstancias, **pero lo único que hacemos con ello, es nutrir y hacer más grande la causa que las origina.**

Debes de saber que es la mente serena y calmada la que soluciona los problemas. **Tranquiliza a tu cuerpo y mente de manera diaria, diles que estén tranquilos y relajados.**

Cuando tu mente consciente está tranquila y receptiva, tu subconsciente te hace llegar la vibración del Éter o Inteligencia Infinita (como prefieras llamarlo) en forma de idea, pensamiento espontáneo, solución o inclusive un plan para desarrollar y llevar a cabo.

La Inteligencia Infinita tiene una naturaleza receptiva. Si la llamas, obtendrás respuesta.

Afirma, siente y cree constantemente que Dios, Universo, Jesús… (aquello con lo que más te identifiques) multiplica lo bueno en abundancia, y te enriquecerás espiritual, mental, intelectual, económica y socialmente en todo momento.

Observa las maravillas que ocurren a medida que grabas estas verdades en tu mente subconsciente. **Mientras lees estas palabras, deja que estas verdades reposen en tu subconsciente.**

Lo harán, y lo están haciendo. Las estás grabando. Cuanto más lo hagas, más rápidamente trasladarás tus deseos a tu subconsciente y empezarás a darte cuenta de que las ideas, pensamientos, circunstancias, personas, libros, mentores… aparecerán en abundancia.

Ahora bien, me gustaría darte un aviso: ten mucho cuidado con lo que piensas y dices.

Nunca jamás hables de tus carencias y limitaciones económicas. Nunca hables de ser pobre y estar necesitado.

En su lugar da gracias por lo que tienes, empieza a tener pensamientos prósperos, habla de riquezas, tan solo sé consciente de que **el sentimiento de riqueza produce y llama a más riqueza.**

Cuando hablas de no tener suficiente dinero y de tener que ahorrar, **lo único que lograrás será empobrecerte.**

Entonces, no solo debemos dejar de luchar y pelear, sino que también debemos de confiar, y ahora la pregunta es…

¿Y cómo hago para confiar en mi subconsciente?

Sabrás que podrás confiar en tu subconsciente cuando te sientas distinto: **ya no estarás preocupado o preocupada, ansioso o ansiosa, dejarás de preguntarte cómo, cuándo, dónde o por medio de qué fuente llegará el dinero…**

Cuando estés en ese estado, indicará que confías plenamente en tu subconsciente, **recuerda siempre que la Inteligencia Infinita se está ocupando del asunto.**

En ese entonces, cuando la mente consciente, analítica y crítica está en ese estado de paz, obtendrás respuestas, ya que toda la fuerza reside en el silencio y la confianza.

El Éter, Inteligencia Infinita, Biblioteca Universal, Universo, o como prefieras llamarle, conoce todas las respuestas y te las hará llegar a través de muchos medios distintos, pero para ello, debes aprender a relajarte y como decía Lao-Tsé, **dejarse llevar por Él.**

Al optar por esta actitud, te conviertes en una persona distinta, no es que dejes de ambicionar y de tomar acciones, sigues jugando, sigues tomando acciones, pero sabiendo y entendiendo que en todo momento estás siendo acompañado y guiado por una fuerza superior que siempre quiere lo mejor para ti.

¿Te acuerdas cuando aprendiste a nadar?

Seguramente te diste cuenta de que podías flotar en el agua y que esta te sostenía siempre que te mantuvieras tranquilo, quieto y en paz.

Pero, si te volvías nervioso, tenso y con miedo, te hundías, ¿estoy en lo cierto?

De la misma manera, cuando busques abundancia, éxito, sanar tu cuerpo o cualquier otra cosa que desees en el camino de tu vida, imagina que descansas en los brazos de ese Universo, de ese Dios, de esa Inteligencia Infinita, y toma consciencia de cómo el amor, la verdad y la paz fluyen a través de ti, transformando todo tu ser en amor, salud y abundancia.

Al hacerlo, te sentirás en unión con el Todo, empezarás a fluir y dejarte llevar, y ahí en ese punto sabrás que estás confiando, ya no habrá resistencias, ya no habrá apego, y entonces, **aquello que buscas y tú, os conoceréis más temprano que tarde.**

Antes de pasar al siguiente subapartado, me gustaría comentarte un error que podrías estar haciendo inconscientemente y que, sin embargo, podría estar arruinando que esa abundancia llegue a tu vida.

Como bien te he ido diciendo a lo largo de La Magia del Subconsciente, quiero aportarte lo máximo, hasta incluso lo que otros escritores no cuentan, así que, si cometes este error (que suele ser muy común) por favor corrígelo.

Muchas personas rezan o llevan a cabo sus peticiones como hemos visto y trabajado al inicio del libro, para pedir abundancia, **pero la niegan después.**

Al decir: **"No puedo permitirme esto. No llego a final de mes"** o por ejemplo al decir **"es demasiado caro, solo los ricos se lo pueden permitir…"**

Al hacerlo, burlas tus plegarias. Tu mente se divide en dos mitades enfrentadas: **por un lado, deseas la abundancia, pero por otro lado, la rechazas.**

Si tu mente no está unida, **es imposible que consigas aquello que pidas.**

Y aunque parezca obvio, millones de personas rezan día tras día y escriben sus cartas y peticiones al Universo o Inteligencia Infinita cometiendo este grave error, y luego, como es lógico, no les llega aquello que han pedido.

Si los habitantes de un país se pelean entre ellos, el país quedará destruido. Si los habitantes de una ciudad se pelean unos contra otros, la ciudad quedará en ruinas. Y si los miembros de una familia se pelean entre ellos mismos, se destruirá la familia.

Mateo 12:26

Y muchos de nosotros estamos enfrentados con el dinero, lo deseamos, pero a la vez lo odiamos, **tenemos** condicionamientos negativos sobre él y debemos aprender a des-aprender y volver a aprender de nuevo.

En el siguiente subapartado trabajaremos en todos estos patrones negativos que podrían estar interfiriendo con nuestro deseo de obtener más riquezas...

CREENCIAS Y LIMITACIONES SUBCONSCIENTES SOBRE EL DINERO Y LA ABUNDANCIA

Hoy en día, un gran porcentaje de la población a nivel mundial **sufren las consecuencias de unos patrones de pensamiento negativo que quedaron grabados en su subconsciente desde que nacieron.**

Quizás les dijeron que cierto objetivo era muy ambicioso y grande, o les hicieron creer que "el dinero es la raíz de todos los males..."

Este tipo de creencias y más a una temprana edad, **se trasladan a la mente subconsciente muy rápidamente y que, después a una edad adulta, se manifiestan en la vida real creando escasez, pobreza y sufrimiento por la falta de dinero.**

Y la mayoría de nosotros hemos sido programados de forma negativa desde nuestra infancia, **y al no saber cómo rechazar todas esas afirmaciones negativas, las aceptamos inconscientemente.**

Es posible que te repitieran cosas como estas: "No puedes hacer eso", "Mejor que ni lo intentes", "No te arriesgues porque fallarás…"

Y en consecuencia, posiblemente hayas desarrollado una actitud pesimista y enfocada a la derrota.

O quizá alguien te dijo: "Nunca llegarás a nada" y ahora sufras un sentimiento de inferioridad.

Estos son algunos ejemplos más, a ver si te resultan conocidos…

- **"No debes hacer eso, fracasarás…"**
- **"No lo lograrás"**
- **"Estás equivocado"**
- **"No servirá de nada"**
- **"El mundo se va al garete…"**
- **"¿Para qué molestarse?"**
- **"A nadie le importa"**
- **"No merece la pena esforzarse tanto"**
- **"Las cosas van a peor"**
- **"Es imposible ganar"**
- **"Dentro de poco estarás en la ruina"**
- **"No puedes confiar en nadie…"**

Y la lista podría seguir y seguir…

Si aceptas estas sugerencias negativas, **de alguna u otra manera estarás permitiendo que se**

produzca una programación negativa en tu mente subconsciente.

Y como consecuencia de ello, podrías desarrollar un sentimiento de inferioridad, miedo, dudas, ansiedad, enfermedad, incompetencia, si es que no te ha sucedido ya...

Y, a menos que te hagas responsable de ello y reprogrames conscientemente tu mente subconsciente como adulto, **esas sugestiones que te fueron inculcadas en tu pasado pueden provocar patrones de comportamiento que terminen llevándote a fracasos, tanto en tu vida personal como en tu vida profesional.**

> Eres lo que te enseñaron.
> Pero si no te gusta lo que te enseñaron,
> tú puedes reeducarte de nuevo.

Haciendo esa reprogramación nos liberaríamos de esa masa de creencias negativas, de lo contrario, **seguiríamos siendo y obteniendo siempre lo mismo.**

Por ejemplo, si lees el periódico o si ves programas de noticias "informativas", encontrarás decenas de artículos y noticias que siembran semillas de miedo, preocupación, caos, daño, enfermedad, escasez y muchas otras cosas negativas más.

Si los aceptas y te identificas con ellos prestándoles tu atención y tu emoción, **podrían hacer que pierdas hasta** la voluntad de vivir, y hoy en día muchas personas están así.

Pero, si por el contrario, eres consciente de que puedes y debes rechazar todas esas sugestiones tóxicas proporcionándole a tu subconsciente autosugestiones tuyas, podrás contrarrestar esas ideas negativas.

Ahora bien, ten cuidado con las sugestiones negativas de otras personas. **No tienes por qué dejarte influir por ellas.**

Todos las hemos sufrido durante nuestra infancia y adolescencia. Personalmente desarrollé un sentimiento de inferioridad que terminó convirtiéndose en una depresión, pero gracias a que apareció en mi vida un libro como este, pude dejar de creer en ellas y empezar a creer en mí.

Si echas la vista atrás, te será fácil recordar cómo las sugestiones negativas de tus padres, amigos, conocidos, profesores y compañeros han podido influir en tu manera de pensar.

Comprender a los demás es bueno, comprenderse a sí mismo es sabio. El que vence a los otros es fuerte, el que se vence a sí mismo es poderoso.

Lao-Tsé

Posees algo que muy pocas personas realmente saben que poseen, y es la capacidad de rechazar las

sugestiones negativas y reemplazarlas por patrones de pensamiento positivo.

Imagina que por un momento eres un amargado, una amargada, tienes un carácter irascible, porque te han repetido una y otra vez que no eres divertido, que no eres divertida, y que tienes mal genio, y encima que no tienes talento para nada.

Entonces deberás tomar perspectiva, entender que **todo ser humano está constantemente proyectándose y viéndose reflejado en todas las personas con las que se cruza, diciendo no lo que ve en otros, sino lo que él es,** y entender que tú puedes grabar las cualidades que desees en la magia de tu subconsciente.

Entender que puedes redirigir a tu subconsciente, y como la naturaleza del subconsciente es compulsiva, te verás obligado u obligada a crear en ti aquello que previamente te has grabado tú mismo o tú misma.

Lo que te hace daño no es lo que otros dicen, es lo que tú apilas, es lo que tu ensamblas en ti. **Pueden decirte de todo, pero puedes no aceptarlo, saber que tú no eres nada de lo que otros te dicen, o por el contrario, aceptarlo y apilarlo en ti, almacenarlo en ti, y eso es lo que te hará daño.**

Personalmente me gusta decir un pasaje de la Biblia que dice así...

Ivan Vico Gómez

No es lo que entra por la boca lo que contamina al hombre, sino lo que de la boca sale, porque lo que de la boca sale del corazón procede.

Marcos 7:1-23

Tú puedes reprogramar tu subconsciente.

Es una tarea fascinante, y todo el mundo puede hacerlo, independientemente de lo que sucedió en un pasado, de la raza, credo, religión, sexo… y si yo pude hacerlo, ¿por qué tú no?

Y realmente ya sabes cómo hacerlo, lo aprendiste unas páginas atrás.

Es a través de los pensamientos que permitimos que estén en nuestra cabeza la mayor parte del tiempo los que alcanzan el subconsciente y terminamos viendo, tarde o temprano, en nuestra realidad física.

Siempre digo que **la repetición es la madre de la fijación, toda idea por falsa, incorrecta y dañina que sea, si se repite consistentemente, terminará siendo alcanzada por el subconsciente** y este empezará a trabajar sobre ella con independencia de su estado, haciéndola realidad en nuestra experiencia física.

Existe una afirmación que me repetía día tras día cuando empezaba con mi misión de vida, con mi dharma, y me gustaría compartirla contigo, es de las más poderosas que he visto en mi vida y realmente hizo un gran efecto en la mía, dice así:

La riqueza de Dios está fluyendo en mi vida, fluye hacia mí en avalanchas de abundancia. Todos mis deseos, todas mis necesidades y todas mis metas se cumplen de manera instantánea por la Inteligencia Infinita porque yo soy uno con Dios y Dios es Todo.

Automáticamente veía la riqueza en mis relaciones, en mi salud, en el sentimiento de contribuir, dejé de pedir y empecé a entregar, **y por ende la vida empezó a entregarme a mí también.**

Vivimos en un Universo participatorio en donde **aquello que entregamos es aquello que recibimos siendo aquello que recibimos aquello que entregamos.**

Dejé de pedirle a la vida, **la vida no nos debe nada, nosotros le debemos a la vida.** Somos una bendición, somos un regalo, el hecho de que estés aquí conmigo en estas páginas no es un error, tú no eres un error.

Eres la forma de creación más elevada de Dios, estamos hechos a su imagen y semejanza y si Dios es perfecto, tú también, todo lo que no sea eso, es aprendido en base a etiquetas creadas e inventadas por el ser humano, no te resistas a ello, **actúa como lo que realmente eres, un ser perfecto.**

Entonces, repite con frecuencia esta lectura, este libro, no lo leas una sola vez, cuando lees un buen libro por segunda vez te das cuenta de muchas cosas que antes pasaron desapercibidas ante ti, **no porque seas despistado, sino porque eres una persona distinta a la persona que lo leyó por primera vez.**

Y sobre todo repite y crea afirmaciones, usa la autosugestión, y te darás cuenta de que progresivamente, a base de repetición, fe y expectación, penetrarán en tu subconsciente.

PIENSA SIEMRPE CON TU CORAZÓN

"Tal y como una persona piense en su corazón (su mente subconsciente), así será."

Esta es una Ley fundamental del Universo. No estoy hablando de lo que uno piensa en su cabeza, sino de lo que uno piensa con el "corazón", es decir, aquello en lo que creemos realmente a nivel subconsciente.

Tus pensamientos y emociones van forjando tu destino. Si piensas en pobreza siempre serás pobre. Si piensas en abundancia serás abundante.

Y sé que dirás… Ivan ¿y cuánto tiempo tarda eso?

Si pienso en abundancia todo el rato, ¿cuándo llegará la abundancia?

La respuesta es que no lo sabemos, nadie lo sabe.

Mira, si siembras una semilla de tomate, a los 90 días aproximadamente verás resultados.

Un embrión tarda alrededor de 280 días en desarrollarse dentro del vientre de la madre.

El ser humano es capaz de medir todo esto y más, pero cuando siembras una semilla espiritual no sabes cuándo ocurrirá y de qué manera ocurrirá, nadie lo puede saber.

Sólo sabemos que, mediante la atención y el enfoque, podemos disminuir y reducir ese tiempo para que su manifestación sea más rápida.

Nuestro cerebro **siempre magnetizará hacia nosotros todo aquello que esté en sintonía con nuestros pensamientos dominantes que sostenemos a lo largo del tiempo.**

Tu vida es un reflejo de tus pensamientos dominantes, porque **tu cerebro atrajo las personas, situaciones, experiencias, objetos y todo tipo de resultado que estuviera en armonía con esa clase de pensamientos.**

Ya sabes que cualquier cosa en la que se pongan de acuerdo tu mente consciente y subconsciente (tu cerebro y corazón) se hará realidad, ya sea verdadero o falso, bueno o malo.

YA TIENES TODO LO NECESARIO

Todo lo que necesitas para construir aquello que deseas ya habita dentro de ti, está en tu interior.

Cada noche, cuando duermes, esa misma Inteligencia se encarga de todos los órganos vitales de tu cuerpo: tu respiración, tu circulación, tu digestión, tus latidos, todo…

Esa es la fuerza universal o espiritual que reside en ti. Las grandes verdades están ahí. Quedan grabadas en nuestro corazón antes de nosotros nacer, pero de alguna u otra manera, todos hemos sido programados desde entonces.

Decenas de millones de personas **han sido programadas con ciertos miedos, creencias falsas, tabús, restricciones, supersticiones…**

Hay una antigua frase que dice: **"Todos los niños son como pequeñas pizarras en blanco. Todo el mundo se acerca y garabatea algo sobre ellas: la abuela, el abuelo, la madre, el padre, hermanos, hermanas, profesores, amigos…"**

Desde nuestra concepción, recibimos una avalancha de visiones y sonidos, creencias, opiniones, miedos y dudas.

Pero esta es la verdad que debemos de aceptar: **tanto tú como yo nacimos sin miedos, sin prejuicios, sin dudas, sin creencias limitantes…**

¿Cómo es posible que hayas terminado cargando con todo ello? Bueno, alguien te lo impuso.

Hace un tiempo aprendí que, **si a un niño se lo adoctrina en una determinada creencia religiosa hasta que tiene siete años, nadie podrá cambiarlo ya.**

Aunque realmente sí puede cambiarse, resultará muy complicado.

De niños somos susceptibles, impresionables y educables. Por decirlo de otra manera, **estamos receptivos a cualquier sugestión externa.**

Nuestra receptividad temprana puede ser positiva, siempre que tengamos padres y otras fuentes de información precisa y de sabiduría.

Pero, si nuestros propios maestros, aquellos que llenan nuestra joven mente subconsciente están mal informados, se convierten automáticamente en una fuente de mentiras y falsas creencias.

De niños, no tenemos la suficiente capacidad como para poner en duda o hasta incluso rechazar las falsedades y la negatividad proveniente de los adultos y como resultado, aceptamos muchas creencias falsas y conceptos erróneos.

Hasta que no hagas consciente lo inconsciente, este dirigirá tu vida y tú lo llamarás destino.

Carl Jung

ELIGE TU CREENCIA DOMINANTE

La creencia que domina la vida de millones de personas hoy en día es que las circunstancias externas son las que definen su destino y donde ellos terminarán sus vidas, otras, sin embargo, ignoran lo externo y definen su propio destino.

Por ejemplo, una persona que cree que tiene de su lado la Inteligencia Infinita, la Fuente Infinita, el Éter (y que siempre es así), y que nada puede interponerse en su camino hacia el éxito y la riqueza; otra cree que está destinada a ser pobre por culpa de las injusticias sociales, de unos padres que no le inculcaron el amor propio necesario para triunfar y a ser empleados.

Realmente, ambas tienen razón, porque lo que creen moldea su realidad, pero la idea dominante de la primera persona es la cierta.

Te pondré otro ejemplo. Dos niños nacen y crecen en el mismo barrio, con familias cariñosas y protectoras pero sin dinero.

Ambos van al mismo colegio y juegan en el mismo parque con otros niños y niñas de su mismo barrio.

Uno cree que la única manera de obtener riqueza es compitiendo por los recursos, es decir, arrebatándoselos a los demás.

Se empieza a relacionar con las personas equivocadas, a robar tiendas y colarse en casas de otras personas.

Está constantemente luchando por sobrevivir y teniendo problemas con la ley, y cuando se hace grande comete crímenes más serios.

El otro niño cree en la abundancia infinita del Universo y en la idea de que la riqueza es algo que puede crearse.

Su madre hornea pan todas las mañanas y él va en bici al mercado para venderlo.

Pasado un tiempo, ese niño ahorra y viaja a los Estados Unidos. Una vez allí, busca un trabajo y accede a una escuela para aprender inglés. Visita bancos de alimentos e iglesias para conseguir comida y ropa.

Tiene dos trabajos para poder vivir y enviarle dinero a su madre. A través de sus contactos del trabajo, consigue un empleo vendiendo electrodomésticos, y rápidamente se convierte en el mayor vendedor de su región.

Lo ascienden a director comercial, cobrando un sueldo base de 250.000 dólares más las comisiones por ventas.

¿Dónde está la diferencia entre estos dos niños?

La diferencia está en la idea que domina sus mentes.

La idea dominante de uno le conduce a una vida delictiva, la del otro lo encamina hacia una carrera exitosa.

No es lo exterior lo que define tu vida, lo que define y definirá tu vida es lo que tienes en tu interior.

Ivan Vico Gómez

TODO EMPIEZA POR ESTO...

El 8 de mayo de 1886, un viejo médico que vivía en el campo, cabalgó hasta la ciudad y al llegar, ató su caballo en el puesto de caballos de la farmacia.

Entró sigilosamente y con discreción por la puerta trasera y empezó a "negociar" con el joven dependiente. **Su misión era producir grandes riquezas para muchas personas.**

Durante más de una hora, tras el mostrador, el viejo médico y el farmacéutico hablaron en voz baja.

Entonces el médico salió de la tienda y fue a buscar una voluminosa tetera antigua y una gran paleta de madera y al volver, lo dejó en la parte trasera de la farmacia.

El joven farmacéutico examinó muy detalladamente la tetera, se introdujo las manos en el bolsillo, sacó un fajo de billetes y se los entregó al médico. Ese fajo era de quinientos dólares, ¡y eran todos los ahorros del joven farmacéutico!

Entonces el médico le entregó una pequeña hoja de papel donde había escrita una fórmula secreta. Las palabras de aquel pequeño trozo de papel valían millones, pero no para ese viejo médico.

Esas palabras mágicas eran necesarias para que la tetera empezara a hervir, pero ni el médico ni el joven farmacéutico sabían la increíble fortuna que saldría de esa tetera…

El viejo médico estaba satisfecho de vender esos objetos por quinientos dólares. Ese dinero le permitiría saldar sus deudas y tener un poco de paz mental y menos estrés.

El joven farmacéutico se estaba arriesgando mucho apostando todos sus ahorros en un mero trozo de papel y una vieja tetera. Nunca soñó que su inversión haría que de una tetera empezara a rebosar oro y que superaría el fenómeno de la lámpara de Aladino.

Lo que ese joven farmacéutico había comprado realmente era una idea. La antigua tetera, la paleta de madera y el mensaje secreto del trozo de papel fueron secundarios.

Las cualidades de esa tetera empezaron a verse después de que el nuevo propietario hiciera una mezcla con las instrucciones secretas de un ingrediente que el médico ignoraba por completo.

También, me gustaría recalcar, que esta no es una historia inventada ni de un cuento, esta es una historia basada en hechos reales, hechos que empezaron en forma de una idea.

Quiero que a media que vayas leyendo, trates de usar tu imaginación y averigües qué podría ser…

Esa antigua tetera ahora es una de las mayores consumidoras y distribuidoras de azúcar del mundo, y ofrece empleos a millones de personas.

La antigua tetera consume anualmente millones de botellas de vidrio en todo el mundo.

La antigua tetera da empleo a miles de personas expertas en publicidad y anuncios comerciales.

La influencia de esta idea ahora beneficia a todos los países del mundo, teniendo disponibilidad en todos lados.

El oro de esta tetera construyó una universidad y que es de las más reconocidas del sur de Estados Unidos, donde miles de jóvenes reciben la formación necesaria para triunfar.

Si el producto de esta vieja tetera pudiera hablar, explicaría increíbles historias románticas, historias de negocios, de amistades, de experiencias…

Seas quien seas, amado lector o lectora, donde sea que residas y cualquiera que sea tu profesión, recuerda en el futuro, cada vez que observes las palabras Coca-Cola, que este es el increíble y vasto imperio de riqueza que creció de una simple idea.

Ese misterioso ingrediente que mezcló ese joven farmacéutico John S. Pemberton junto con la fórmula secreta fue **la imaginación.**

> **Las ideas son el punto de partida de toda fortuna y riqueza. Las ideas son productos de la imaginación.**

Y aquí está el punto clave de todo ello: **las ideas pueden llegar a convertirse en dinero mediante un objetivo cristalino, definido y con unos planes bien concretos.**

Sé que hablamos sobre la imaginación anteriormente, pero me gustaría volver a mencionarla, pues, si reflexionamos, nada que exista ha sido creado de la nada, **todo ha sido creado antes en la mente de un ser humano, como tú y como yo.**

Entonces, para cumplir cualquier deseo, **debes formar una imagen mental como si estuviera ya cumplido e infundirle una emoción positiva: deseo, gratitud, amor, felicidad...**

Y sobre todo, creer realmente que se hará realidad. No sirve de nada querer algo o pedirlo, si no se tiene una fe absoluta.

Esto es realmente importante: **nadie está preparado para obtener algo hasta que cree que pueda conseguirlo. Hay una diferencia entre tener una esperanza o deseo y estar en un estado realmente dispuesto a obtenerlo.**

Tu estado mental debe ser una creencia, una convicción, no un deseo o una simple esperanza...

Millones de personas afirman que "algún día..." pasará eso, o que "esperan" que suceda y lo único que hacen es reafirmar su carencia de fe en ellos mismos y con ello, alejar más y más ese deseo.

Eso que deseas y tú debéis de ser uno, piensa que tan sólo un 1% de duda es capaz de destrozar un 99% de fe, **cuando la duda llama a la puerta y abre la fe, la fe no encuentra a nadie, porque la fe es un estado superior a la duda, ese es el estado que debes tener.**

Entonces, para conectar con la magia de la imaginación que se halla en nuestro subconsciente, debemos seguir estos pasos:

❶. **Imagina aquello que deseas.** Cuanto más precisa y con más detalles mejor, cuanto más clara y cristalina sea la imagen, más impactará en el subconsciente.

❷. **Infúndele a tu deseo una emoción positiva, como una anticipación (fe) de aquello que deseas.** Recuerda que todo pensamiento que se emocionaliza, es decir, al que se le añade una emoción, tiende a profundizar más en el cuarto oscuro de nuestra mente subconsciente.

❸. **Piensa en una afirmación que englobe lo que se siente al ser, hacer o poseer aquello que imaginas.** Lo importante es que vincules esa afirmación a la imagen mental y la emoción de ser, hacer o poseer lo que deseas.

❹. Adopta un estado mental relajado y repite la afirmación que has asociado a la emoción de ser, hacer o poseer aquello que imaginas. Este paso es importante: cuando digas la afirmación, siente el cumplimiento de tu deseo, si por ejemplo deseas abundancia, siéntete abundante.

❺. Dedica un mínimo de quince minutos a este ejercicio tres veces al día, por la mañana, al mediodía después de comer y por la noche antes de dormir.

Esto no falla, si eres persistente, con el tiempo, la imagen de tu deseo profundizará en tu subconsciente y la magia que reside dentro hallará la manera y los medios para hacer realidad tu deseo.

Y no solamente eso, sino que, al añadir la emoción, estarás enviando una frecuencia determinada al Éter, a la Inteligencia Infinita.

 Recuerda que **el subconsciente es el vínculo entre la mente finita del ser humano y la Inteligencia Infinita.**

Siempre magnetizarás hacia ti y hacia tu vida todo objeto u energía que esté en sintonía y armonía con tus pensamientos dominantes, porque estos son los que se hallan en tu subconsciente.

¿Recuerdas la historia que te conté sobre el camión de mi padre y lo que sucedió?

El pensamiento es la manera por la que influimos en el subconsciente y la emoción es el lenguaje universal del Éter, por eso mismo, **no sucede lo que pensamos, sucede lo que sentimos, pero lo que sentimos proviene de lo que pensamos.**

El pensamiento y la emoción van al unísono y **son la clave para tú poder manifestar TODO aquello que desees, sea lo que sea.**

Ahora, recréate en ese estado de ánimo hasta que estés lleno y reboses la emoción que se siente al ser, hacer o poseer aquello que anhelas, continúa hasta que tu deseo sea materializado.

Será cuestión de tiempo que el objeto creado en tu mente subconsciente se manifieste en tu realidad física.

¡Pero Ivan! ¿Cuándo sucederá?

Puede ser instantáneo o tardar varios días, semanas, meses o hasta años. **No puedes decidir cómo ni cuándo se hace realidad tu deseo.**

Debes confiar y entregar continuamente todos los detalles a la magia de tu subconsciente, porque sus maneras, métodos y medios escapan del entendimiento humano.

Recuerda, puede llegarte en forma de corazonada, idea, pensamiento, plan, una situación, una experiencia, y hasta incluso con la presencia de alguna persona, conversación o mensaje...

El subconsciente siempre ha estado poniéndose en contacto contigo para que crezcas, para que avances, para que hagas aquello que realmente has venido a hacer, pero siempre le has estado negando...

Esas ideas, esas imágenes, esas visiones que te llegaban, tan sólo se quedaron en una falsa ilusión momentánea seguida de... "Aahhh, algún día lo haré..." "Algún día pasará..."

Esos visitantes temporales que vienen y se van de tu mente son los mensajes de la magia de tu subconsciente, hasta ahora no sabías lo que eran ni cómo eran, pero tu subconsciente nunca te ha dejado, siempre ha querido lo mejor para ti y lo sigue queriendo...

Pero ¿lo quieres tú para ti?

Recuerdo esa noche, a nada de dormirme, una idea me atravesó la mente y se quedó allí un rato, rondando por mi cabeza, esa idea me decía que era hora de escribir tres libros que, de ser escritos, iban a ser de los mejores del mundo, uno debía ser sobre el subconsciente, otro sobre metafísica y física cuántica y otro sobre espiritualidad.

Ivan Vico Gómez

Debía de ser una escalera de conciencia, que en la medida en la que se fuera leyendo y profundizando, se fuese elevando el nivel de conciencia de cualquier ser humano en el planeta Tierra y conociendo lo que no muchas personas se han atrevido a contar, La Verdad.

Seguidamente otro pensamiento me atravesó la mente, como si se tratase de un flash, vino muy rápidamente y se fue de la misma manera... La Magia del Subconsciente...

Me levanté de golpe, encendí el ordenador, abrí un documento en blanco y escribí esa frase, en ese momento me empezaron a llegar una cantidad incontable de ideas y pensamientos, iban y venían a una muy elevada velocidad...

Tenía una libreta al lado y junto con un bolígrafo iba anotando todo lo que podía, fueron varios los minutos que pasé sin dejar de escribir ni por un solo segundo, realmente no podía porque no paraban de venirme y de irse.

A los pocos minutos me iba quedando dormido mientras seguía escribiendo y finalmente me quedé dormido allí, en el escritorio...

Al día siguiente me desperté con un documento abierto que decía "La Magia del Subconsciente" y una libreta llena de palabras y frases, lo que resultó ser el guion del libro que ahora estás leyendo.

Ese mismo día empecé a escribir este mismo libro, acompañado de una fuerza invisible que siempre ha estado y sigue estando presente en todos los momentos en los que escribo, por eso mismo digo que yo no he escrito este libro, lo ha escrito algo a través de mí.

He querido contarte esta historia de nuevo, para que veas que a mí me llegó en forma de pensamiento momentáneo, y no lo desaproveché.

Podría haberme quedado dormido y seguramente a la mañana siguiente no me hubiera acordado, y esa misma idea que a mí se me dio podría haber sido aprovechada por otra persona.

Debes entender algo, cuando el Éter, Universo, Dios, como prefieras llamarle, te hace llegar una idea, pensamiento o corazonada, el subconsciente recoge esa vibración y te la traduce para que puedas comprenderla, y eso es sólo para ti, te pertenece, pero, si tú no actúas sobre eso que te ha llegado, se irá a otra persona…

Alguien tiene un mensaje muy especial para ti, yo solo soy el mensajero, el mensaje no es mío, el mensaje viene a través de mí…

Presta atención:

Querido amigo, querido humano, querida alma...

Me he estado poniendo en contacto contigo, hay algo que buscas y he querido ayudarte, te he buscado y he estado contigo, a tu lado, pero no estabas...

No quiero que dejes pasar por alto aquello que te hice llegar, si no, se lo tendré que hacer llegar a otra persona y perderé la confianza contigo.

Me has pedido algo y te lo he entregado, pero no estuviste atento... Te lo hice llegar cuanto estabas viendo la televisión, pero no me atendiste... Te lo hice llegar cuando estabas en esa cena, pero no me diste importancia... Te lo hice llegar cuando estabas a punto de dormirte, pero elegiste dormirte y me dejaste...

Lo seguiré intentando, pero llegará un momento en el que me cansaré y entenderé que realmente no lo querías, y aquello que tú me has pedido se lo tendré que entregar a otra persona.

Espero encontrarte y que me encuentres esta vez, de lo contrario, no me gustará hacerlo, pero tendré que enviárselo a aquél que se halle preparado para encontrarme...

Cuando menos me busques, allí apareceré y te lo haré llegar.

Confía, ten fe.

Te amo.

Fuerza Divina.

Me gustaría compartir contigo una historia…

Hubo una inundación muy grande en un pueblo realmente pequeño. Todas las personas buscaron la manera de salvarse, pero un hombre se quedó solo en ese lugar, subió al techo de su casa y rezaba incansablemente pidiendo que Dios lo salvara.

Este, confiaba plenamente en Dios y estaba seguro de que lo salvaría. De repente, fue interrumpido por un hombre que pasaba en una balsa invitándolo a subir; sin embargo, el hombre respondió "Dios me salvará" y lo dejó ir.

Luego pasó un hombre en un bote, luego una lancha y finalmente un helicóptero.

A todos los rechazó diciendo: "Dios me salvará"

Finalmente se ahogó y llegó al cielo. Dios lo recibió a la entrada.

El hombre, molesto, le dijo a Dios: "¿Por qué no me salvaste si yo confiaba en ti?"

Dios le respondió: "¿Y la balsa, el bote, la lancha y el helicóptero que te mandé?"

Debes estar receptivo a esas señales amado lector, la magia del subconsciente siempre te las hará llegar, no las dejes escapar…

AMA LA MAGIA DE LA FE Y LA IMAGINACIÓN

Cualquier cosa que asumas y añadas una emoción, se arraigará en tu interior y tenderá a crecer en tu mundo exterior, siempre ha sido así, es así y mucho me temo que seguirá siendo así para siempre.

Debes de ser capaz de **sostener en el tiempo lo que has asumido, y de esta manera, observarás su manifestación.**

La fe es la sustancia de las cosas que se esperan la demostración de las cosas que no se ven.

Hebreos 11:1

Debes creer en aquello que todavía no ves para verlo. **No puedes ver lo que deseas fuera si todavía no lo ves dentro, no puedes ver riquezas fuera si todavía no las ves en tu mente.**

Por ejemplo, puedes hacer una petición de cierto objeto material e imaginar y sentir su realidad, naturalidad y su solidez desde el lugar en el que te encuentras ahora mismo.

 ¿Recuerdas las tres preguntas que le dije a mi amiga para que realmente pudiera conseguir su trabajo deseado?

Eran estas tres:

❶. **¿Cómo me sentí cuando vi mi deseo realizado? Imagínalo y siéntelo...**

❷. **¿Quién fue la primera persona a la que le comuniqué la noticia y cómo lo hice? Imagina su maravillosa reacción y lo feliz y contenta que está esa persona por ti y siéntelo en tu mente...**

❸. **¿Cuál fue la primera gran cosa que hice cuando logré mi deseo? Imagínalo y siéntelo...**

Ahora bien, la condición especial para que esto suceda es la fe. ¿Y cómo aumentarla? Bueno, a lo largo de la magia del subconsciente te he ido enseñando algunas cosas, pero aquí van otras dos:

❶. Rechaza todos los argumentos, desafíos y preguntas de la mente analítica consciente y confía en la magia de tu subconsciente. Deja de centrarte en el mundo físico de los cinco sentidos y céntrate en el mundo no físico.

❷. Aléjate de cualquier cosa o persona que pueda hacerte cuestionar o dudar de la magia de tu mente subconsciente. Dicho de otra manera, abandona el autoconcepto limitado que tienes de ti, comprende que puedes ser, hacer y tener lo que en tu corazón deseas poniendo en práctica estas tres preguntas.

Limpiar tu mente de todas las creencias, opiniones falsas y limitantes, es decir, esa mente consciente que discute contigo, es algo imprescindible.

En cuanto logres entrar a un estado psicológico fijo y una certeza interior te haga saber que tu petición, tu deseo, está encarnado en tu interior, **habrás entrado en contacto con el poder de tu imaginación.**

Cuando eso suceda, el objeto de tu deseo existirá en tu mente subconsciente y entrarás en un estado de paz.

Poco después, tu subconsciente, en armonía y en sintonía con la Inteligencia Infinita, alumbrará tu idea, y habrás emitido la orden.

Y si a partir de ese entonces, alimentas tu petición con gratitud, fe y emociones positivas, esa petición no regresará a ti con las manos vacías.

También es importante que sientas la sensación de haber recibido ya lo que deseas. Si solamente te limitas a afirmar en silencio: "Soy rico, soy abundante, soy próspero...", estas palabras no producirán ninguna riqueza por sí solas.

Debes imaginar que eres rico y sentirte rico. La consciencia de riqueza crea riqueza.

OLVIDA EL PASADO

Esta parte es sumamente importante, muchas personas no prosperan porque se siguen castigando por lo que fueron o por lo que obtuvieron en su pasado.

El ayer ha muerto, no existe, **pero puedes revivirlo en tu presente haciendo que tu pasado determine tus circunstancias futuras y seguir viviendo siempre lo mismo.**

En las escrituras sagradas se nos dice:

*Cuando comíais lo que estaba muerto,
lo hacíais revivir.*

Evangelio perdido de Tomás

Las personas que piensan: "¿Por qué no puedo ser capaz de generar más dinero y riqueza?", "¿Por qué soy incapaz de cumplir mis objetivos ahora?"

La razón es que pensar en el pasado supone la muerte y sin duda alguna, el estancamiento en cualquier vida.

Debes alegrarte por tus logros pasados, **pero nunca te obsesiones con aquello que te faltó o que te hubiera gustado tener, ni tampoco compares tus circunstancias actuales con épocas pasadas.**

¿Recuerdas lo que le dijo Emerson a esa señora que quería prosperar?

Se la llevó al océano y le dijo: "Si observas la riqueza de esta manera, nunca te faltará"

Hay un suministro infinito que está a tu disposición ahora. **Independientemente de lo que pudiste llegar a tener o hasta incluso de lo que perdiste en el pasado.**

Como el suministro es infinito, no sientas envidia o celos hacia los demás. Recuerda que **todo aquello que criticas y condenas lo alejas de ti.**

Por eso mismo, **millones de personas desean riquezas, pero luego las envidian en otros en vez de alegrarse por ellos y lo único que hacen es alejarlas todavía más.**

Aunque esto que ahora te contaré lo seguiremos trabajando en los siguientes tomos de la saga, debes de comprender que formamos parte de un Todo unificado, al que tú y yo pertenecemos.

Imagina un océano, lleno y rebosante de agua, si dejas caer una gota de agua automáticamente se unificará con el océano y formará parte de él, ¿cierto?

Y si haces algo al océano, también afectará a esa gota que tú dejaste caer, porque esa gota se convirtió en el océano en su totalidad, ¿no es así?

Nosotros somos como ese océano, toda acción tiene una reacción, **si haces algo a otros, de alguna u otra manera también te lo haces a ti, tanto para bien como para mal.**

Cuando le deseas el mal a alguien que tiene algo que tú deseas, **lo único que haces es perjudicarte todavía más, imposibilitando la entrada hacia tu vida de aquello que condenas en otro.**

Por eso mismo, alégrate por el éxito de otros y en ese entonces, **atraerás éxito.**

NO TENGAS MENTE DE MASA

Cuando me refiero a la mente de la masa, me refiero a la mente que opera en los miles de millones de personas que habitan en este planeta.

Todo pensamiento es emitido a una mente universal, Éter, Inteligencia Infinita o Biblioteca Universal, como quieras llamarle, y no es muy complicado imaginar el tipo de imágenes, emociones, creencias y pensamientos negativos que quedan grabados en dicha mente universal.

También es cierto que hay millones de personas en todo el mundo que vuelcan pensamientos de amor, fe, confianza, alegría, bondad, éxito, gratitud, además de sentimientos de realización, de compasión y de bondad para todos.

Sin embargo, estos últimos son una vasta minoría, y el patrón dominante de la mente de la masa es la negatividad.

Por eso mismo, siempre digo que está en nuestras manos, amado lector, el hacer llegar este conocimiento a todas las personas posibles si realmente queremos hacer de este mundo un lugar mejor una vez nos vayamos...

Necesitaré de tu ayuda para hacerlo. Regala algún ejemplar a algún amigo, amiga, familiar, conocido, vecino... que sepas que realmente le ayudará y le servirá. Ayúdame a ser una bendición para otras personas y, sobre todo, a cambiar la mente negativa de la masa y cambiemos el mundo juntos.

Es una misión que creo que vale la alegría perseguir, ¿no crees?

Y es que es así, **la mente de la masa cree en los accidentes, en la enfermedad, la desgracia, las guerras, las pandemias, los crímenes, la pobreza...**

La mente de la masa **está llena de miedos, dudas, odio, maldad, resentimientos, ira, sufrimientos...**

Y todos podemos caer bajo la influencia de la mente de la masa, el hechizo de la negatividad, las noticias e informativos negativos que, en vez de informarnos, nos contaminan, opiniones de los demás, etc.

Si nos negamos a pensar por nosotros mismos desde una mente pura, desde una frecuencia elevada, llena de paz y armonía, seremos uno más de la masa y conoceremos inevitablemente los extremos más dolorosos de la vida.

Por eso mismo, Henry Ford decía:

Pensar es el trabajo más difícil que existe. Quizá sea esa la razón por la que haya tan pocas personas que lo practiquen.

Henry Ford

Haz guardia en las puertas de tu mente, vigila lo que entra por ahí, toma el control total de tu mente por medio del pensamiento y la imaginación constructivos, y no destructivos.

Crea herramientas y no armas con tu armería, con tu subconsciente. Sé parte de la solución, no de la polución.

> **Elévate sobre la mente de la masa negativa identificándote con la salud, la riqueza, la paz, la alegría, la integridad, el bien...**

Lo más sencillo es dejar pensar a los demás, es lo que hace la gran mayoría, **pero a la gran mayoría no le va bien la vida.**

Si dejas que los demás piensen por ti, **siempre serás dominado por lo que otros te digan y tú lo creerás y así lo crearás en tu vida.**

Jesús nos decía en la Biblia:

«Si aquellos que os guían os dijeren: Ved, el Reino está en el cielo, entonces las aves del cielo os tomarán la delantera. Y si os dicen: Está en la mar, entonces los peces os tomarán la delantera. Cuando lleguéis a conoceros a vosotros mismos, entonces seréis conocidos. Pero si no os conocéis a vosotros mismos, estáis sumidos en la pobreza y sois la pobreza misma»

En este pasaje Jesús se refiere a que, **si dejamos pensar a otros, en nuestro lugar, los demás nos tomarán la delantera y, en cierto modo, serán nuestros amos y nosotros unos meros sirvientes.**

Si dejamos pensar y nos dejamos llevar por los pensamientos de una persona enferma o una multitud enferma, estos serán nuestros amos.

Si dejamos pensar y nos dejamos llevar por los pensamientos de una masa pobre y sin dinero, estos serán nuestros amos y nosotros les creeremos, como consecuencia, así será nuestra vida.

¿Me hago comprender?

También dice, que, si nos llegamos a conocer a nosotros mismos, seremos conocidos.

Bueno, cuando se refiere a conocernos a nosotros mismos, **se refiere a no dejar que otros controlen nuestros pensamientos, a recuperar nuestra capacidad de pensar**.

Cuando dice que seremos conocidos, se refiere que nos elevaremos por encima de la mente de la masa y que destacaremos por ello, **cuando vayamos a contracorriente de la mente negativa y enferma de los demás, eso se hará notar y destacaremos por ello.**

Y finaliza diciendo que, si no nos conocemos a nosotros mismos, es decir, a pensar por nosotros mismos, estaremos sumidos en la pobreza misma, es decir, seguiremos la mente de la masa y caeremos en el lado más destructivo de la vida.

¿Tiene más sentido ahora?

Nos está diciendo que pensemos por nosotros mismos, que no dejemos en manos ajenas el poder que se nos ha dado de pensar y que, si no lo hacemos, nos dejaremos arrastrar por la mente de la masa y sufriremos las consecuencias que ello conlleva.

El 2% de la población piensa, el 3% cree que piensa, y el 95% preferiría morir antes que pensar.

Bob Proctor

Una vez escuché a un buen amigo mío y mentor decir: **"Allí donde todos piensan igual, nadie piensa mucho"**

Qué razón tiene…

USA LA CABEZA, EL CORAZÓN Y LA MANO

Una de las cualidades que todo ser humano posee y que es esencial para generar riqueza, no solo económica, sino también en todos los sentidos de la vida, es la creatividad.

La creatividad es fruto de una combinación de facultades que pueden resumirse como: "cabeza, corazón y mano" o lo que es lo mismo: **"pensamiento, emoción y acción."**

Estas tres facultades nos permiten no solo desear e innovar, sino también hacer realidad nuestros sueños, anhelos, nuestros deseos y talentos innatos a través del pensamiento y la acción consciente.

Pero, por desgracia, miles de personas dejan pasar oportunidades porque no usan esas tres facultades.

Por ejemplo, puede que usen su mente consciente para introducir un deseo en su mente subconsciente y después, una vez este llega, **son incapaces de usarlo o aprovecharlo adecuadamente.**

Quizá se trate de crear un nuevo negocio, un negocio innovador, y la mente subconsciente le hace llegar su deseo en forma de un plan, de varios pasos específicos, pues esa persona no sabía cómo llevar a cabo el negocio, y se olvida o no lo escribe y luego, como es lógico, no se acuerda de ese plan que la Inteligencia Infinita le hizo llegar.

Por el contrario, las personas que utilizan las tres facultades, que piensan en grande, **piensan de manera creativa, analítica y actúan con convicción, aparentemente nada puede evitar que alcancen aquello desean.**

Estas personas están seguras de que destacarán, **superarán cualquier obstáculo y lograrán aquello que un día dijeron que iban a lograr.**

El éxito llega para todos aquellos que están ocupados buscándolo.

Henry Thoreau

Con un patrimonio neto de más de 110.000 millones de dólares, Bill gates es una de las personas más adineradas del mundo.

No alcanzó esos números limitándose a pensar de manera positiva ni tampoco trasladando un deseo de su mente consciente a su mente subconsciente.

Gates y su socio, Paul Allen, usaron sus cabezas y sus manos, es decir, pensamiento y acción, para diseñar un software que revolucionó la industria informática y permitió a todo el mundo usar lo que hoy conocemos como ordenador.

Gracias a su esfuerzo y conocimiento, al igual que el de otros diseñadores y desarrolladores, el ordenador personal se ha convertido en una herramienta imprescindible.

Te contaré un poquito más sobre Bill Gates…

Desde joven le fascinaron los ordenadores, y desde los trece años empezó a programarlos.

En 1973 entró en la Universidad de Harvard, donde desarrolló una versión de lenguaje de programación BASIC.

En 1975, Paul Allen, amigo y antiguo compañero de colegio de Gates, que trabajaba entonces como programador en una empresa, vio una foto del primer microordenador, lo que se conocía como Altair 8800, en la portada de Popular Electronics.

Allen compró la revista y se la llevó a Gates para enseñársela. Juntos, discutieron la posibilidad de desarrollar una implementación de BASIC para aquel microordenador.

Cuando Gates llegaba a su penúltimo año de universidad, estaba tan obsesionado con su idea de crear una empresa de software que dejó Harvard para dedicarse en cuerpo y alma a hacer realidad ese sueño.

Allen y él crearon Microsoft como medio para esa empresa y fue ahí donde empezaron a desarrollar un software para ordenadores personales.

La visión de Bill Gates fue la base sobre la que se construyó el éxito de Microsoft y la industria informática.

Tras llegar a realizar ese sueño, Gates continúa persiguiendo nuevos objetivos, tanto a la hora de crear programas informáticos cada vez mejores como en su trabajo filantrópico.

Esta historia que te acabo de contar, amado lector, nos enseña cómo la Inteligencia Infinita dirigió el proceso y dispuso los recursos necesarios para que Allen y Gates lograran realizar su sueño, **pero jamás lo habrían logrado sin su pensamiento y acción dirigidos a una idea que empezó siendo una imagen mental.**

LA CABEZA: LA MAGIA DEL PENSAMIENTO CONSCIENTE

Tu mente consciente juega un papel muy importante a la hora de imprimir imágenes en tu mente subconsciente.

Aquello que imagines con tu mente consciente y añadas una fuerte emoción quedará grabado en tu subconsciente, y después este, **hallará la manera de traducirlo en su equivalente físico.**

Nuestra mente consciente tiene cuatro funciones esenciales:

❶. Atención: La mente consciente elige en qué centrarse en cualquier momento, bien sean percepciones sensoriales que provengan del exterior o información extraída de la memoria.

❷. Análisis: Cuando los datos fluyen por el cerebro a través de los sentidos, la mente consciente los filtra y les da sentido en función de lo que haya en nuestro paradigma, lo que sostiene todo nuestro entramado de creencias inconscientes.

❸. Decisión: Es tu mente consciente la que toma decisiones. Ella decide qué objetivos perseguir, qué imágenes acceden a tu subconsciente y cuándo y cómo actuar cuando aparecen oportunidades.

❹. Imaginación: La capacidad de imaginar lo que aún no es real, de innovar y de solucionar problemas son facultades exclusivas de la mente consciente.

Ahora bien, para sacar el máximo uso de nuestra amiga y querida mente consciente, **debemos de ocuparnos de cuidarla y alimentarla.**

Cuida tu cerebro con una alimentación sana y equilibrada, ejercicio y evitando el consumo excesivo de cualquier sustancia que pueda llegar a dañar tus funciones cognitivas.

Además de eso, es muy importante alimentar a tu mente consciente con información, experiencias y retos.

Cuanto mayor y más diversa sea la información de la que beba tu mente consciente, mayor será su creatividad e imaginación, y también mejor equipada estará para resolver desafíos y más serán las oportunidades que podrán estar a tu alcance.

EL CORAZÓN: DESARROLLA LA MAGIA DE TUS EMOCIONES

A lo largo de La Magia del Subconsciente pongo mucha atención en la importancia de las emociones a la hora de hacer llegar nuestros deseos de la mente consciente a la inconsciente.

Personalmente, te animo a usar emociones positivas, como el deseo, la fe, la expectación, gratitud… para traspasar deseos a la mente subconsciente, así como evitar las emociones negativas, como la ansiedad, el miedo, ira o la culpa…

Sin embargo, hay ciertas emociones positivas que tienen una función realmente importante cuando se combinan con las facultades del pensamiento, estas emociones son: **la confianza, el entusiasmo, la determinación, el disfrute y el orgullo.**

Y precisamente, **lo que muchas veces separa el éxito de la derrota en la vida de las personas es la determinación, la tenacidad.**

Te pondré un ejemplo.

En el deporte, cuando los datos están prácticamente igualados, **el atleta o el equipo que suele ganar es aquél que más desea la victoria.**

Ese deseo es lo que permite sacar al atleta una fuerza de su interior que lo envigoriza y lo inspira para dar y ofrecer más de sí para garantizar la victoria.

De la misma manera, también sucede así en el área del dinero y los negocios.

Esa empresa o ese emprendedor cuyo deseo de obtener riquezas es más ardiente e intenso, es justamente quien lo termina consiguiendo, esto explica, **que el ser humano no obtiene aquello que desea, obtiene aquello que tolera.**

Todo deseo proviene de la falta de un determinado objeto o sentimiento. **Sin la existencia de un deseo, existe conformismo.**

Cualquier persona que no tenga un auténtico y ardiente deseo por obtener riquezas, **siempre se conformará con lo que la vida le ponga delante, agachará su cabeza y dirá: "es lo que hay…"**

> No se obtiene lo que se quiere,
> se obtiene lo que se tolera.

O por ejemplo, si prestamos atención a esas personas que tienen largas relaciones de pareja, **nos daremos cuenta de que las más exitosas son aquellas que se comprometen con su pareja y se esfuerzan en tratar de hacer que la relación funcione, independientemente de lo difícil que sea.**

Me gustaría contarte la historia de un hombre, que, a pesar de su edad, logró su sueño de crear una cadena de restaurantes que fuera famosa en todo el mundo…

Con sus más de 23.000 establecimientos en más de 140 países de todo el mundo, Kentucky Fried Chicken (KFC) es la segunda cadena de restaurantes más grande del mundo, detrás de McDonald's, pero su éxito no le llegó por arte de magia de la noche a la mañana…

El coronel Sanders no creó KFC hasta cumplir los sesenta años de edad y haber cobrado su primer cheque de la seguridad social.

Ivan Vico Gómez

Él decidió que debía ir por todos los Estados Unidos en coche, yendo de establecimiento en establecimiento y cocinando lotes de pollo para cientos de dueños de restaurantes y sus empleados e intentar encontrar compradores para su receta de pollo frito.

Pasó infinidades de noches en la carretera durmiendo en su coche y recibió más de mil rechazos, hasta que alguien finalmente le dijo "sí" a su receta.

A la edad de setenta y cuatro años, catorce años después de emprender este camino, el coronel Sanders tenía más de seiscientas franquicias en los Estados Unidos y también en Canadá.

En ese entonces, vendió su participación en la empresa por 2 millones de dólares, eso fue en el año 1964, es decir, serían como 22 millones de dólares en el 2023, y vivió el resto de su vida con comodidad y sin tener que depender de una paguita fija y escasa de la Seguridad Social.

Se podría haber detenido en el décimo "no" o en el número cien, pero no lo hizo y siguió hasta encontrar a alguien que le dijera que "sí" a su receta de pollo.

Quien está comprometido con la victoria, nunca considera definitiva una derrota.

La perseverancia es la clave que abre la combinación de muchas cajas fuertes.

No hay nada que pueda substituir la perseverancia: ni el dinero, ni la educación, la procedencia, los contactos...

Aquellos que consiguen grandes logros, suelen ser guiados por la perseverancia, a pesar de la carencia de talento, educación y hasta medios económicos.

Independientemente de sus desafíos y carencias, **encuentran una manera de llevar a cabo sus deseos.**

El trabajo duro no los cansa, sino que los inspira y los empuja a hacer más, los contratiempos no los desaniman y los críticos y envidiosos no los desvían de su trayectoria.

A base de determinación, **las personas más decididas han logrado más éxito que muchos otros que contaban con los recursos necesarios.**

Eso de "no puedo" o "es imposible" no forma parte de su diccionario. **En vez de venirse abajo, los problemas y las desgracias los inspiran y se vienen arriba.**

Quiero contarte algo...

Si alguna vez empiezas a desanimarte o sientes esa tentación de abandonar y dar media vuelta, piénsalo, amado lector.

Puede que estés a punto de coronar una montaña que aún no te permite ver la cima. Tan solo estás a unos pasos de ver más allá del último gran obstáculo y puedas empezar a ver aquello que tanto deseas y anhelas...

El éxito, en lo que sea que se desee, viene después de la superación de varias derrotas y contratiempos. **Nadie ha alcanzado algo sin antes haberse topado de frente con el fracaso, y ahí es donde realmente uno se desvía hacia el fracaso absoluto o hacia la victoria.**

No dejes nunca que la decepción termine con tu ambición o entusiasmo, ¡nunca!

He tenido muchos desafíos, obstáculos y muchos motivos para no escribir La Magia del Subconsciente, el libro que ahora mismo estás sosteniendo con tus manos, y podría haberme dado media vuelta...

Pero sabía que, si lo hacía, no cumpliría lo que la Inteligencia Infinita me hizo llegar esa noche de octubre del año 2022 y nunca jamás volvería a tener una oportunidad de hacerle llegar al mundo la increíble y maravillosa magia que reside dentro de nuestro subconsciente...

Este libro es el fruto de no abandonar y rendirme cuando personas cercanas me decían que no escribiera tal cosa, que se me había ido la cabeza, que nadie lo leería, en momentos en donde yo mismo llegué a dudar, pero algo me decía que siguiera adelante...

Recuerda: **estás a un solo paso de lograrlo, no te vengas abajo, no desistas, hay algo más grande esperándote...**

LA MANO: TOMA ACCIÓN MASIVA

Hasta ahora, hemos hablado de nuestra mente consciente y nuestra mente subconsciente, que es la fuente de toda nuestra creación, **pero esta exige algo más que pensamientos, exige acciones.**

Usar solamente la magia de tu subconsciente **puede no ser suficiente para lograr tu anhelo, tu propósito...**

Imagina que deseas obtener una guitarra con su equipo de música y trasladas ese deseo a tu mente subconsciente.

Dos días más tarde, tu vecino te dice que se va a mudar y te pregunta: "¿Conoces a alguien que quiera una guitarra y altavoces?

Te dice que ya no la necesitará y que prefiere darla antes que venderla a otra persona.

Ni siquiera tendrías que salir de tu casa y ya tendrías una guitarra y sus altavoces esperándote en la entrada.

Pero, por el contrario, **imagina que deseas fuertemente tocar la guitarra.**

Si tienes un talento increíble o estás en sintonía con la Biblioteca Universal y que esta te haya dado la inspiración musical, es posible que al usar la guitarra pudieras tocar cualquier canción o componer las tuyas propias.

Pero, si eres como la mayoría, entenderás que tendrás que estudiar y practicar para aprender a tocar, leer y hasta componer tu propia música si lo deseas.

Eso significa, **tomar acción y hasta un cierto grado de esfuerzo en ello, si realmente deseas aprender a tocar la guitarra.**

> **La acción es el puente que une nuestro mundo interior con el mundo exterior.**

Hasta incluso, imprimir un deseo en la mente subconsciente requiere de una acción muy constante, **bien sea por tu parte o por parte de otras personas.**

Limitarse a pensar que uno es rico no lo convierte necesariamente en verdad, **tienes que hacer otras cosas a parte de eso que necesitarán de tu esfuerzo y dedicación.**

Con todo lo que has aprendido hasta ahora, mi intención no ha sido decirte: "Siéntate y espera a que se haga realidad"

Como entenderás, este libro antes fue concebido en mi mente y la Inteligencia Infinita me hizo llegar la idea de escribirlo, pero luego, yo mismo he tenido que dedicar mucho tiempo, trabajo duro y mucha disciplina para hacerlo realidad.

Una visión sin acción es solamente una ilusión.

Henry Ford

No esperes para actuar, actúa ahora. Es imposible tomar acción en el pasado o en el futuro, el pasado ya pasó, el futuro no ha llegado, y esperar no es la opción adecuada.

No esperes que se produzca un cambio en las circunstancias de tu vida para entonces tomar acción, empieza a dar pasos concretos para hacer la transición.

Y lo más importante, no te preocupes de lo que pueda salir mal, quédate con esta pregunta: **¿cómo actuaría si no existiera el fracaso?**

Solo tú conocerás esa respuesta, pero déjame decirte algo…

El ser humano se arrepiente más de todo aquello que podría haber hecho y que no hizo que de aquello que hizo…

Todos tenemos una fecha de inicio en este viaje llamado vida, y conocemos esa fecha de inicio, **pero desconocemos cuál será la fecha final.**

Creemos que tenemos tiempo, algunos pensarán que todavía les quedan años y años de viaje, pero puede que eso no sea así del todo…

El tiempo es el único recurso limitado que disponemos y lo que hacemos con él es lo que dictamina el significado de nuestra existencia mientras estemos aquí.

Llegará un momento en tu vida en donde tendrás que partir hacia el siguiente destino, y en ese momento pondrás la visión atrás y en todo lo que has vivido y experimentado…

Y ahí, en ese instante, es donde te sentirás feliz, realizado y en paz por hacer todo aquello que realmente querías hacer, o triste, deprimido y avergonzado por la cantidad de oportunidades, experiencias y proyectos que podrías haber realizado pero que, sin embargo, no hiciste…

¿Sabes cuál es la mejor manera de predecir tu futuro, amado lector?

Creándolo. No hay otra manera de hacerlo.

A continuación, te daré algunos tips para que puedas ser capaz de guiar mucho mejor tu acción:

▸ **No pierdas tu valioso tiempo fantaseando.** Crea en tu mente la imagen de lo que deseas y actúa ahora.

▸ **Toma tú la iniciativa.** No esperes a que cambie el exterior para entonces tú poder hacerlo.

▸ **No te preocupes por lo que sucedió o por los errores que cometiste.** Nadie puede cambiar el pasado.

▸ **Da lo mejor de ti hoy y asegúrate el mejor mañana posible.**

▸ **No te desanimes si el cambio tarda en llegar.** Todo tiene su proceso de gestación, ten fe.

CÓMO RECORRER EL CAMINO DE LAS RIQUEZAS

Una vez comprendas y entiendas la maravillosa magia que reside en tu mente subconsciente, tendrás a tu alcance el mapa del sendero hacia riquezas de todo tipo: espiritual, mental o financiera…

Cualquier persona que haya aprendido las leyes por las cuales se rige la mente, **cree y sabe con toda seguridad que nunca sufrirá ninguna necesidad.**

No importa que haya una crisis financiera, fluctuaciones en los mercados de valores, huelgas, inflación extremadamente elevada o incluso una guerra, **esa persona siempre contará con un amplio suministro.**

La razón de todo esto es porque ha logrado traspasar el pensamiento de riqueza a su subconsciente.

Como efecto de esta causa, **dicha mente no deja de suministrarle lo que necesite, dondequiera que se encuentre.**

Ivan Vico Gómez

Se ha convencido a sí mismo llegando a un estado de convicción, **de que el dinero y la abundancia, fluye libre y deliberadamente hacia su vida.**

Y aunque hubiera un colapso económico el día de mañana y todo lo que posee perdiera todo su valor, todavía atraería riquezas.

¿Cómo se explica esto?

Muy sencillo, **es como si fuera un termostato.**

Imagina que la temperatura de tu cuarto está a veintidós grados, todo apunta a que el termostato esté programado para veintidós grados.

Pero ahora es cuando se pone interesante: ¿es posible que, por estar la ventana abierta y hacer frío fuera, la temperatura de la habitación pueda descender a dieciocho grados?

Claro que sí, pero ¿qué acabará ocurriendo?

Que el termostato se disparará y elevará de nuevo la temperatura a veintidós.

Entonces, **el único modo de cambiar de manera permanente la temperatura de la habitación es programar de nuevo el termostato, es decir, nuestra mente subconsciente.**

Si, por ejemplo, cogiéramos todo el dinero del mundo y lo repartiéramos a partes iguales entre los miles de millones de habitantes de la Tierra, en los próximos cinco a diez años, **todo ese dinero volvería a ser administrado por aquellas personas que poseen un termostato de riqueza.**

¿Por qué sucede esto?

Porque en caso de que la temperatura económica de esas personas bajase, su termostato siempre terminaría volviendo a la temperatura por la cual están programados.

Y no es que hayan nacido con ello, no es que sean especiales o ellos son mejores que tú, ¡para nada!

Ellos tan sólo conocen algo que tú no conoces y que ahora estás empezando a conocer en La Magia del Subconsciente.

La cantidad de dinero que estés generando a día de hoy es lo que nos indica en qué temperatura está el termostato, pero no es algo fijo, es algo que se puede cambiar.

La pregunta es... Vale, eso está muy bien, pero ¿cómo lo cambio? Necesito saber el cómo...

Y eso es lo que ahora aprenderás...

Ivan Vico Gómez

¿CÓMO REAJUSTAR MI TERMOSTATO ECONÓMICO?

Como ya te he comentado en varias ocasiones, no me quiero dejar nada y no te quiero esconder nada, mi intención es que este sea el libro más completo del mundo sobre la magia que reside en nuestro subconsciente.

Por eso mismo, quiero aportarte lo máximo, lo que otros autores no hacen, el CÓMO hacerlo.

Lo primero que debemos saber, antes que nada, **es que nuestra mente opera por unas leyes que son exactas y no tienen fallo alguno.**

Estas leyes están en armonía con el Todo, con Dios, con el Universo, con la Inteligencia Infinita, como prefieras llamarle…

En la Biblia se nos dice que Dios creó el mundo y que nosotros estamos hechos a su imagen y semejanza, lo que significa, **que nosotros también tenemos esa facultad y podemos crear aquello que deseamos.**

¿Por qué no lo hemos creado todavía?

Por ignorancia, **por desconocimiento.**

Como ya has aprendido, nuestra mente es una estación emisora y receptora de frecuencias que viajan a través del Éter sintonizando y magnetizando aquellas fuerzas que estén en armonía con nuestros pensamientos dominantes.

Lo que aprenderás aquí es a sintonizar con esa frecuencia, y para ello voy a explicártelo TODO, y lo aprenderás todo.

Ahora bien, la experiencia me ha demostrado una y otra vez que, **dichas leyes por las cuales se rige el Universo, son tremendamente concisas.**

Tanto, que cuando has estado viendo una imagen el suficiente tiempo, **de alguna u otra manera la terminas expresando en el exterior y ni te das cuenta del proceso.**

La abundancia no es algo que adquirimos, es algo con lo que sintonizamos.

Wayne Dyer

Entonces, antes de contarte el cómo, me gustaría que antes de nada tomes consciencia de varias cosas...

Si cambias la forma en que miras las cosas, las cosas que miras cambian, Albert Einstein lo decía así...

El mundo, tal y como lo hemos creado, es un proceso de nuestro pensamiento, no se puede cambiar sin cambiar nuestro pensamiento.

Albert Einstein

Tú creas tus pensamientos, tus pensamientos crean tus intenciones y tus intenciones crean tu realidad. Para conocer el verdadero secreto de la abundancia, **no debes buscar fuera, debes de buscar dentro.**

Nunca podrás encontrar ese secreto fuera de ti, **tampoco lo podrás hacer con la salud ni tampoco con las relaciones...**

Responde por un momento a la siguiente pregunta: ¿quién eres tú verdaderamente?

 Recuerda, no eres tu nombre, no eres tu profesión, no eres quien dices ser...

Provienes de la fuente infinita, eres algo más que carne y hueso y la fuente nunca hace basura, no eres un error...

Otra cosa que debes saber es que, **si crees que todo es culpa de otra persona, siempre sufrirás.**

> **Debes seleccionar tus pensamientos de la misma manera que seleccionas tu ropa todos los días.**

Sin embargo, si te das cuenta de que todo surge de ti mismo, entonces podrás tener más paz, más alegría y más abundancia.

Y este es un poder que tú mismo o que tú misma puedes sembrar. Si quieres controlar las cosas en tu vida, trabaja en tu mente.

No importa en dónde vivas, o lo difícil que parezca esa situación, **siempre tenemos la capacidad de superar y trascender nuestras circunstancias.**

Entonces, si queremos una vida próspera, **debemos tener pensamientos prósperos.**

Si queremos tener una vida saludable, **debemos tener pensamientos saludables.**

Si queremos tener una vida amorosa, **debemos tener pensamientos amorosos.**

Cualquier cosa que enviemos mentalmente, **siempre tenderá a volver a nosotros en forma similar.**

Así que, ten mucho cuidado con aquello que piensas diaria, repetida y continuamente.

Entiende que, la calidad de tu vida no es más que un reflejo del estado de tus pensamientos, **no solo te conviertes en aquello que piensas, sino que tu mundo también se convierte en lo que piensas.**

Tú no has sido creado para llevar una vida mediocre, una vida de pobreza, una vida de escasez…

Emerson nos decía: "El antepasado de toda acción es un pensamiento", por lo tanto, **la vida que tienes ahora es producto de tus pensamientos pasados.**

Ivan Vico Gómez

Las herramientas que ahora te enseñaré te servirán para cambiar tu presente y así, poder cambiar tu futuro.

Empecemos con ellas...

❶. Declaraciones

Lo más importante de todo el proceso es darle especial atención y foco a nuestro deseo, recuerda que lo importante es crear un pensamiento dominante y sostenido en el tiempo.

Así que no sirve solo un ratito, no solamente visualizar diez minutos, no pensar en ello esporádicamente, **sino darle tu atención plena y completa.**

Recuerda que magnetizamos esos pensamientos dominantes que sostenemos por tiempo, **debes sintonizar con esa frecuencia y hacerlo con un enfoque y energía constante.**

¿Y de dónde viene un pensamiento dominante? He aquí la cuestión...

Todo pensamiento dominante se creó por una continua repetición de este mismo, es decir, **la repetición te lleva a crear ciertos pensamientos que, al cabo del tiempo, terminas sosteniendo aún sin darte cuenta de ello.**

Entonces, como ya sabes, nuestro subconsciente no discierne entre lo que es cierto o falso, entre lo que es bueno o malo... **todo el material que le entreguemos es con lo que trabajará y ejecutará.**

Así que podemos "engañar" al subconsciente expresando declaraciones o afirmaciones para que sean ciertas y para ello, podemos utilizar algunos "trucos"

Para ello, comenzaremos las afirmaciones con expresiones como estas:

- **Estoy en proceso de...**
- **Aprecio la seguridad de...**
- **Me encanta...**
- **Voy camino a...**
- **Mi situación... ideal...**

Quedarían entonces como esto:

- **Estoy en proceso de...** convertirme en la persona abundante y próspera que realmente soy.
- **Aprecio la seguridad de...** pensar que cada paso que doy me acerca más a ser próspero.
- **Me encanta...** pensar que cada día me acerco más al sueño de ser abundante.
- **Voy camino a...** ser millonario o millonaria.
- **Mi situación ideal...** es convertirme en alguien opulento.

Otra forma de hacerlo es mediante el MERECIMIENTO:

- **Me merezco...**
- **Acepto que...**
- **Estoy abierto a recibir que...**
- **Soy digno de...**
- **Estoy preparado para que...**

Cuando utilizas esta fórmula, la mente consciente no se activa, porque no dices que lo tengas, dices que te lo mereces, pero igualmente creas la imagen en tu mente, le prestas atención y se traspasa a tu subconsciente.

Debes tener siempre presente que no se trata de repetirlas como un loro, sino de crear una imagen mental y sentirla, pero con este tipo de estrategias, tu mente consciente no influirá negativamente en el proceso.

Otra cosa a tener en cuenta, observa estas afirmaciones:

- **"Quiero adelgazar"**
- **"Quiero ser rico"**
- **"Quiero sanarme"**

¿Qué te sugiere?

Cuando hacemos este tipo de afirmaciones, en realidad lo que tu cerebro entiende es:

- **"No soy delgado"** por eso quiero adelgazar.

- **"No soy rico"** por eso quiero enriquecerme.
- **"No soy saludable"** por eso quiero sanarme.

La imagen que creas en tu mente es la de "gordo", "pobre" o "enfermo", ¿comprendes la trampa del lenguaje?

Entonces, una de las maneras para reajustar tu termostato económico es creando tus propias declaraciones y repitiéndolas creando la imagen en tu mente, y sobre todo, creando la emoción que sentirías como si eso fuera ya un hecho.

Lo ideal es hacerlo tres veces al día: **por la mañana al levantarse, por el mediodía después de comer y por la noche antes de dormir.**

Y créeme, ¡funciona!

Yo mismo sigo creando nuevas declaraciones conforme se me van dando mis deseos económicos, de salud y de relaciones.

❷. Paneles visionarios

Aunque anteriormente hemos comentado esta herramienta, **voy a profundizar mucho más y te enseñaré cómo yo mismo creo mis paneles visionarios para que funcionen.**

Lo primero que debemos entender es que los paneles visionarios son una superpoderosa herramienta, porque los seres humanos somos eminentemente visuales, puesto que el sentido con el que más información captamos es la vista.

¿Sabías que en un concierto "en vivo", los técnicos prestan más atención a las luces y al escenario que al propio sonido?

En un estudio de la universidad de Harvard, se llegó a la conclusión que incluso en los conciertos de música, **lo que se ve más importante y provoca más impacto no es lo que se escucha sino lo que se ve.**

¿Sorprendido?

Pues espera a observar este estudio...

Alan Richardson, psicólogo australiano, publicó en el año 1967 en la revista Research Quarterly, un estudio en el que demostró la importancia de la visualización, precisamente en el deporte, en baloncesto.

El objetivo del estudio era medir la habilidad de encestar tiros libres. Para ello, escogió un grupo de jugadores de baloncesto que no habían practicado nunca la visualización, los dividió al azar en tres grupos y midió su capacidad para encestar.

Asignó a cada grupo una tarea diferente a realizar durante los siguientes 20 días:

El Grupo 1 se dedicó a practicar tiros libres durante veinte minutos al día.

El Grupo 2 se dedicó a no hacer nada durante los veinte días.

El Grupo 3 se dedicó a visualizarse tirando a canasta durante veinte minutos diarios, sin realizar ningún tiro físico.

Pasados esos veinte días, Alan volvió a medir su capacidad para encestar, y los resultados fueron los siguientes:

En el Grupo 1, **se había mejorado en un 24% la capacidad de encestar.**

En el Grupo 2 **obviamente no hubo ninguna variación en el resultado.**

Mientras que en el Grupo 3, **se mejoró un 23% su rendimiento tan sólo con la visualización sin ninguna actividad física aparente.**

El psicólogo Richardson explicó en su publicación que **la visualización es más eficaz cuando se siente y se ve lo que se está haciendo.**

En este caso, los jugadores "sentían" la pelota en sus manos (peso, tacto, volumen...), también "oían" la pelota cuando rebotaba contra el tablero y entraba en la cesta.

La clave, según Alan, **era añadir el máximo número de estímulos reales.**

Posteriormente a este estudio, se realizaron otros estudios con otro tipo de actividades, como tiro de dados, fútbol y golf, en los que obtuvo los mismos resultados.

¿Sorprendente, no crees?

Las teorías psiconeuromusculares explican que cuando nos imaginamos un movimiento, **se generan impulsos nerviosos en los mismos músculos que están implicados en el movimiento real, aunque la intensidad es menor.**

Es decir, **que se emplean a nivel neuronal los mismos procesos cuando imaginamos que corremos, que cuando lo hacemos de forma física.**

Por este motivo, esta herramienta es tan valiosa, porque te permite poner tus deseos, anhelos o intenciones a la vista.

No solamente utilizan la visualización los deportistas de alto rendimiento, sino empresarios de éxito, súper estrellas del cine y cualquier persona que ha logrado un éxito notable.

Se trata de colocar en un cartel, que puede ser físico o virtual, todas las fotos posibles que representen ese deseo, objetivo o meta.

Entonces, Ivan ¿cómo lo haces tú?

Lo que hago es dividir un cartel en partes o cuadrantes, y cada uno de estos cuadrantes representa un área de mi vida.

Luego coloco cada área de izquierda a derecha y de arriba abajo, por orden de importancia para mí.

De tal manera que aquello a lo que le des más importancia, por ejemplo, el área del dinero, la colocarás en la parte arriba a la izquierda.

La segunda área más importante la colocarás arriba en el medio, y la tercera más importante arriba a la derecha.

Luego continuarás y la cuarta área más importante, la colocarás abajo a la izquierda. La quinta área más importante la colocarás abajo en el medio y la sexta área más importante abajo a la derecha.

¿Me he explicado?

De este modo, si has hecho seis áreas, tendrás seis cuadrantes, con varias fotos en cada cuadrante que representa tu deseo ya cumplido **y que podría coincidir con las declaraciones que ya hiciste anteriormente.**

Lo siguiente es ponerlo en todos los lugares que puedas. **En toda la casa, en el coche, en tu despacho, en tu taquilla del gimnasio, en la cama...**

¿Has captado la idea?

Y esto es muy importante: **no lo mires, ¡vívelo!**

Tienes que disfrutarlo. **Cuando ves una foto del dinero imagínate a ti mismo teniéndolo en tu mano, por ejemplo.**

Si pones una foto del cuerpo que deseas tener, siente que ya lo tienes, imagina como tocas tus abdominales. **No mires, entra dentro de la foto y ten una experiencia real.**

Cuando lo veas, pasa unos 30 segundos en cada cuadrante, viendo las fotos y sintiéndolas, empezando de arriba a la izquierda y luego a la derecha y luego abajo.

Ten presente lo que se dice en la Biblia:

Todo lo que pidiereis en oración, creed que lo habéis recibido, y lo tendréis.

Marcos 11:24

❸. Vídeo y audio de manifestación

Sí, somos eminentemente visuales, la vista juega un papel realmente muy importante. Pero cuando se trata de hacer que la magia del subconsciente capte realmente la idea, **debemos utilizar el máximo de sentidos y para ello, podemos aprovecharnos de la tecnología.**

Lo que harás con esta herramienta es **crear un vídeo con tus declaraciones ya hechas, donde aparezcan las fotos de tu panel visionario junto a las declaraciones que lo complementan.**

Y harás un vídeo donde aparezcan las fotos por orden, junto con la declaración debajo, acompañado de una música que a ti te guste y lo uniremos a los sonidos alfa.

¿Qué es eso de sonido alfa?

Se tratan de ondas cerebrales. **Tu cerebro no trabaja todo el tiempo a la misma intensidad, sino que tiene varios niveles de alerta o relajación.**

Para tener una vía directa al subconsciente, **es importante que nuestro cerebro esté relajado, de otro modo, estará en alerta y no dejará entrar nada.**

Por ejemplo, ¿cómo se representan a las personas orando en todas las religiones?

Agachadas, de rodillas, a los pies de la cama…

¿Por qué esto es así?

Porque en esas posiciones te relajas, tu mente se vuelve más introspectiva y entras en estados alfa.

Para que te hagas una idea, las ondas alfa son oscilaciones electromagnéticas en el rango de frecuencias de 8-12

Hz que surgen de la actividad de las células cerebrales de la zona del tálamo.

En otras palabras, **podríamos decir que al entrar en alfa volvemos al estado de gran receptividad que tiene un niño de 4 a 6 años de edad.**

Ellos funcionan principalmente en este ritmo y por eso es que todas las cosas les son novedosas y las captan fácil y rápidamente.

Es la etapa de la vida en que más aprendemos. Los adultos también pueden entrar en alfa a voluntad.

¿Entiendes por qué los niños son tan receptivos?

Los niños están todo el día en alfa, los adultos solo justo antes de acostarse. **Pero podemos controlarlo a voluntad.**

Entonces, ¿cómo hacer ese vídeo?

Puedes hacer el vídeo con "CapCut" si utilizas Windows o con el "i-movie" si utilizas Mac. Ambas son herramientas super sencillas de utilizar.

¿Y con respecto al audio de manifestación?

Esta herramienta consiste en grabarte a ti en audio, diciendo tus declaraciones, añadiendo de fondo una música que te gusta y las ondas alfa.

¿Para qué te servirá?

Esta herramienta es muy poderosa porque puedes ponerte el audio cuando estás haciendo tareas cotidianas que no necesiten demasiada atención.

Por ejemplo, cuando te lavas los dientes por la mañana, preparas la comida o caminas por la calle. Te pones tus cascos con tu grabación y mientras haces esas acciones, tus declaraciones van introduciéndose en tu subconsciente.

Si lo haces, ya me contarás los increíbles resultados que obtendrás, ¡me encantará!

❹. La presunción del deseo concedido

Todo lo que le sucede a un ser humano, todo lo que es hecho por él, todo lo que viene de él, **sucede como resultado de su estado de conciencia.**

La conciencia de la persona es todo lo que piensa, todo lo que cree y todo lo que cree como cierto.

Por eso mismo, **si queremos reajustar nuestro termostato, es necesario un cambio de conciencia antes de que puedas cambiar tu mundo externo**.

En la Biblia se dice:

> *Sean transformados mediante
> la renovación de su mente.*

Romanos 12:2

Para ser transformado, debes cambiar la base entera de tus pensamientos. Pero tus pensamientos no pueden cambiar a menos que tengas nuevas ideas.

Toda transformación **empieza siempre con un intenso deseo de querer ser realmente transformado.**

El primer paso en la "renovación de la mente" es el deseo. Tú debes querer ser diferente (y tener la intención de serlo) antes de que puedas cambiarte a ti mismo.

Luego debes hacer de tu sueño futuro un hecho presente. **Debes traer tu futuro a tu presente y actuar como la persona que realmente ya se vería en posesión de eso mismo.**

Al desear ser otro del que eres, puedes crear un ideal de la persona que quieres ser y asumir que ya eres esa persona.

Y aquí está la clave de todo esto: **si persistes en esa asunción hasta que se convierta en tu sentimiento dominante, la obtención de tu deseo es inevitable.**

Debes ser la cosa en sí misma y no tan solo hablar de ella o mirarla. Es decir, **aquello que deseas y tú debéis de ser uno.**

Por lo tanto, para crear un nuevo ideal de ti mismo, **debes asumir que ya eres lo que deseas ser y vivir con absoluta fe en esa asunción.**

Y sé que me dirás, si Ivan pero eso todavía no existe, ¿cómo va a funcionar eso?

Mediante la confianza de que este nuevo estado de conciencia se encarnará en ti a través de tu absoluta fidelidad en esa asunción de que ya eres aquello que deseas ser.

Debes de sumergirte por completo, eliminar el resto de variantes, posibilidades y circunstancias externas, y vivir pensando, sintiendo y actuando con una integridad muy grande que eso que deseas, ya está contigo en tu vida.

> Tu "yo" actual debe morir
> para que tu nuevo "yo" pueda nacer.

❺. Diario de gratitud

Esta herramienta se basa en tener una libreta en la que, al finalizar el día, anotas como mínimo cinco cosas por las que realmente sientas un profundo sentimiento de gratitud.

Bien sean situaciones, experiencias, objetos materiales, personas, éxitos, tanto del pasado como del presente.

Si te pregunto, **en qué te enfocas más ¿en lo que tienes o en lo que te falta?**

Ivan Vico Gómez

Tiendes a enfocarte más en el dinero que tienes o en el dinero que no tienes, en el que te falta?

Seguramente te enfoques en todo aquello que no tienes, **en aquello que te falta.**

Aquí está lo importante: **todo a lo que le prestamos atención lo magnificamos** y no nos damos cuenta, pero nosotros mismos nos estamos autocondenando enfocándonos en todo aquello que nos falta en lugar de hacerlo con todo aquello que ya tenemos.

La gratitud hace que te conectes con el sentimiento de abundancia, no hace falta que tengas mucho para experimentarlo, tan solo escribe varias cosas por las que sientas un profundo sentimiento de agradecimiento.

No todos están donde tú estás y no todos poseen lo que tú posees. Seguramente tengas un techo donde poder ir todas las noches, un plato de comida día tras día encima de la mesa, ropa con la que poder vestirte todos los días…

¿Tienes dos brazos y dos piernas? Hay miles y miles de personas que no pueden decir eso, y si tú los tienes, eres realmente muy afortunado…

¿Tienes un trabajo o un negocio que te genere dinero con lo que puedas mantener tu vida? Créeme, hay miles de personas que lo desearían y darían todo y cuanto tuvieran por ello…

La Magia del Subconsciente

Quiero que te hagas esta pregunta y realmente la pienses y la reflexiones, ¿vale?

Es una pregunta que me hago diariamente y que cada día me ayuda a darme cuenta de lo afortunado que soy, eso me hace sentir gratitud y me siento abundante, me siento realizado y me siento en paz, la pregunta es...

¿Qué es hoy una realidad que el día de ayer fue un sueño?

Piénsalo por un momento.

- ¿Qué hay en tu vida el día de hoy, que sea ya un hecho, que el día de ayer fuera un sueño?
- ¿Esa casa o ese piso que tanto deseabas y anhelabas?
- ¿Esa carrera o esos estudios que querías hacer?
- ¿Ese trabajo o ese negocio?
- ¿Esa familia que querías formar?
- ¿Ese coche o esa moto que tanto anhelabas tener?
- ¿Ese deseo, meta u objetivo que deseabas?
- ¿Encontrar ese dharma, ese propósito de vida?
- ¿Sanar esa enfermedad que parecía incurable?
- ¿Esa relación perfecta que tanto querías?

Date cuenta de lo bendecido que eres, de las increíbles y maravillosas bendiciones que posees en tu vida...

¿No te hace sentir eso bien?

Esta herramienta te permite conectar con un estado en donde experimentas abundancia y te permite ser una persona agradecida, ¿y adivinas?

He comprobado una y otra vez en mi vida, **que a las personas agradecidas, siempre se les da más de aquello que agradecen.**

Eso sí, hay algo que siempre digo y es lo siguiente...

> **Debes estar agradecido por lo que tienes y hambriento por lo que no tienes.**

Espero y deseo que uses estas 5 herramientas, son realmente muy poderosas y sobre todo, **te ayudarán a reajustar tu termostato financiero.**

No hay ninguna mejor que otra, todas te ayudarán por igual, pero si tuviera que decirte alguna...

Sinceramente, te diría todas.

¿Por qué no asegurarte al máximo y utilizarlas todas?

Eso ya está en tu mano, pero espero que realmente puedan ayudarte y puedan marcar una gran diferencia en tu vida.

LA POBREZA ES UNA ENFERMEDAD MENTAL

No hay ninguna virtud en la pobreza. **Es una enfermedad igual que cualquier otra enfermedad mental.**

Si estuvieras físicamente enfermo, te darías cuenta de que algo no va bien, ¿verdad?

Buscarías ayuda e intentarías sanar esa enfermedad de inmediato, ¿no es así?

Del mismo modo, **si no hay suficiente dinero circulando constantemente en tu vida, hay algo que va radicalmente mal.**

Nada más empezar La Magia del Subconsciente te hablé de que el subconsciente siempre está tratando de comunicarse contigo para que crezcas, para que progreses, para que te expandas… y ese es el principio básico de la vida.

No estás en este mundo para vivir en una pocilga, vestirte con harapos y pasar hambre. **Deberías ser feliz, próspero y tener éxito.**

 Recuerda: **debes ser agradecido por lo que tienes y hambriento de lo que no tienes.**

Ivan Vico Gómez

POR QUÉ NO DEBES CRITICAR NUNCA AL DINERO

Al leer este capítulo sobre el dinero podrías llegar a pensar: "Me merezco mayores ingresos de los que tengo", "me merezco ganar más dinero y tener más dinero"

Y eso es verdad, todos merecemos tener más, pero es muy probable que no todos lo consigan.

Una de las razones más importantes para que esta gente no tenga más dinero **es que ya sea abiertamente o por lo bajo, lo condenan.**

Se refieren al dinero como el "vil metal" o que el dinero "es la raíz de todos los males…"

Si quieres más dinero pero luego lo condenas, **es como pedir un préstamo y creer que eres rico, o tomar una pastilla y creer que eres sano…**

Nunca veas el dinero como algo malo o sucio. **Si lo haces, le das alas para que se aleje de ti volando.**

Entiende que, **todo aquello que criticas y condenas lo pierdes. No puedes atraer aquello que criticas.**

Antes de pasar al siguiente capítulo de La Magia del Subconsciente quiero que integres esto en ti:

No hagas del dinero un dios. Sólo es un símbolo. Las verdaderas riquezas están y siempre han estado en tu mente.

Piensa que, **si no ves las riquezas en tu mente, tampoco las verás en tu mundo físico.**

Siempre estás a un solo pensamiento de cambiar tu vida, date el permiso de crear ese pensamiento...

¡Ayuda a otras personas!

Ha llegado el momento de abrir nuestro corazón a la gente que te rodea. Repasa lo que has leído y piensa en alguna persona con la que podrías compartir alguna frase, texto o parte del libro que te haya inspirado o que te haya ayudado.

Incluso si también lo deseas, puedes sacarle una foto con tu teléfono móvil a alguna parte del libro y publicarla en Instagram o Facebook para compartirlo con tus seres más queridos y con tus amigos.

A continuación, realizaremos unas afirmaciones en voz alta y con alta intensidad emocional para que estas se fijen en nuestro subconsciente, ¿estás listo? ¿estás lista?

¡Vamos a por ello!

> YO SOY QUIEN QUIERO SER.
> YO SOY INCREÍBLE.
> YO HE VENIDO PARA BRILLAR.
> YO HE VENIDO PARA SOBRESALIR.
> YO HE VENIDO PARA SER LO MÁS.

NOTA PARA EL/LA LECTOR/A

Llevamos una buena parte de este maravilloso viaje ya recorrido, ¿qué te está pareciendo?

Hasta ahora has aprendido cómo el subconsciente afecta directamente en nuestra salud y también en nuestra economía, pero lo que la gran mayoría desconoce es que también afecta a las relaciones...

A continuación, entraremos en un capítulo muy especial, en el que profundizaremos en las relaciones, en el amor y sobre todo, en el perdón, acompañándolo como siempre, de la magia del subconsciente.

Tanto si estás, como si no estás en una relación, como si tienes la intención de estarlo, como si no, este capítulo es clave en La Magia del Subconsciente y para mí, es de los más importantes y de los más bonitos.

Poco a poco nos vamos acercando a la recta final de este fascinante viaje entre tú y yo, amado lector, y aunque todavía queda viaje que recorrer, espero que estés encontrando lo que buscabas: respuestas, momentos "eureka", soluciones, ideas...

Y si has llegado hasta esta parte del libro, me gustaría darte las gracias. Gracias por haberte dado la oportunidad de aprender y descubrir un conocimiento que, por desgracia, no está al alcance de todos porque no todos comprenderían lo que tú estás comprendiendo.... ¡Gracias!

Ahora sí, ¿estás preparado? ¿estás preparada? ¡Te espero!

EL SUBCONSCIENTE Y EL AMOR

Ivan Vico Gómez

<u>*< La persona más influenciable con la que hablarás todo el día eres tú. Ten cuidado entonces con lo que te dices a ti mismo >*</u>

Zig Ziglar

Es posible que hayas escuchado o peor aún, te hayan dicho algunas de las siguientes afirmaciones durante el transcurso de tu vida:

- **Nunca te enamorarás o nunca te volverás a enamorar...**
- **Con ese carácter que tienes, nadie te va a aguantar...**
- **No eres suficientemente guapo o guapa...**
- **Eres demasiado viejo o vieja...**
- **Eres demasiado joven...**
- **No te puedes fiar de los hombres, o de las mujeres...**
- **Te van a hacer daño...**

Si ha sido así, y te han dicho o te dicen afirmaciones similares, tengo un mensaje para ti:

Aun así te vas a enamorar, amarás y serás amado/a, creceréis juntos, viviréis con pasión y felicidad una vida extraordinaria.

Es posible que en tu pasado pudiste cometer errores, te equivocaste, hiciste cosas que no deberías de haber hecho, **pero aquí lo que importa no es lo que pasó sino lo que pasará**.

Lo que fuiste nunca puede determinar lo que serás. En este capítulo serás consciente del enorme poder que tiene tu subconsciente en tus relaciones, y sobre todo, te darás cuenta de que gran parte de tus problemas con éstas proviene de lo que te enseñaron, lo que viste y oíste en tu infancia.

Quiero preguntarte algo...

¿Hasta cuándo vas a dejar que algo que sucedió, algo que te dijeron, algo que te hirió, hace 10, 15 o 20 años siga afectando a tu vida?

¿Quién o qué vale tanto para que le guardes la cara durante tanto tiempo?

La gran mayoría de las personas sufrieron tanto por las relaciones pasadas que desde entonces se han quedado en la superficie, yendo de persona en persona para apaciguar el fuego de su corazón que grita en amargura porque no están cubriendo sus verdaderas y auténticas necesidades:

> **Un amor DE VERDAD, en el que haya pasión, compromiso, presencia y lealtad.**

No te quedes en la superficie, te mereces más que eso. Sumérgete en las aguas profundas y encontrarás lo que andas buscando, **porque lo que andas buscando, también te está buscando a ti.**

Este capítulo no es solo para aquellos que quieran encontrar o atraer el amor mediante las frecuencias que transmitimos al Éter mediante nuestro cerebro, también es para todas aquellas personas que quieran reencontrar el amor en su pareja.

En este capítulo te daré absolutamente todo lo que necesitas saber y más, mucho más de lo que puedas imaginar!

Entonces, antes de continuar debes saber en qué nivel te encuentras, y estos son los que hay:

▶ Si **tienes pareja** y **hay amor y pasión** este capítulo te ayudará a llevar tu relación a un nivel espiritual, donde te saltas el cuerpo y la carne, trabajando de alma a alma. Podrás tener una experiencia mística.

▶ Si **tienes pareja** y **hay amor pero no pasión,** entonces significa que tenéis muchas cosas en común, pero no hay química porque os falta polaridad. Es decir, las parejas se aman por las cosas en común, pero se apasionan por las diferencias.

▶ Si **tienes pareja** y **no hay amor pero sí pasión,** entonces tenéis que encontrar las cosas en común.

▶ Si **tienes pareja** y **no hay amor ni pasión,** quizá deberías reflexionar lo que te motiva seguir con esa persona.

▶ Si **no tienes pareja** y **no quieres pareja,** es correcto, está bien, pero pregúntate por qué no la quieres. ¿Es porque nadie a tu alrededor la tiene y alguien te convenció de que esa es la mejor opción? ¿O quizá todo tu entorno la tiene y tú no quieres por llevar la contraria?

Muchas personas, y esto es una realidad, tienen una relación por obligación o incluso por aburrimiento.

Tú tienes que amar cuando estés listo, cuando estés lista, no cuando estés solo o sola. **Ama cuando estés preparado, no desesperado.**

Y finalmente, si **no tienes pareja** y **sí quieres tenerla,** puede que ya sepas exactamente el tipo de persona que quieres y la hayas descrito mental, emocional, física y espiritualmente. Y en este capítulo te daré herramientas para que puedas conseguirla.

Sea cual sea la situación en la que te encuentres, no es importante, la vamos a cambiar.

Si quieres tener amor, debes de ser amor. Respirar amor, pensar en amor, sentir en amor y vivir en amor.

Pero por desgracia, la mayoría de las personas están tan resentidas por su pasado que viven en el rencor, en el desamor, en el miedo, la duda y la preocupación, alejando de su vida el amor verdadero que tanto esperan y que tanto anhelan.

Y lo peor de todo, **si tú no sanas y te esfuerzas por hacerlo, no solo te perjudicas a ti, sino que perjudicas a esa persona que te está buscando también y no la estás dejando entrar.**

Simplemente se aleja, porque como ya has aprendido en La Magia del Subconsciente, existen fuerzas invisibles que unen todo aquello que es similar, que de alguna u otra manera están conectados a una misma frecuencia.

Y todo ello es lo que aprenderás aquí, en este capítulo. Así que, ¡vamos a por ello!

LA LLAVE MAESTRA DE LAS RELACIONES FELICES

Existe un concepto de vital importancia que has aprendido estudiando este libro, este concepto es que tu subconsciente es como una máquina grabadora que reproduce fielmente todo lo que imprimes sobre él.

El subconsciente opera por unas leyes exactas, él obedece, no cuestiona, no tiene esa capacidad, no te dirá si algo es bueno o malo, si es verdadero o falso, **tan solo ejecuta y actúa sobre todo aquello que le haces llegar.**

Esta es una de las razones por las que la regla de oro es tan importante para crear y mantener un equilibrio armonioso en tus relaciones, bien sea de pareja o de amistad.

En la Biblia, se nos dice lo siguiente:

> *Así que en todo traten ustedes a los demás tal y como quieren que ellos los traten a ustedes.*
>
> **Mateo 7:12**

Esta lección tiene un significado interno y otro externo. El significado interno está relacionado con la conexión entre tus mentes consciente y subconsciente.

Para parafrasear a las sagradas escrituras:

Lo primero: **piensa de la gente de la misma manera que quieras que ellos piensen de ti.**

Lo segundo: **siente por la gente lo que quieras que ellos sientan por ti.**

Lo tercero: **actúa con la gente de la misma manera que quieras que ellos actúen contigo.**

Por ejemplo, puedes ser educado con alguien en un determinado sitio, pero mostrarte a sus espaldas muy crítico y resentido mentalmente hacia él.

Esos pensamientos negativos son altísimamente destructivos para ti. Es como beber veneno. **La energía negativa que estás generando te roba vitalidad, entusiasmo, fuerza, orientación y buena voluntad.**

Al impregnarse en tu subconsciente, **estos pensamientos y emociones negativos causan toda clase de dificultades y males en tu vida.**

Ahora bien, también se nos dice…

*No juzguéis y no seréis juzgados,
porque con el juicio con que juzgareis seréis
juzgados y con la medida con que midiereis
se os medirá.*

Mateo 7: 1-2

La clave de las relaciones extraordinarias está en el estudio de estos versículos y en la aplicación de estas verdades que representan.

Juzgar es pensar, llegar a una conclusión mental. Lo que pienses sobre otra persona es tu pensamiento, porque lo piensas tú.

Por tanto, **estás creando en tu realidad lo que piensas y sientes por la otra persona.** Y por otra parte, **la sugestión que das a otra persona te la das a ti también.**

Por eso dice que con el juicio que juzguéis seréis juzgados. Esto significa que, **al hacer prejuicios y críticas a otros, creas esos prejuicios y críticas en tu subconsciente, y entonces los aplicas sobre ti.**

Cuando conozcas esta ley y entiendas cómo funciona tu mente subconsciente, tendrás siempre cuidado de pensar, sentir y actuar de la forma correcta con los demás, porque al hacerlo, estarás creando una situación de acción, sentimiento y pensamiento similares hacia ti mismo.

Y con la medida que midiereis se os medirá significa que **el bien que haces a los demás se te devuelve en la misma medida, y el mal que haces regresa, es una ley, y no falla jamás.**

Si alguien juega sucio y engaña a otro, está jugando sucio y engañándose a sí mismo. Su sentimiento de culpa y su estado de ánimo de pérdida atraerá inevitablemente hacia él perdidas, de alguna forma, en algún momento.

Recuerda siempre: **la forma en que piensas, sientes y actúas hacia los demás regresa finalmente sobre ti.**

ENTENDIENDO EL PROCESO MENTAL...

El mundo no es tal cual nos lo han contado. Digamos que este funciona como un espejo dual, **lo que vemos fuera es lo que tenemos dentro, lo que tenemos dentro es lo que vemos fuera.**

¿Me hago comprender?

Entonces, nuestro mundo exterior es el encargado de reflejar nuestro mundo interior. **Todo lo que percibes a través de los cinco sentidos: vista, oído, gusto, olfato y tacto, es un resultado de tu mundo interior.**

Te pondré un ejemplo.

Ivan Vico Gómez

Si tú piensas que las relaciones son dolorosas, entonces cada vez que tengas una experiencia con algo relacionado con el amor, generarás emociones negativas, y estas te impulsarán a alejarte de esa situación o persona, creando un resultado de soledad.

¿Por qué crees que a medida que nos hacemos mayores nos cuesta más tener una relación de amor real?

No es porque seamos más viejos, más feos, o porque se nos haya pasado el arroz, nada por el estilo. **Es solo porque tienes más dolor acumulado de tus relaciones pasadas.**

Entonces, Ivan ¿de dónde provienen esos pensamientos?

Estos vienen de tu subconsciente.

De todo aquello que viviste con tus padres en tu infancia, lo que veías en ellos, lo que escuchabas que decían, cómo se comportaban, y de todas esas experiencias que tuviste que superar en la medida que fuiste creciendo en el ámbito de las relaciones y del amor.

Todo eso se almacenó en tu cuarto oscuro, en lo más profundo de tu mente subconsciente y allí se quedó.

Todos esos pensamientos son ideas inconscientes, lo que significa que no sabes que las tienes, **y estas ideas están condicionando el 90% de tu comportamiento.**

Espera, espera, ¡¿cómo?!

Así es, el 90%, porque el 90% de tu día estás operando en modo automático. **Pensamos, sentimos y actuamos sin tener que pensar en ello. Simplemente reaccionamos a lo que nos sucede y ni siquiera pensamos acerca de ello conscientemente.**

Hay una historia que escuché y realmente me fascinó. Una historia de una perrita, una pastor alemán que estaba abandonada en la calle embarazada.

Un día, cuando esta perrita estaba a punto de dar luz, un coche la atropelló y le rompió las patas traseras. El conductor, cuando la vio, decidió adoptarla y la cuidó hasta que sus patas se recuperaron.

Nunca más volvió a andar y siempre iba arrastrando las patas traseras. Lo más curioso de todo fue que, cuando nacieron sus cachorros y estos comenzaron a andar, también iban arrastrando las patas traseras.

El conductor creía que, al estar tan desarrollados los cachorros en el momento del atropello, quizás habían sufrido daños también por el impacto.

Por ello, decidió llevarlos al veterinario, solo para comprobar que los cachorros tenían las patas perfectamente sanas.

No caminaban porque habían aprendido a imitar a la madre, pero no por incapacidad física.

¿Y cuántas veces nos ocurre eso?

Es posible que tus padres, tíos, hermanos o familiares sufrieron por falta de amor, tuvieron una mala relación y pasaron por situaciones difíciles y tú los imitaste, adquiriendo su misma incapacidad de amar y ser amado.

> **Lo que sucedió en tu pasado no es tan importante como lo que puede suceder en tu futuro**

Esos cachorros de pastor alemán quizá tenían el anhelo de correr, pero tenían la creencia de arrastrar las patas traseras.

No importa que desees amor, y que en lo más profundo de ti quieras tener más amor, **si tu subconsciente no te apoya, nunca lo obtendrás.**

¿Qué es lo que sucede?

Cada vez que tuviste una mala experiencia con una pareja en el pasado te provocó un dolor. **Entonces tu subconsciente guardó esa información en lo más profundo de ti, de tal manera que en el futuro, ante una situación similar, sientas rechazo, dudas, miedos...**

De este modo, **cada vez que tuviste una experiencia negativa en el amor que te hiciera sufrir, creaste** una creencia inconsciente que se almacenó en tu subconsciente y esta o estas, han sido las encargadas de que sucedieran cosas que tú realmente no deseabas.

¿Me hago comprender?

Entonces, ¿cuál es el problema aquí?

Pues que, conforme vamos teniendo más experiencias en el amor, también vamos teniendo más conflictos, y cada vez nuestras posibilidades se van acortando, porque nuestra mente ha ido creando una serie de creencias para muchas situaciones, con lo que, **a medida que te haces mayor, cada vez hay menos posibilidades porque tu mente siempre está ahí, aunque no te des cuenta.**

Cuando éramos pequeños, nos resultaba realmente fácil empezar una relación porque no estábamos tan condicionados por el dolor.

Pero ahora, hemos sufrido tantas decepciones, engaños y desilusiones, que nuestra mente se ha protegido con unas creencias que ni siquiera conocemos, pero que están ahí esperando cualquier posibilidad de saltar.

> **Tu problema no está fuera con las demás personas, está dentro de ti. No son los demás, eres tú.**

Ivan Vico Gómez

Todo es un juego subconsciente, un juego que no nos damos cuenta que estamos jugando, **pero que es la causa de que nada nos funcione en las relaciones.**

Ahora bien, esto no tiene que servirte para convertirte en una víctima y quejarte, culpar y justificar tu falta de amor, **esto debe servirte para darte cuenta de que, si depende solo de ti... es maravilloso!**

Eres libre para cambiarlo y nadie puede decirte lo contrario, excepto una sola persona: **tú mismo, tú misma.**

Si no sabes cómo hacerlo, en La Magia del Subconsciente te hice una promesa, que era aportarte lo mejor del planeta en cuanto al subconsciente se refiere y te ayudaré en ello y lo trabajaremos.

Digamos que deseas el amor, quieres sentirte amado o amada por otra persona que te valore, que te quiera y que sea leal a ti por lo que eres como persona, ¿cierto?

Todo el mundo desea eso, y si no lo deseas, cuestiónate el por qué no lo deseas...

Tú quieres amor, pero tu subconsciente no lo deja entrar a tu vida, porque ha construido una barrera alrededor para protegerte de lo desconocido.

Es decir, **aquello que se supone que debe ayudarte es justo lo que te está destruyendo.**

Quien conquista a otros es fuerte; quien se conquista a sí mismo es poderoso.

Lao-Tsé

Y ahora la pregunta es… **¿cómo hago para entrar en mi subconsciente y cambiar todo eso?**

Eso es justo lo que ahora aprenderás…

ENTRANDO EN LAS ENTRAÑAS DEL CUARTO OSCURO…

Con un historial de fracasos amorosos, ¿cómo va a ser posible obtener algo diferente? ¿Por qué debería pensar que en el futuro algo va a cambiar?

Sé que siempre fracasaré, a pesar de que cada una de mis relaciones pensaba que iban a ir bien pero siempre terminé sufriendo… No quiero sufrir más…

¿Por qué debería creer que hay esperanza para mí después de tantas situaciones y experiencias negativas en mi pasado?

Hay ciertas creencias que debes empezar a integrar en ti, la primera de todas ellas es la siguiente:

Lo que pasó no determina lo que pasará.

No importa lo bien o mal que fueran tus relaciones pasadas o tu relación actual, eso no va a determinar lo que pasará, tanto para bien como para mal.

Lo que significa que, si estás en una relación y estáis bien, **tienes que estar alerta y trabajarla para que esto siga siendo así en el futuro.**

Y si no estás en una relación y en el pasado tuviste malas experiencias, **esto no significa que en el futuro te vayan a ir igual.**

Vamos a trabajar juntos en esto, ¿te parece?

Mira, **busca cinco momentos en tu vida en que creías que no iba a suceder algo, y finalmente sucedió,** aunque ya no lo esperaras (no hace falta que sea en el amor, puede ser en el trabajo, con tu negocio, con amistades, etc.)

Enserio, **deja de leer por un momento y busca esos cinco momentos en los que sucedió aquello que no creías que iba a suceder...**

Te darás cuenta de que en tu vida ha habido muchas situaciones, experiencias y hasta incluso ciertas cosas que ya dabas por perdidas y que, después, terminaron sucediendo o apareciendo en tu vida.

Esto nos sirve para aumentar nuestra fe, nuestra creencia, porque recuerda que en la vida no obtienes lo que quieres, obtienes lo que imprimes en tu subconsciente.

Al hacerlo, le damos al subconsciente motivos y ejemplos de casos en los que algo que pensábamos que no iba a suceder, terminó sucediendo y empezamos a creer más en ello.

La segunda creencia dice así:

Quieres y te mereces volver a sentir el amor y ser correspondido o correspondida.

Una de las razones por las que el amor se nos resiste es porque estamos condicionados negativamente en base a nuestras experiencias, situaciones o dolores y no nos damos cuenta, es inconsciente.

Necesitas dar a tu subconsciente razones por las que crees que es bueno tener amor en tu vida.

De hecho, vamos a hacerlo…

Piensa como mínimo **cinco razones positivas por las cuáles crees que el amor es bueno y mucho más cuando lo tienes en tu vida.**

Cuando reflexionas en ello, lo que haces es realmente decirle al subconsciente: "El amor es bueno, mira por qué esto es así"

La tercera creencia que quiero comentarte y que debes empezar a integrar en ti es...

El amor es 100% posible para ti.

No importa tu edad, tu raza, tus circunstancias, tu físico, nada de eso es importante. El amor no contempla esas cosas para elegirte, **pero sí ocurre que esas cosas son barreras mentales que tú mismo has creado y que impiden que el amor llegue a tu vida.**

Lo que sucede es que en tu interior has creado ciertas "reglas" que son parecidas a esto: "para tener pareja hay que ser joven y yo no lo soy" o "para tener pareja debo de ser alguien muy guapo..."

Cuando eliminas esas reglas inventadas por ti, entonces te das el permiso de que el amor que lleva años tocando a tu puerta por fin pueda entrar.

Entonces, quiero que ahora pienses, como mínimo, **en cinco razones por las que el amor es posible para ti.**

Al pensar en ello, le entregas a tu mente subconsciente motivos por los que el amor sí es posible en tu vida.

Y finalmente, hay una cuarta creencia que quiero que sepas:

Solo depende de ti que lo consigas.

Solamente de ti, y de nadie más. En ti termina y empieza todo. **Hay personas como tú en peores circunstancias, con más edad, más "feos", con menos dinero, y que ya disfrutan del amor de su vida, ¿por qué tú no?**

¿Por qué tú no puedes disfrutar de ese amor? Dime por qué tú no puedes tener ese amor.

Bueno, es posible que te hayas dicho: "pues mira Ivan, por esto, por esto y por esto no puedo disfrutar del amor"

Esos "por qué" son exactamente las barreras que tienes dentro de tu subconsciente **y son las que te impiden que ese amor llegue a tu vida.**

Ni tú mismo o tú misma te has cuestionado si eso era cierto o no, tan solo lo has dado por hecho creyendo que eso era así, pero ¿y si no fuera así?

¿Y si todo eso no es más que una película tuya que te has estado contando?

Has dado por hecho de que tú no puedes tener amor porque tienes "eso" o porque "eres" de una determinada manera y que por eso mismo es imposible que el amor llegue a tu vida.

¿Estoy en lo cierto verdad?

Eso es lo que te ha estado haciendo daño, o mejor dicho, eso es lo que tú has aceptado en ti y es justo lo que te ha llevado a justificar tu falta de amor, negándote a él, cuando realmente sí es posible para ti.

¿Por qué sé que es posible para ti? Es muy sencillo...

Porque hay miles, sino millones de personas, que tienen esos mismos "porques" que tú tienes y que, sin embargo, tienen ese amor.

¿Y por qué ellos sí y yo no Ivan? Eso es injusto, me dirás...

Para nada, ¿sabes por qué esas personas tienen ese amor y tú todavía no lo tienes?

Porque esas personas no aceptaron esos "porques" y sin embargo, tú los estás aceptando. ¿Es así, verdad?

Esa es la única diferencia, eso es lo que te separa de aquellas personas que también podrían "ser" o "tener" aquello que tú eres o tienes y que no por ello, les ha impedido recibir el amor en sus vidas.

Entonces, ahora vamos a trabajar en esas barreras que tienes en tu subconsciente y vamos a deshacernos de ellas, ¿te parece?

Lo primero que debemos tener claro son esos "porques", esos motivos, que nos estamos contando y que son los que nos han alejado de ese amor que deseamos.

Te pondré algunos ejemplos:

- **Yo no puedo tener una pareja porque tengo acné.**
- **Yo no puedo tener una pareja porque físicamente no soy atractiva.**
- **Es imposible que guste a alguien porque soy un desastre de persona.**
- **Tengo un carácter que no gusta a las personas y por eso no puedo estar en una relación.**
- **No puedo estar en una relación porque no me gusto a mí mismo.**

¿Lo tienes claro? ¿Tienes claro tus "porques" que te dicen el por qué no puedes disfrutar del amor o tener esa relación?

Entonces, cada uno de estos "porques" o cada una de estas creencias, tienen una serie de referencias que son las que justifican o dan la razón a la creencia, ¿y cómo descubrir qué referencias tengo?

Lo puedes saber preguntando a esa creencia o esa barrera… **¿por qué creo que esto es así? y entonces tu subconsciente te dice "por esto, esto y esto otro"**

Todo eso son referencias que sustentan o que dan fuerza a tu creencia o tus creencias. Y tu trabajo es ir cuestionando cada una de esas referencias y las vas desacreditando en tu mente para que, al final, la creencia se quede sin ellas y se destruya por completo.

Ivan Vico Gómez

¿Y cómo cuestiono a una referencia, qué tengo que hacer?

Pregúntale a la referencia lo siguiente:

❶. ¿Es eso verdad? ¿Podría tratarse de una interpretación errónea? ¿Cuento con toda la información necesaria para llegar a esa conclusión y saber qué significa eso exactamente?

❷. Cuando creo en esto y lo pienso, ¿cómo soy? ¿En quién me convierto? ¿Qué ocurre en mi vida?

❸. Si este pensamiento no existiera, ¿cómo me sentiría? ¿Cómo me comportaría y qué experimentaría en mi vida? ¿Cómo sería?

Te pondré un ejemplo para que así lo entiendas mejor:

Creencia negativa: No puedo tener una relación, una pareja, un amor (como prefieras llamarle) en mi vida, porque me hicieron mucho daño en mi pasado y me lo volverán a hacer.

¿Por qué creo que esto es así?: Porque en mi relación anterior me esforcé, lo di todo, traté a esa persona que tanto quería de la mejor manera y ella se terminó yendo con otra persona haciéndome daño y sin molestarse por ello.

¿Es eso verdad? ¿Podría tratarse de una interpretación errónea? ¿Cuento con toda la información necesaria

para llegar a esa conclusión y saber qué significa eso exactamente?: Yo creo que me volverán a hacer daño, pero no sé si es verdad porque todavía no ha sucedido y no lo puedo saber.

Podría estar equivocado, hay muchas personas que sufrieron pero luego encontraron una mejor persona. Y realmente tampoco tengo toda la información como para saber que también sucederá lo mismo en un futuro…

Cuando creo en esto y lo pienso, ¿cómo soy? ¿En quién me convierto? ¿Qué ocurre en mi vida?: Cuando creo en esto soy una persona cerrada e insegura y eso me lleva a convertirme en alguien que rechaza el amor y lo niega, y lo único que ocurre es que lo alejo más y más…

Si este pensamiento no existiera, ¿cómo me sentiría? ¿Cómo me comportaría y qué experimentaría en mi vida? ¿Cómo sería?: Me sentiría realmente genial y con ánimos de estar abierto a otras personas.

Eso me llevaría a comportarme mejor con otras personas y me daría una oportunidad porque sé que no todos son iguales.

Y eso sería realmente muy bueno porque de esta forma podría dejar lo anterior atrás y podría empezar a abrir las puertas a una nueva persona.

Y este es el proceso que deberías de ir haciendo con todas las referencias de esa misma creencia. En caso de tener más creencias repites el mismo proceso pero con esa.

Lo que hacemos a la creencia limitante es sacarle las referencias que le dan poder, y luego cuestionamos esas referencias quitándoles el poder que tienen y una vez lo hacemos con todas, anulamos esa creencia y pasamos al siguiente paso que es: **crear una nueva creencia positiva y buscamos sus correspondientes referencias.**

¿Cómo la creamos?

Es sencillo, observando el lado opuesto de la creencia negativa. Te pongo el ejemplo con la creencia anterior:

Si la creencia era **"No puedo tener una nueva relación porque me hicieron daño y me lo volverán a hacer"** y un montón de referencias que te hacían creer que eso era cierto, ahora te dirás lo contrario: **"Puedo tener una nueva relación que sea sana y duradera con otra persona"** junto con sus referencias: "Soy una persona leal y comprometida con la relación", "Ahora ya sé la clase de persona que no quiero en mi vida", "Soy una persona que da y aporta a la relación", etc.

¿Has entendido cómo funciona?

Entonces, si sigues estos pasos con las barreras que tienes en tu subconsciente y que son las que te impiden que el amor entre en tu vida, te aseguro que estas se destrozarán y dejarás paso a unas nuevas creencias que te ayuden a que ese nuevo amor entre en tu vida.

¿Qué te parece?

Es posible que hacerlo te lleve un tiempo, pero qué prefieres, **¿seguir con esa barrera que te hace daño e impide que algo nuevo entre en tu vida o eliminarla por completo y darte esa oportunidad de que algo nuevo se dé?**

Y finalmente, el último paso de todos, ¿qué hacemos con estas nuevas creencias?

Como ya sabes, la mejor manera de inducir algo en el subconsciente es mediante la repetición, es decir, **mediante la autosugestión.**

Así que añadirás esas creencias a tus declaraciones que hiciste en el capítulo anterior y las repetirás todos los días.

> **La repetición es la madre de toda fijación.**

LA GRIETA PERMITE QUE ENTRE LA LUZ

Solamente cuando tocamos fondo percibimos la realidad tal cual es. Si no se toca fondo, nuestro subconsciente sigue justificando una manera de pensar, sentir y actuar que nos lleva una y otra vez a lo mismo.

Ivan Vico Gómez

Tocar fondo nos lleva a tomar acción, porque nuestro subconsciente se queda sin argumentos para defender esas creencias que nos limitan.

Y muchas veces, en la vida, **tratamos de evitar aquello que contiene la llave de todo aquello que deseamos.**

El dolor, el fracaso, las críticas, los engaños… **contienen las lecciones que nos impulsan a crecer como seres humanos.**

El dolor, siempre y cuando lo utilicemos de manera consciente y no él a nosotros, **es capaz de llevarnos a lo mejor que la vida nos es capaz de ofrecer.**

Yo no lo tuve fácil en mi infancia, pude haber sido controlado por el dolor y seguramente no estarías leyendo este libro, pero en su lugar, gracias a que lo utilicé, pude salir de eso y dedicar mi vida por completo a ayudarte y enseñarte todo lo que estás aprendiendo.

Hay una grieta en todo;
solo así entra la luz.

Leonard Cohen

Y es justo aquello que tratas de evitar y de esquivar lo que contiene las semillas de un mayor logro en tu vida, siempre y cuando sepas aprovecharlo y usarlo. Deja que el dolor sea tu consejero y no tu carcelero.

Algunas personas dejaron huella en tu vida, otras dejaron cicatrices, pero ambas te enseñaron y te hicieron crecer. **Aprovecha todo eso para crear un mejor futuro para ti.**

NO INTENTES CAMBIAR NUNCA A TU PAREJA

Muchas veces tenemos la tendencia a querer cambiar a la otra persona para que sea igual a nosotros en algunos aspectos **y eso es el peor error que alguien puede cometer.**

Intentar cambiar a alguien destruye el orgullo y la autoestima, y crea un espíritu de contrariedad y resentimiento que puede crear muchos problemas en la relación.

Por supuesto, se necesita hacer ajustes. Nadie es perfecto, pero la mejor manera de cambiar a una pareja es cambiándote a ti antes, dicho en otra forma, **se tú el cambio que quieres ver en la otra persona.**

La otra persona no va a cambiar porque tú se lo digas, cambiará porque antes lo verá en ti, ¿me hago entender?

Si quieres que tu pareja sea más amorosa, no le digas que lo sea, se tú mucho más amoroso, genera ese cambio en ti antes y ella podrá cogerte de la mano y seguir tú mismo camino o, por el contrario, podrá seguir siendo como es, pero entonces tendrás que entender que quizás, esa no sea la persona que realmente mereces tener.

La otra persona tiene libre elección de hacer ese cambio y subir un escalón más contigo, o quedarse en su mismo escalón donde está sin querer cambiar.

Ahora bien, ¿cómo permanecer juntos?, ¿Cómo tener una relación sana y duradera?

Lo primero: **Nunca acumules de un día para el otro enfados que surjan de pequeños roces o desacuerdos.** Asegúrate de que os perdonáis el uno al otro por cualquier comentario molesto antes de iros a dormir por la noche.

Al despertaros por la mañana, afirmad que siempre estáis siendo guiados por una Fuerza Superior en todo lo que hacéis, bien llamase Inteligencia Infinita, Éter, Universo, Dios...

Lo segundo: **Da gracias en el desayuno.** Da gracias por la maravillosa comida, por la abundancia que tienes, por tener a una persona que te ama y te quiere por lo que eres.

Asegúrate de que ningún problema, preocupación o pelea se introduzca en la conversación de sobremesa, y lo mismo en la cena. Y sobre todo, valora y reconoce a tu pareja.

Lo tercero: **No des por sentado que tu pareja va a estar siempre ahí.** Demuéstrale tu afecto y tu amor. Ten buenos pensamientos de afecto y buena voluntad, en lugar de condena, crítica y resentimiento.

Y antes de iros a dormir, si hacéis esto, conseguiréis fortalecer muchísimo más la relación: **leed libros de autoconocimiento y compartid sus enseñanzas.**

EL TRIÁNGULO DEL AMOR

Existen tres pilares para que toda relación funcione: **Intimidad, pasión y compromiso,** vayamos a comprender cada uno de estos pilares:

❶. Intimidad

La intimidad tiene que ver con todo lo que hace que la pareja cree conexión y vínculo emocional. Empieza por el deseo verdadero, que nace del amor, no del miedo, de potenciar el bienestar de la relación.

La intimidad, la felicidad y el respeto mutuo **permiten generar la confianza necesaria para que ambos sepan que pueden contar el uno con el otro en todo momento.**

Esto significa crear un vínculo emocional fuerte, sólido, en el que gobierne la confianza.

Esto hará que tu pareja también sea tu mejor amigo o tu mejor amiga y eso realmente hará que la relación pase a un siguiente nivel.

❷. Pasión

La pasión es la necesidad o el impulso de unirte a tu pareja en relaciones sexuales.

Hablamos de relaciones satisfactorias, pero también, nos referimos al deseo y la necesidad de autoestima, entrega, paciencia, contribución…

La pasión es el combustible de toda relación, pero ¿cómo fomentar la pasión?, ¿Hay herramientas para ello?

Por supuesto que las hay y compartiré contigo algunas de ellas:

▸ **Comunica tus sentimientos:** es importante hablar con tu pareja sobre cómo te sientes y lo que te gusta.
▸ **Haced cosas nuevas juntos:** explorad nuevas actividades que puedan ser divertidas para ambos. Pueden ser pequeñas cosas, como cocinar juntos o salir a caminar en un nuevo lugar.
▸ **Dedica tiempo a la intimidad:** es importante que encuentres momentos para estar a solas con tu pareja. Puede ser una cena romántica, una noche de película…
▸ **Sé cariñoso:** pequeñas muestras de afecto, como un abrazo o un beso en la mejilla, pueden ayudar a mantener la conexión emocional entre ambos.
▸ **Sé espontáneo:** sorprende a tu pareja con un detalle inesperado, como un mensaje de texto cariñoso o un pequeño regalo.

▶ **Sé positivo:** mantén una actitud positiva y aprecia los pequeños detalles que hacen especial tu relación.

Estos serían algunos ejemplos...

❸. Compromiso

El compromiso se inicia por una verdadera decisión por parte de ambos a amarse. **El compromiso es lo que sostiene esa decisión en el tiempo.**

Una vez se acuerda que os queréis amar, el compromiso hará que la decisión se mantenga pase lo que pase.

¿Y cómo puedo comprometerme realmente con mi pareja?

Comprometerse significa eliminar todas las posibilidades o variantes disponibles y centrarse en solo una.

Entonces, si quieres comprometerte por completo con tu pareja, ponla siempre en primer lugar, **elimina cualquier otra posibilidad que no sea la de entregar lo máximo a tu pareja y de hacer que, mientras esté contigo, sea la mejor experiencia de vida que pueda tener.**

Cuando se unen estos tres puntos que hemos comentado, entonces se crea un amor completo y duradero.

Y si además, entiendes y comprendes este siguiente punto del que ahora hablaré, tu relación se disparará a un siguiente nivel.

LA CLAVE DE LA PASIÓN ETERNA EN UNA RELACIÓN

Sabemos que las relaciones funcionan por las cosas en común entre ambos, pero lo que hace que haya pasión verdadera y auténtica es que las cosas sean diferentes.

¿A qué me refiero con esto?

Si por ejemplo, lo que es diferente son los valores y la manera de pensar entre ambos, **entonces terminaréis odiándoos y sintiéndoos incomprendidos y os separaréis.**

Pero para que haya esa pasión, sí tiene que haber diferencias, y aquí es donde entran las energías masculina y femenina, independientemente de si son dos hombres, dos mujeres o una pareja heterosexual.

Mientras exista una parte más masculina y otra más femenina, **siempre habrá chispas.**

> **Los polos opuestos se atraen.**

Lo que pasa en muchas parejas es que tienen mucho en común, y eso está genial porque entonces sienten amor, pero no tienen pasión, porque ambos están utilizando el mismo tipo de energía, ¿me hago comprender?

La energía femenina necesita ser vista, segura y también comprendida. El problema es que la energía masculina está diseñada para enfocarse en una sola cosa a la vez, mientras que las mujeres pueden estar a mil cosas a la vez.

Esto no es para las mujeres, sino para la energía femenina, puede haber mujeres con energía masculina y hombres con energía femenina, y está bien, **siempre y cuando la otra parte esté en la energía opuesta.**

Porque de lo contrario, perderán la pasión aunque haya amor y la relación se terminará.

Entonces, una mujer puede estar hablando contigo y escuchando tres conversaciones más, saber dónde está su hijo, y una parte de ella está pensando en las tareas que tiene que hacer, mientras que a la vez está sintiendo empatía por la mujer que tiene delante.

Y muchas veces las mujeres asumen que los hombres también tienen esa capacidad, pero no es así, **porque ellos están diseñados para enfocarse en una sola cosa.**

¿Y cómo saber qué energía tiene cada uno?

Generalmente **la energía masculina se asocia más con la acción, la fuerza, la lógica, la toma de decisiones, el liderazgo y la determinación…**

También se asocia **con la competencia, la independencia y la productividad.**

Este tipo de energía tiende a ser más extrovertida y también más orientada hacia el exterior.

Por otro lado, **la energía femenina se asocia con la receptividad, la intuición, la empatía, la creatividad, la colaboración y la flexibilidad.**

También se asocia **con la conexión emocional, la armonía, la compasión y la sensibilidad.** Y este tipo de energía tiende a ser más introvertida y orientada hacia el interior.

Recuerda que tanto si eres hombre como mujer, puedes tener energía masculina o energía femenina **y el punto clave está en que tu pareja tenga la energía opuesta porque entonces experimentaréis más pasión.**

De lo contario, podrías correr el peligro de que a la larga, si no hay pasión o esta se termina, el amor también se terminará y lo acabaréis dejando.

Y sé que podrías preguntarte... ¿y en el caso de que ambos tengamos la misma energía qué hacemos para mantener esa pasión?

Anteriormente ya te di algunas recomendaciones las cuales deberías de seguir al pie de la letra o, también, **trabajarte tú mismo o tú misma la energía opuesta a la de tu pareja para que entonces se genere esa polaridad que atrae.**

Y sí, te podrías preguntar, pero Ivan ¿y por qué no cambia mi pareja y debo de hacerlo yo?

Muy sencillo, **recuerda que no puedes cambiar nunca a tu pareja porque eso crea conflicto y el conflicto siempre nos lleva al rechazo, sea el caso que sea y en el ámbito que sea.**

> **El conflicto genera rechazo
> y el rechazo genera dolor.**

Entonces, si ya tienes una pareja, existen varios factores que podrían amenazar la relación y podrían llevar a provocar una ruptura...

Así que debes de anticiparte a ello, **debes saber identificar estos factores o patrones de comportamiento y cambiarlos cuanto antes,** porque de lo contrario, vuestro futuro como pareja podría estar contado...

Vayamos a descubrirlos.

EL PROCESO DE DESTRUCCIÓN EN UNA RELACIÓN

El primer factor es cuando aparece una resistencia inicial por algunas cosas que tu pareja dice o hace y que no te gustan mucho, que quizás hasta ahora nunca te habías quejado porque creías que no merecía la pena, que no eran tan importantes.

Pero si en este primer nivel no lo afrontas de inmediato, **se crea una resistencia muy fuerte entre lo que se dice y lo que no se dice.**

Todo por no atreverte a hablar esas cosas con tu pareja, a no decirle cómo te sientes para resolver esa resistencia inicial.

Y en ese entonces empiezas a resistirte, no lo hablas, no lo discutes con la otra persona y tratas de aguantarlo, pero hay un hecho fundamental que dice que **aquello a lo que nos resistimos tiende a persistir en nuestras vidas.**

Puede que pienses que desaparecerán, pero a ti cada vez te irritarán más y se harán más grandes en tu subconsciente y por lo tanto generarás más resistencia.

¿Ves cómo se ha generado este primer patrón?

Hay algo que no te gusta, dejas pasarlo y decides no hacer nada al respecto, entonces se empieza a generar una resistencia entre tú y tu pareja en la que toleras esas cosas que no te gustan, dejas que sucedan pero te resistes a ellas y eso te hace crear más irritabilidad con tu pareja y eso hace que poco a poco se enfríe la cosa.

Cuando eso sucede, entonces entramos en el segundo factor que es **el resentimiento.**

Comienzas a echarle en cara todas esas cosas: "que por qué siempre se retrasa…", "por qué siempre dice esas cosas…", pero solamente a nivel mental, **porque en este segundo factor todavía no te atreves a verbalizarlo, aún no expresas tus emociones.**

Pronto sientes como si estuvieras fatigado, oprimido, como si estuvieras llevando demasiado peso encima y ni siquiera sabes de dónde viene eso.

Lo que al principio era solamente una resistencia **se está desarrollando en tu interior y eso es porque no lo afrontaste cuando debías haberlo afrontado.**

Posiblemente esa resistencia era algo tuyo, algo personal, pero el hecho de que no lo hablases con tu pareja expresando cómo te sentías te ha llevado a experimentar lo que podrías estar experimentando.

Podrías haber dicho algo así como… "Amor, sé que es posible que sean cosas mías, no eres tú, soy yo, pero ¿quizás podrías ayudarme a superar esto?"

Pero si en lugar de decirlo y hablarlo, te lo guardas y finges que no pasa nada, **entonces el resentimiento se convierte en rechazo.**

Y ahí en ese punto es donde entra el tercer factor, que es **el rechazo.**

Y el rechazo provoca reacciones desproporcionadas. Esto ocurre no porque estés reaccionando en el momento presente a lo que ocurre, sino frente a algo que ya se ha repetido muchas veces en el pasado, **entonces lo acumulas y explotas.**

En este punto empiezas a tratar a las personas de mala forma, ellas no entienden el porqué de tu comportamiento, se sienten heridas y, por lo tanto, **ellas también te rechazan a ti, y se entra en un círculo vicioso.**

La gran cantidad de cosas que no hablaste con tu pareja crea una carga negativa muy profunda en tu subconsciente y entonces **dejas de tener rechazo hacia su comportamiento y empiezas a tener rechazo hacia su persona.**

Toda esa amargura se mete en tu corazón y llega un punto en que ni siquiera quieres hablar de ello, no quieres arreglarlo, quieres huir muy lejos...

Ahora bien, debes tener en cuenta que estos factores o patrones de comportamiento son inconscientes y siempre son por causa de uno mismo, **pero cuando nos hacemos responsables de ello y nos comunicamos, primero con nosotros mismos para entender qué nos pasa, y luego con nuestra pareja desde la honestidad y la transparencia, entonces nunca se llegará a los niveles más altos de destrucción de la pareja.**

Y como son patrones inconscientes y no nos damos cuenta, lo primero es empezar a identificarlos nada más cuando sucedan, antes de que se hagan más grandes y así poder anticiparnos a lo que podría suceder.

Y finalmente hay un cuarto factor que es **la represión.**

Cuando traspasas el punto de rechazo, llegas a la represión, que es cuando te cansas de ser duro con tu pareja **y te reprimes, te rindes, te agotas y te aburres.**

Aquí es cuando ya has dado por perdido a la otra persona y también tu relación, **en este punto es muy complicado que pueda ayudarte alguien.**

Lo que ocurre aquí precisamente es que la relación está muerta. Quizás se ha convertido en una relación de amistad, en donde empiezas a buscar y experimentar con otras personas dejando de lado a tu actual pareja.

Y ahí es donde el compromiso se rompe por completo, **la relación está llegando a su fin.**

> **La resistencia nos lleva al resentimiento, este al rechazo y el rechazo a la represión.**

Estos son los cuatro factores en orden cronológico que suceden cuando una relación empieza a romperse.

De ahí la importancia de saber reconocer el primer factor y solucionarlo para no tener que entrar en los demás.

LA DESESPERACIÓN TE LLEVA A LA FRUSTRACIÓN

Uno de los problemas más habituales que suceden en las relaciones, especialmente cuando somos más mayores y ya hemos tenido algunas experiencias desagradables, es que **nos dirigimos a una relación desde la carencia, la necesidad y el miedo, pero no desde el amor.**

Cuando eres joven, sientes esa atracción por primera vez, y no estás condicionado por parte de tu entorno. Pero con el tiempo, después de algunos encontronazos pasados, nos vamos volviendo más miedosos.

Vamos a imaginar, que, por ejemplo, cuando tuviste tu primer amor, fue todo genial y maravilloso. Pero de repente esa persona se enamoró de ti, y al tener ese amor tan grande, también le entró miedo a perderte.

Entonces empezó a mostrar celos, envidias, trataba de controlarte y ni tan siquiera te dejaba respirar.

De pronto, esa relación tan maravillosa se convirtió en un infierno, tanto, que al final tuviste que tomar una decisión que os llevó a sufrir a ambos.

Veamos ahora el punto de vista de la otra persona, que podría haber sido tu caso. Te gustaba tanto la otra persona y teníais algo tan bonito, que de pronto te entró miedo a perder aquello que te hacía sentir bien.

Entonces empezaste a aferrarte a ello para no perderlo. Te volviste celoso, celosa, posesivo, posesiva, comenzaste a crear desconfianza...

Y con esto justamente ocurrió lo que más temías que sucediera. Lo perdiste y te hiciste daño.

Independientemente de quién dejara a quién, lo pasasteis mal, hubo mucho dolor, sabías que una parte de tu corazón se había roto **y todo eso se almacenó en tu mente subconsciente.**

Cuando sientes un amor tan grande por alguien, también nace el miedo a perder ese amor y ese miedo a la pérdida también es conocido como apego y **el apego es lo que hace que justamente lo pierdas.**

Cuando tienes miedo a perder algo, sea lo que sea, tratas de guardarlo más, de protegerlo más, coges más inseguridad, miedos y dudas, **haciendo que aquello que temes perder se termine perdiendo.**

Solo se pierde aquello a lo que estás apegado.

Buda

Ahora bien, **¿cómo eliminar ese apego?**

Ivan Vico Gómez

El apego se elimina haciéndote a la idea **de que nada ni nadie es tuyo, nada te pertenece, de que en todo momento puedes perder cualquier cosa o persona.**

Cuando un ser humano en el hospital muere, acuden varios enfermeros o enfermeras para envolver el cadáver en una bolsa para cadáveres, pero nunca he visto que también acuda un camión de mudanzas para llevar todas las pertenencias de ese buen ser humano.

La cuestión es que nos vamos de este viaje de la misma manera que venimos, es decir, sin nada, **no nos llevamos nada, todo se queda aquí.**

Sabiendo que esto es transitorio y que toda fecha de inicio también tiene una fecha final, realmente nada te pertenece, nada es tuyo, en todo caso, **eres un administrador temporal de lo que tienes y posees, pero no eres su propietario.**

Administras lo que tienes pero no lo posees, porque si no, luego te lo llevarías también contigo, ¿no crees?

El desapego aparece cuando no sientes el temor a la pérdida, cuando realmente no necesitas aquello que quieres.

El origen de todo sufrimiento es el apego que no es más que una ilusión creada por el ego.

Ahora bien, **¿cómo hacemos para no necesitar ese amor, esa persona o ese objeto en concreto?**

Siempre digo que **creer que necesitas lo que no tienes, es la definición de locura, y realmente es así.**

Si ahora te pregunto... en qué crees que se enfocan más las personas, ¿en lo que tienen o en lo que les falta?

¿Te enfocas más en el amor que ya tienes por parte de todos tus familiares, amigos, conocidos, vecinos, mascota... o en el amor que te falta?

Siempre nos enfocamos en lo que nos falta, en lo que no tenemos, ¿verdad?

Entonces, **cuando vemos que nuestra vida no está bien y necesitamos un amor para que esté bien, muchas veces lo que hay de fondo es un problema de gratitud.**

Hemos hablado ya de la gratitud pero me gustaría que entendieras que esta, te enfoca en las bendiciones que ya tienes.

Tu problema viene cuando le prestas más atención a lo que te falta que a lo que ya tienes, y eso te hace sufrir y terminas experimentando dolor.

Entonces, ¿cómo hacemos para no necesitar ese amor?

Debes de sentir que tu vida ya es perfecta sin eso, ahora mismo.

¿Cómo puedes sentirlo?

Prestando atención a lo que ya tienes y es maravilloso en tu vida, **sintiendo un profundo sentimiento de gratitud hacia lo que ya posees.**

Y te preguntarás, pero Ivan ¿el desapego no sería negar el amor?

Para nada, el desapego no es más que una manera de relacionarse con los demás, con la vida y con todo en general, cuyas premisas son: **independencia, no posesividad y tampoco adicción.**

Buda nos recuerda que **la raíz del sufrimiento en el mundo es el apego a las cosas y que la felicidad consiste precisamente en dejar caer el apego a todo cuanto nos rodea,** ¿no es esto poderoso y cierto a la vez?

Quizás aún no tienes pareja o quizá ya la tienes, y puede que estés experimentando amor en esa pareja o puede que no, en todos los casos, toda esta información te ayudará y te servirá, pues son procesos inconscientes que tienen lugar en el subconsciente.

Cuando te enfocas en lo que ya tienes y sientes gratitud por ello, te das cuenta de que tu vida ya es perfecta, pero entonces aparece el ego diciéndote: "necesitas una pareja, necesitas una relación…" pero eso realmente no es así, es una ilusión, **realmente no la necesitas, la deseas, pero no la necesitas.**

Si eres capaz de llegar a ese punto de deseo pero no de necesidad, entonces estarás experimentando el desapego, y déjame decirte algo: **sí puedes y sí eres capaz.**

Dalai Lama también nos recuerda que **nuestros problemas se deben a un apego apasionado a las cosas junto con un deseo de que nunca se satisfacen por completo,** entonces generan aún más angustia.

Que percibimos a las cosas como entidades permanentes y que en el empeño de conseguir estos objetos o personas de nuestro deseo, empleamos la agresión y la competencia como herramientas supuestamente eficaces, y que, con ello, **nos destruimos cada vez más en el proceso.**

Y para potenciar todavía más el desapego, debemos de hablar y de trabajar en el perdón y ahora descubrirás el por qué…

USA EL SUBCONSCIENTE PARA PERDONAR

El perdón disuelve las ataduras para siempre. Mientras sigas con rencor, ira, frustración o resentimiento, **seguirás estando encadenado a esa persona.**

Cuando perdonas a alguien y olvidas totalmente lo que ocurrió en el pasado, **liberas a esa persona y también a ti mismo.**

Cuando estás dispuesto a perdonarte a ti mismo por tus acciones pasadas, **disuelves estos lazos restrictivos y el recuerdo se libera de tu carga.**

> **Nos aferramos a otros por nuestra propia necesidad, no por la suya.**

La vida no tiene favoritos. Recuerda que siempre hay una fuerza invisible fluyendo hacia ti en todo momento y en todo lugar, a esa fuerza le encanta alcanzar la expresión real a través de ti en forma de armonía, paz, amor, alegría y abundancia.

Si tienes alguna resistencia mental a ese flujo de vida, a esa fuerza invisible, **estarás congestionado emocionalmente y tu mente subconsciente proyectará toda clase de estados negativos.**

Pero ¿qué es exactamente perdonar?

Perdonar es **desear de todo corazón para el otro o la otra lo que deseas para ti mismo: armonía, salud, paz y cualquier otra bendición que te pueda dar la vida.**

La vida no te guarda rencor. Siempre te perdona. La vida devuelve la salud, la armonía y la paz si tú cooperas.

La amargura, la enfermedad y los recuerdos negativos e hirientes tan solo agrandan esa brecha de sufrimiento y dolor.

Ahora bien ¿es necesario perdonar?

El perdón **es indispensable si realmente quieres tener paz mental y una salud radiante.**

En la Biblia se nos dice lo siguiente...

Y cuando ustedes se pongan de pie para orar, si tienen algo en contra de alguien, perdónenlo, y el Padre que está en el cielo les perdonará también sus faltas.

Marcos 11:25

Tienes que perdonar a todos los que te hirieron si realmente quieres disfrutar de una salud y una felicidad perfectas.

Perdónate a ti mismo también, pero no puedes perdonarte a ti mismo a menos que hayas perdonado antes a los demás, **el negarse a perdonar a otros no es otra cosa que orgullo, es decir, ego.**

La disposición para perdonar es el ingrediente esencial para el perdón. **Si deseas sinceramente perdonar, ya tienes un pie al otro lado de la valla.**

¿Y cómo sabemos si hemos perdonado a una persona?

Imagina que el año pasado te hicieron una operación algo dolorosa y vas a un amigo y se lo cuentas.

Si ese amigo te preguntara si te duele ahora, le mirarías con asombro y le responderías: "¡Claro que no! Recuerdo el dolor pero ya no lo siento"

Entonces, si has perdonado realmente a alguien, **recordarás el incidente, pero no sentirás el dolor que te provocó.**

¿Me he hecho entender?

Esta es una prueba infalible para no engañarte a ti mismo y saber a ciencia cierta si has perdonado realmente a una persona.

Y muchas personas creen que el perdón es como ayudar a otra persona, pero no tiene nada que ver con la otra persona, **tiene que ver contigo, de eso se trata.**

El perdón es un concepto de limpieza, **es limpiar el subconsciente de toda negatividad, es un concepto liberador.**

Por ejemplo, si me fueras a hacer daño y te perdono, estoy dejando ir algo que me molesta y es negativo para mí, decido no guardarlo, no almacenarlo.

El acto del perdón libera al que está perdonando.
Perdonar es soltar completamente, abandonar, dejar...

Cuenta la historia que durante la época en que India estaba luchando por su independencia, Gandhi lideraba una marcha pacífica en Calcuta.

De repente, un joven soldado británico se acercó y disparó a Gandhi a quemarropa, y a pesar de haber sido herido, Gandhi se negó a permitir que el soldado fuera castigado, en su lugar, **le ofreció su perdón y le pidió que se arrepintiera de su acción.**

Esta es una historia considerada como un ejemplo de la filosofía de Gandhi, que promovía la resistencia pacífica y el amor hacia los demás, incluso en aquellos que habían hecho daño.

No lo maldijo, no le insultó, no tuvo rencor... **tan solo le tuvo compasión y le perdonó por su acto, seguidamente Gandhi falleció...**

Entonces, una vez hallamos entendido y comprendido los anteriores conceptos, vamos a usar la magia del subconsciente para conectar con la frecuencia del amor o, en este caso, del tipo de relación que deseamos tener en nuestra vida.

Y es algo posible, **si no tienes pareja y deseas tenerla, lo que viene a continuación, te aseguro que te ayudará.**

Ivan Vico Gómez

USA LA MAGIA DEL SUBCONSCIENTE Y ATRAE EL AMOR

Lo que haremos a continuación no es magnetizar hacia nosotros una persona en concreto, **sino un tipo de relación.**

Lo que sucede muchas veces es que deseamos tener a una persona a nuestro lado **pero no sabemos exactamente qué tipo de persona queremos** y eso nos lleva, la gran mayoría de los casos, a conformarnos con el primero o la primera que se cruza en nuestro camino y siempre tiende a ser la persona incorrecta.

Como te dije al principio de La Magia del Subconsciente, **la razón principal por la que las personas no consiguen lo que quieren es porque no saben exactamente lo que quieren,** por muy simple, básico y hasta estúpido que parezca, es así.

También, como ya has aprendido, **todo cerebro es una estación emisora y receptora de vibraciones que viajan a través del Éter y que siempre puedes magnetizar hacia ti, hacia tu vida, todo aquello que esté en armonía con tus pensamientos dominantes.**

Lo que haremos ahora será crear una petición, tal y como la hice yo para recuperar el camión de mi padre, pero en este caso, para que la Inteligencia Infinita, Dios, Universo o como prefieras llamarle, mediante sus medios y maneras pueda hacerte llegar esa relación con esa persona tan especial.

En el caso de las relaciones, cada uno tiene libre albedrío, y no podemos romper el libre albedrío de una persona en específico, por lo que nosotros solo tenemos que centrarnos en cómo queremos que sea, y dejar que la Inteligencia Infinita seleccione entre los más de siete mil millones y medio de personas que hay en el mundo, aquella que sea la mejor para ti.

Una de las preguntas que te podrían surgir es **si puedes magnetizar hacia ti una persona que ya tienes fijada y que realmente quieres**, y es una duda muy común e interesante.

Realmente no puedes, **no puedes alterar el libre albedrío de un ser humano en específico,** pero, quizás, al hacer tu petición y trabajarla como te contaré más adelante, un día vas caminando por la calle algo despistado y de repente te chocas con esa persona que tenías en mente y empiezas a hablar con ella y luego decidís ir a tomar algo y os empezáis a conocer mejor…

Bueno, eso tiende a suceder, y eso nos indicaría que esa era la persona idónea y la persona que la Inteligencia Infinita te hizo llegar, pero en todo caso nos centraremos en magnetizar una relación, y no una persona en concreto.

Entonces, para hacerlo, **te recomiendo que tengas una hoja de papel al lado y vayas anotando y haciéndolo en la medida que te vaya diciendo.**

Ivan Vico Gómez

Lo primero será saber exactamente lo que no quieres en una relación, y por ello, podremos saber lo que sí quieres.

Lo que harás será escribir o pensar y tener muy claro lo que no quieres en una relación, y luego por contraste, dirás "Entonces, ¿qué quiero?" y escribirás lo contrario a eso que no quieres.

Te pondré un ejemplo, si no quieres una persona que sea celosa, entonces ¿qué quieres? Pues una persona que no sea celosa, ¿no?

Este ejemplo es muy sencillo pero es para que cojas la idea.

O si no quieres una persona que tenga malos hábitos, entonces querrás una persona que tenga buenos hábitos y se cuide, ¿no?

Si no quieres una persona que te falte el respeto y te trate mal, entonces querrás una persona que te respete y que te trate bien, ¿verdad?

Y así con todo lo negativo y que no quieras en la otra persona, vas describiendo a tu relación ideal, **aquí la clave está en ser lo más específico posible.**

Te recomiendo que empieces escribiendo (porque recuerda que esto será una carta de petición) **lo que no**

quieres y seguidamente lo que sí quieres, que será lo contrario.

Cuando tengas claro lo que no quieres y lo que sí quieres en la otra persona, **entonces vas a describir a tu pareja ideal.**

Es decir, cómo sería físicamente, mental y emocionalmente, y cómo se relacionaría contigo.

Entonces, escribe cuatro párrafos en los que describas: **cómo es mentalmente, cómo es emocionalmente, cómo es físicamente y cómo te tratará.**

Ahora, todo eso es lo que tú quieres, pero ¿cuánto de eso puedes ofrecerle tú a esa persona?

Si has puesto que quieres que sea emocionalmente maduro o madura y que sea capaz de amarte, ¿tú eres capaz de eso también?

O si has puesto que físicamente tiene que ser una persona delgada, fuerte y con buenos hábitos, ¿lo estás tú también?

Te lo diré en otras palabras, **tu pareja ideal debes de ser tú antes de que esta aparezca.**

Si eres una persona que no se cuida, que físicamente no estás en tu mejor estado y que no tienes buenos ingresos, no puedes pretender que una persona que se cuida, que físicamente está bien y que además tiene buenos ingresos pueda estar en tu vida.

En la vida todo funciona por un dar y un recibir, **todo lo que esperas recibir es algo que previamente debes de dar.**

Si quieres que tu pareja sea una persona con muchos temas de conversación porque tú no los tienes, pues trabaja tú también ese aspecto.

Muchas veces nos preguntamos: "¿Cómo puedo tener ese tipo de relación en mi vida?" cuando la pregunta es: **"¿qué debo de hacer yo para tener ese tipo de relación?"**

Así que ahora, **piensa y escribe todas las cualidades que pides que tenga la otra persona y que tú no tienes.**

Entonces, esas cualidades no se crearán así como así de la nada, **debes de trabajártelas y empezar a desarrollarlas.**

Lo que hemos hecho hasta ahora ha sido describir cómo quieres que sea la otra persona, **ahora vamos a describir el tipo de persona que tienes que ser tú para esa persona.**

Y para ello harás lo mismo pero contigo: **cómo debes de ser mentalmente, cómo debes de ser emocionalmente,**

cómo debes de ser físicamente y cómo debes tratar a la otra persona.

Y a continuación, **describe cómo vas a empezar a trabajar esas cualidades que necesitas tener.**

Haz un plan en cada uno de los distintos temas: qué harás para mejorar tu mentalidad, tus emociones, tu físico y el cómo tratarás a esa persona.

Tendemos a magnetizar hacia nuestra vida no lo que queremos sino lo que somos, y el problema está en que muchas veces queremos aquellas cosas que nosotros no somos y por eso nunca se nos dan.

Queremos que esa persona que deseamos sea de una determinada manera sin serlo nosotros antes, y por eso todavía no está en nuestra vida, **no porque no sea posible sino porque nosotros no somos la clase de persona adecuada.**

Y tienes que saber que **aquello que estás buscando, también te está buscando a ti** pero tú debes ser esa persona ideal para la otra, ¿me vas entendiendo?

Entonces, cuando tengas bien claro y bien definido la clase de relación que deseas tener y la clase de persona que debes ser tú para la otra persona, podemos pasar al cómo hacerlo, al cómo magnetizar esa relación.

Para ello, te daré varios métodos por los cuáles lo podrás hacer, personalmente te recomiendo que los hagas todos porque cuanto más hagas, más posibilidades tendrás, ¿no crees?

❶. Haz como si esa persona ya estuviera aquí.

Si esperas que realmente llegue esa persona, sé congruente en tus acciones, **debes preparar el espacio para recibirla.**

Esto significa que debes dejar un hueco en tu cama donde él o ella vaya a dormir. Vacía una parte de tus cajones para dejar espacio para su ropa. Haz lo mismo en el armario, en el baño y en todas las partes de la casa.

Y para potenciarlo, **puedes visualizar las tres preguntas que comentamos anteriormente para hacer que cualquier petición tenga éxito,** ¿te acuerdas de ellas?

Son estas de aquí…

▸ **¿Cómo me sentí cuando vi mi deseo realizado?** Imagínalo y siéntelo…

▸ **¿Quién fue la primera persona a la que le comuniqué la noticia y cómo lo hice?** Imagina su maravillosa reacción y lo feliz y contenta que está esa persona por ti y siéntelo en tu mente…

▸ **¿Cuál fue la primera gran cosa que hice cuando logré mi deseo?** Imagínalo y siéntelo…

¿Cómo te sentiste cuando apareció esa persona?

¿A quién se lo dijiste nada más conocer a esa persona y sentir lo que sentiste?

¿Qué fue lo primero que hiciste al conocer a esa persona? Puede ser un paseo, una escapada, una excursión...

Entonces, si actúas como si esa persona ya estuviera aquí y por las noches visualizas y sientes estas tres preguntas, ya estarás transmitiendo una frecuencia al Éter.

¿Te acuerdas cómo hice yo mi petición para recuperar el camión de mi padre? ¿Te acuerdas de lo que experimenté al redactar la petición y luego cuando lo recuperamos?

Exacto, cuando redacté la petición y cuando lo recuperamos experimenté la misma emoción, **una emoción de certeza, de confianza, de paz...**

Lo que hacemos aquí es trabajar en el momento presente la visualización y por otra parte asumimos como ya hecho que esa persona esté en tu vida, eso hace que el subconsciente como no sabe distinguir entre lo que imaginas y lo que realmente sucede, empiece a creer que esa persona ya está aquí y cuando empieza a creerlo, empieza a transmitirlo al Éter haciendo más fuerte e intensa tu petición.

Este es el primer método, el segundo es...

❷. Carta de gratitud x50

Este método es realmente muy sencillo de hacer y es **escribir cincuenta veces una afirmación dando gracias de que esa persona ya esté en tu vida justo antes de irte a dormir.**

¿Por qué antes de irte a dormir? Porque ahí es cuando la magia del subconsciente está más receptiva, no hay tantas barreras ni resistencias con la mente consciente y todo lo que tiendes a afirmar, suele penetrar más fácilmente en el subconsciente.

Lo suyo es hacerlo en una libreta y cada noche escribir esas cincuenta afirmaciones, te pondré algún ejemplo…

▸ Me siento profundamente agradecido ahora de que esa persona que tanto deseaba tener ya forme parte de mi vida. Gracias.
▸ Estoy muy feliz y agradecido con la Inteligencia Infinita (o aquello con lo que más te identifiques) ahora que esa persona tan especial para mí ha aparecido y podemos disfrutar juntos de una relación amorosa y armoniosa. Gracias gracias gracias.
▸ Agradezco y doy gracias a la Inteligencia Infinita ahora que ha puesto en mi vida a la persona que siempre desee tener y que a día de hoy es un hecho. Gracias.

Estos podrían ser algunos ejemplos, pero lo importante es que lo escribas cincuenta veces cada noche, ¿y por qué hacemos eso y tantas veces?

Es muy simple, todo aquello que tendemos a repetir, lo tendemos a fijar en el subconsciente, por eso mismo, **cuanto más repitamos algo, aunque ese algo sea mentira y no sea cierto, el subconsciente lo creerá.**

❸. Cuelga imágenes específicas de esa relación.

Hoy en día vivimos en el mundo de la tecnología y es realmente muy fácil encontrar una o varias imágenes que representen algo que nosotros deseamos tener o que queremos sentir.

Entonces, esto consiste en buscar distintas imágenes de cómo sería esa relación que tanto deseas y anhelas, imprimirlas y colgarlas por partes de tu casa: **en la nevera, en el espejo del baño, en tu escritorio, en el coche, en el garaje, en tu dormitorio, etc.**

Como ya bien sabes**, todo lo externo es creado antes por lo interno, y no puede existir nunca nada fuera que antes no esté dentro,** así que cada vez que veas una de esas imágenes que tengas colgadas, haz que esa imagen reafirme en ti el sentimiento del amor que experimentarías con esa relación y esa persona en tu vida.

❹. Crea tu propia declaración.

En el capítulo anterior te expliqué la importancia de las declaraciones y cómo hacerlas, pero en el amor y las relaciones puedes hacer exactamente lo mismo.

Crea tus propias declaraciones y repítelas por la mañana, por el medio día después de comer y por la noche antes de dormir.

Algunos ejemplos de declaraciones podrían ser estos:

▸ Me merezco una persona que me quiera y me ame por lo que soy y por cómo soy.
▸ El amor es algo posible para mí y sé que va a llegar esa persona en mi vida.
▸ Esa persona que busco también me está buscando a mí y sé que nos terminaremos encontrando.
▸ La persona que quiero ya existe en estos momentos y me está buscando.
▸ Soy amor, respiro amor e irradio amor.
▸ Yo quiero, yo puedo y yo me lo merezco.

Entonces, estas serían cuatro cosas que, de hacerlas las cuatro, lograrías hacer que tu petición de obtener esa relación llegase mucho más rápido, **siempre y cuando lo combines con el ingrediente secreto, es decir: la fe.**

Y ahora la pregunta es... ¡Ivan! ¿durante cuánto tiempo debería de hacerlo?

Es sencillo, hasta que esa persona aparezca en tu vida. ¿Realmente deseas esa relación? Si es así lo harás y tendrás constancia, de lo contrario, lo dejarás y abandonarás...

La excelencia no es un acto, sino un hábito.
Aristóteles

No se trata de hacer una sola vez para probar y ver qué pasa, **debes tener un auténtico deseo de tener esa relación y estar dispuesto a llevarlo a cabo.**

No sabemos cuánto tiempo va a tardar, **pero sí sabemos que con el enfoque y la atención continua en ese deseo, podemos acortar el período.**

Personalmente usé estos métodos pero no para una relación sino para generar amistades, verás, en mi pasado me relacionaba con personas realmente negativas, tóxicas y siempre que quedaba con esas personas salía cansado y sin energía…

Cuando empecé a trabajar en mí mismo, en mi confianza, autoestima y seguridad, sabía que ese estilo de personas no me iba a sumar sino que me iba a restar, y debía de hacer algo al respecto.

Así que usé estos métodos y en cuestión de tres días apareció una persona con la que entablé una gran amistad y con la que a día de hoy sigo quedando y apreciando por ser una maravillosa persona.

Después de esa persona vinieron muchas más y dejé ese grupo de personas tóxicas y me empecé a rodear de ese estilo de personas que yo antes había visualizado, escrito y agradecido.

Lo que te quiero decir con esto es que funcionan porque yo soy la prueba de ello y sé que también funcionarán contigo.

Te lo puedo garantizar.

¡Ayuda a otras personas!

Ha llegado el momento de abrir nuestro corazón a la gente que te rodea. Repasa lo que has leído y piensa en alguna persona con la que podrías compartir alguna frase, texto o parte del libro que te haya inspirado o que te haya ayudado.

Incluso si también lo deseas, puedes sacarle una foto con tu teléfono móvil a alguna parte del libro y publicarla en Instagram o Facebook para compartirlo con tus seres más queridos y con tus amigos.

A continuación, realizaremos unas afirmaciones en voz alta y con alta intensidad emocional para que estas se fijen en nuestro subconsciente, ¿estás listo? ¿estás lista?

¡Vamos a por ello!

> YO SOY QUIEN QUIERO SER.
> YO SOY INCREÍBLE.
> YO HE VENIDO PARA BRILLAR.
> YO HE VENIDO PARA SOBRESALIR.
> YO HE VENIDO PARA SER LO MÁS.

NOTA PARA EL/LA LECTOR/A

Y bueno… hemos cubierto mucho terreno y muchas herramientas, en estas más de 400 páginas.

Antes de dejarte paso al último capítulo de La Magia del Subconsciente me gustaría felicitarte, porque si estás aquí leyendo esto, significa que me has acompañado en este viaje y que has tenido el compromiso y la dedicación de leer página tras página hasta llegar aquí, y por eso mismo quiero felicitarte, no todo el mundo habrá llegado hasta aquí, pero tú sí y eso demuestra mucho de ti y de tu persona.

Espero que este libro pueda servirte como un manual de campo, un recurso definitivo para entender la magia y la fuerza que habita en tu subconsciente y cómo esta influencia a nuestra salud, a nuestra economía y también a nuestro amor y relaciones.

Espero que sea un libro al que puedas volver en cualquier momento en que te enfrentes a desafíos u obstáculos, o cuando tengas dudas o necesites de inspiración.

Mi intención con La Magia del Subconsciente siempre ha sido y sigue siendo aportarte lo mejor de lo mejor y darte siempre de más.

Ivan Vico Gómez

Así que ahora sí que sí, vayamos a por este último capítulo en donde aprenderás a liberar esa magia, esa fuerza infinita para mejorar cada aspecto de tu vida...

LIBERA LA MAGIA INFINITA PARA MEJORAR CADA ASPECTO DE TU VIDA

Ivan Vico Gómez

< La realidad es creada por la mente. Podemos cambiar nuestra realidad cambiando nuestra mente >

Platón

Eres la forma de creación más elevada de Dios, del Universo, de la Divinidad… **y dentro de ti habita un tesoro infinito, ese tesoro que posees es la llave para abrir cualquier tipo de tesoros que quieras y desees en tu vida.**

La llave es tu pensamiento, que te ofrecerá mucho más de lo que puedas imaginar y creer en tu vida si lo usas sabia y constructivamente.

Busca el conocimiento, la sabiduría más profunda que reside en ti, y todo lo que desees te será hecho.

Busca dentro de ti y allí lo encontrarás todo.

Solón de Atenas

Recuerda que, si estamos hechos a imagen y semejanza de ese Ser superior, **sus poderes también son tus poderes, y que, por desgracia, el gran promedio de personas suele desaprovechar por ignorancia.**

No es que no tengas dinero, tú ya eres abundante, no es que no tengas salud, tú eres salud, no es que no tengas amor, tú eres amor, **ya lo tienes todo, tienes todo lo necesario dentro de ti para hacer y crear cualquier cosa que desees.**

Ya sabes que tienes una armería en tu interior **y que eres tú el encargado de crear las armas o las herramientas para destruir o para construir tu vida.**

Las únicas oportunidades de las que dispondrás serán las que tú mismo te fabriques, y para eso debes empezar a utilizar la magia del subconsciente, y te empezarás a dar cuenta de cómo avanzas y te elevas.

Confía en esa magia que reside en tu interior y descubrirás que esta fuerza invisible es capaz de elevarte, de sanarte, de inspirarte y de colocarte en el camino hacia la felicidad, la serenidad y la realización.

Pero a menudo, la gente comete el error de mirar hacia fuera, hacia el mundo de los cinco sentidos, en búsqueda de la solución a todos sus problemas y desafíos.

Según ellos, los responsables de sus pensamientos y emociones acerca del mundo y de los demás son su situación y circunstancias, es decir, sus realidades externas.

Pero lo cierto es que todas las respuestas y soluciones habitan ya en ellos mismos, **todos los obstáculos externos pueden superarse mediante el autodominio, es decir, convirtiéndonos en los maestros de nuestros propios pensamientos, ideas, creencias y acciones.**

Incluso cuando uses continuamente la magia del subconsciente te enfrentarás a dificultades, a inviernos, retos y problemas que de primeras parecerán enormes y abrumadores, **pero si tienes fe en que tu subconsciente siempre tendrá la respuesta o la solución para ti porque siempre te está guiando en todo momento, entonces abrirás las puertas a lo que esta tenga que entregarte.**

Como ya sabes, el subconsciente no descansa, trabaja día y noche, **el subconsciente trabajará con el material que le entregues y aprovechará las fuerzas de la Inteligencia Infinita para hacerte llegar siempre el equivalente de aquello que previamente le hayas entregado.**

No desestimes ningún pensamiento, idea, corazonada o intuición porque hasta incluso aquello que más ridículo te pueda parecer, podría llegar a ser la solución a aquello que hasta ahora te podría haber estado atormentando.

Quiero recordarte dos hechos fundamentales y que son realmente muy importantes:

Lo primero, **el subconsciente es el vínculo entre la mente finita del ser humano y la Inteligencia Infinita.**

Y lo segundo, **el subconsciente funciona voluntariamente, tanto si se hace algún esfuerzo para influir en él como si no se hace.**

El subconsciente nunca se queda de brazos cruzados, si no logras hacerle llegar tu deseo, sea cual sea este, a tu subconsciente, **entonces este se alimentará solamente de los pensamientos negativos y tóxicos de la masa.**

Como ya aprendiste al inicio de La Magia del Subconsciente, los impulsos de pensamiento ya sean positivos o negativos, llegan continuamente a ese cuarto oscuro donde forjas las armas o las herramientas incluso sin darte cuenta, **desde el mundo exterior.**

Y con eso, puedo decir que los pensamientos son cosas, **por el hecho de que todo objeto material empieza en forma de pensamiento o energía.**

PENSAMIENTOS EMOCIONALIZADOS

El subconsciente es más susceptible a la influencia de impulsos de pensamiento mezclados con emociones o sentimientos, y este responde más rápidamente a todos esos pensamientos que previamente hayan sido mezclados con emociones dejándose influir con más facilidad por estos.

Posiblemente, **todos los acontecimientos pasados que recuerdes en tu vida, hayan sido acontecimientos en los que viviste una emoción en concreto o un cúmulo de emociones.**

Si te pregunto qué hiciste hace dos semanas y tres días a las tres y media del mediodía, probablemente no te acordarás porque no hubo ninguna emoción de por medio.

Y existen una serie de emociones positivas y otras negativas que debemos siempre tener en cuenta y sobre todo de identificar.

Las negativas se introducen en el subconsciente de manera involuntaria mediante los pensamientos que percibimos del mundo exterior y las emociones positivas deben introducirse mediante la propia autosugestión de los pensamientos que uno desea llevar a su subconsciente.

Digo esto porque el 95% de la información que percibimos hoy en día es negativa: **informativos que promueven la enfermedad, la pobreza, el malestar, asesinatos, corrupción, conflictos, pandemias, guerras, etc.**

Difícilmente encontraremos una fuente de información positiva externa que tenga la misma influencia en nosotros que nuestra propia autosugestión.

> **En un mundo mediático y negativo, tú debes tener tu propio mundo ideal y positivo.**

Entonces, estas son las emociones positivas que deberías de aprovechar:

- ▸ Felicidad
- ▸ Gratitud

- Amor
- Esperanza
- Paz
- Deseo
- Fe

Por supuesto que hay más, pero estas siete son las más habituales, y debes de tener en cuenta de que este libro se basa en usar la magia del subconsciente para crear una mejor vida, **y eso solamente se podrá conseguir llenando la mente de emociones positivas.**

Nunca he visto a nadie cambiar o mejorar su vida con emociones negativas, de hecho no existe, **uno no puede avanzar en su vida si su mente está llena de emociones negativas,** como bien pueden ser estas:

- Tristeza
- Miedo
- Ira
- Envidia
- Culpa
- Vergüenza
- Ansiedad

Las emociones positivas y negativas no pueden existir en la mente al mismo tiempo, no podemos experimentar dos emociones a la vez, **por eso mismo es tu responsabilidad asegurarte de que las emociones positivas sean la influencia dominante de tu mente.**

Porque como ya bien sabes, **la Inteligencia Infinita, en su mayor parte, no responde tanto a lo que pensamos sino a lo que sentimos en todo momento.**

Por eso mismo, **difícilmente se nos dará una petición que hayamos hecho si nuestras emociones dominantes son las de miedo, envidia, culpa o incluso duda.**

Nuestro lenguaje de frecuencias son nuestras emociones. Si pides algo que deseas pero reafirmas el miedo en el momento de hacerlo, **no obtendrás lo que quieres, obtendrás lo que sentiste en ese momento.**

Y por eso mismo es importante tomar una decisión, una decisión de crear un estado emocional positivo suceda lo que suceda en nuestra vida, ¿y cómo hago eso Ivan?

Es justo lo que ahora aprenderás…

LA DECISIÓN MÁS IMPORTANTE: VIVIR EN UN ESTADO POSITIVO

Siempre suelo decir que la vida es demasiado corta para sufrir y que debemos apreciar y disfrutar de este camino llamado vida, pase lo que pase.

Nos perdemos demasiada belleza **porque estamos atrapados en nuestras mentes en lugar de en nuestros corazones, nuestras almas y nuestro espíritu.**

Muchas personas se obsesionan con lo que obtienen o no obtienen, y cuando no obtienen lo que quieren, se enfadan y se frustran.

Entonces me pregunté, Ivan ¿cuándo eres feliz realmente?, ¿en qué momentos eres feliz?

Y me di cuenta de que era feliz cuando todos actuaban de la manera que yo quería que actuasen, sean amigos, conocidos, compañeros, familiares... o cuando sucedía lo que yo quería que sucediera en mi vida.

Entendí que **difícilmente iba a ser feliz y estar siempre en un estado positivo si siempre esperaba que todos actuaran como yo quisiera que actuasen o que siempre sucediera lo que yo siempre quería que sucediera.**

Vivir en un estado positivo significa estar siempre con emociones positivas sin importar lo que suceda a tu alrededor, **significa encontrar la belleza, encontrar algo por lo que estar agradecido y luego resolver tus problemas.**

Y no me refiero a fingir sentir algo que no sientes, para nada, me refiero **a vivir en un estado de gratitud y de aprecio por la vida, entendiendo que todo siempre tiene un significado y todo trata siempre de ayudarte, suceda lo que suceda.**

Ivan Vico Gómez

Decidí vivir en un estado positivo todos los días porque entendí que si lo que sentía era el lenguaje de la Inteligencia Infinita y que con mis pensamientos potenciaba ese lenguaje, esa frecuencia, entonces merecía la pena esforzarse y trabajar por ello.

Y es una disciplina mental, es una práctica diaria que está lejos de ser perfecta pero que significa que, independientemente de lo que suceda, tu vida tendrá sentido porque encuentras la belleza y la conviertes en todo lo que quieres que sea.

No importa qué desafíos aparezcan, **si creemos que la vida siempre sucede para nosotros, para nuestro bien, para nuestro crecimiento, para que nos convirtamos en alguien mejor y no por nosotros.**

Creo que es nuestra responsabilidad encontrar el bien en todo y generalmente podemos hacerlo, por ejemplo...

¿Puedes pensar en algo que haya sucedido en tu vida que haya sido algo malo, doloroso o negativo, y que cuando miras hacia atrás, ves lo mejor?

¿Pasar por eso te hizo más fuerte, más compasivo, te hizo preocuparte más o te hizo encontrar soluciones que ahora te permiten tener un éxito más grande?

Entonces, ¿por qué esperar?, ¿Por qué no decidir que todo tiene un propósito superior?, ¿Cómo sería tu vida si vivieras en un continuo estado positivo?

La mayoría de las personas son tan felices como deciden serlo.

Abraham Lincoln

Todo comienza con una decisión que puedes tomar hoy, ahora mismo, antes de dejar este libro, **que pase lo que pase, encontrarás la manera de estar en un estado emocional positivo.**

No porque las cosas sigan su camino o todos se comporten de la manera en que crees que deberían hacerlo, **sino porque puedes salir de esos estados negativos y encontrar lo bueno en cualquier cosa.**

¿Tu jefe te ha regañado y eso te ha sentado mal? Oye, tienes un trabajo que te sustenta económicamente, ¡hay miles de personas que desearían estar donde tú estás!

¿Tu pareja se ha enfadado contigo o tú con ella y eso te provoca estados emocionales negativos? Oye, tienes en tu vida a una persona que te ama, te quiere y te respeta por lo que eres, ¡eso es increíble!

¿Alguien te hizo algo que tú no querías y te provocó una determinada emoción? Oye, observa la lección en ello, no te preguntes el "¿por qué me sucede eso?" sino que cambia la pregunta a "¿para qué me sucede esto?" y date cuenta de la enseñanza que hay en eso…

Date cuenta de que todo realmente es un regalo, **incluso los problemas, el dolor, los accidentes, o las heridas, o**

las relaciones que no funcionaron o incluso las inversiones que tampoco funcionaron…

Qué tal si agradecemos ese miedo que nos caló tan profundamente o qué tal si agradecemos esa fe que nos guio hacia un mejor resultado en nuestra vida.

O la felicidad, que está disponible en cualquier momento y en cualquier circunstancia. Qué tal si las lágrimas fluyen, pero son lágrimas de gratitud, gratitud por todo: **por tu familia, por tu trabajo, por tus circunstancias, por donde tú estás hoy, por todo, porque todo es un regalo y todo siempre te está llevando a un lugar mejor.**

Qué tal si dentro de tu alma, tu alma supiera la verdad: **supiera que toda tu vida ha estado pasando no por ti sino para ti y seguirá pasando siempre para ti.**

Lo malo siempre va a estar disponible, pero qué tal si tú hoy tomas una decisión en la que todo lo que te sucede es un regalo, **lo empiezas a ver como un regalo, empiezas a encontrar la bendición en donde otros no la pueden ver…**

Yo te aseguro que si observas la vida desde esta perspectiva tu estado emocional cambiará por completo y para siempre.

Y para que todo eso se dé, debemos de…

CAMBIAR TU EXPECTATIVA POR GRATITUD

Entonces, ahora que estamos llegando al final de nuestro viaje juntos, quiero que consideres esto: **hay pocas decisiones tan importantes como la decisión de cómo decides que vas a vivir y ser todos los días,** para mí, esta es la decisión más importante y que afectará como consecuencia a nuestro subconsciente impregnándolo de emociones.

La mayoría de las personas sufren todo el tiempo porque no se cumplen sus expectativas, expectativas de lo que debe suceder, del cómo debe de suceder…

Las expectativas son las que destruyen nuestra felicidad, ya sea en nuestras relaciones, con nuestros hijos, trabajo, amigos…

Las expectativas son la razón por la que tantas personas son tan infelices hoy en día. También son la razón por la que tenemos tanta impaciencia e intolerancia con el mundo, porque esperamos que todos sean, piensen, actúen y se comporten de la manera que queremos.

Y ahora la pregunta es… ¿cómo superamos eso?

Cambiando todas tus expectativas por gratitud.

Obsérvalo de esta manera: si le preguntas a alguien: "¿Qué tal te ha ido el día?", hay tres posibles casos de respuesta:

▸ "Oh, realmente bien." ¿Por qué? Porque el día transcurrió como él o ella querían que transcurriera.
▸ "Ha sido increíble, uno de los mejores días de mi vida." Las cosas salieron mejor de lo que esperaban.
▸ "Ha sido un día terrible." Lo has adivinado: las cosas no han resultado como él o ella esperaba o anticipaba.

Las tres respuestas se basan en expectativas. Si tu día ha cumplido con tus expectativas, ha sido un buen día. Si ha sido mejor de lo esperado, te sientes fenomenal. Si ha sido peor de lo que esperabas, entonces ha sido un día horrible.

Si te apegas a estos patrones de conducta, **tu vida será una montaña rusa emocional, completamente controlada por el mundo exterior.**

> **No podemos controlar lo que nos sucede, pero sí podemos controlar el cómo nosotros reaccionaremos.**

Si nuestra felicidad y nuestro estado emocional positivo es tan débil que requiere que el mundo cumpla con nuestras expectativas, entonces la mayoría de las personas no permanecerán felices por mucho tiempo y se perderán esta maravillosa experiencia llamada vida.

¿Cuál es la solución a todo esto?

Encontrar una manera de apreciar lo que la vida te da. No significa que tengas que conformarte con lo que venga, si no te gusta lo que viene, aprécialo de todas maneras y encuentra una manera de trascenderlo y pasar a un siguiente nivel.

Debes tener gratitud por lo que tienes, pero hambre por lo que no tienes, debes de sentirte bien y apreciar lo que llega pero nunca conformarte con ello.

Esto requiere que creas en algo simple: **que pase lo que pase, incluidos los obstáculos, problemas o los desafíos más difíciles, tienen un propósito.** Y es nuestra responsabilidad encontrar ese propósito, esa bendición o esa enseñanza oculta y utilizarla.

Entonces, cuando te encuentres en un estado emocional negativo en el cuál no quieras estar porque sabes lo que podría llegar a acarrear estar en ese estado, utiliza estos trucos que yo mismo utilizo para deshacerme de esas emociones:

❶. Escríbelo y quémalo.

Coge un papel y un lápiz o bolígrafo y escribe exactamente cómo te sientes, lo que ha podido suceder o lo que has podido experimentar y no te ha gustado.

Cuando hayas vaciado en ese papel tu emoción negativa, entonces quémalo. **Te darás cuenta de que al hacerlo te sientes mucho más liberado.**

❷. Busca gratitud.

Ningún ser humano puede experimentar dos emociones a la vez, no podemos estar tristes y felices al mismo tiempo, no podemos estar depresivos y en un estado de éxtasis al mismo tiempo, **o experimentamos una emoción o la otra.**

Cuando agradeces y realmente sientes un profundo sentimiento de gratitud hacia algo o alguien, **las emociones negativas se desvanecen.**

❸. Camina por la playa o por la naturaleza.

Es bien sabido que el hacer un paseo por la playa, por la arena o por la montaña y la naturaleza hace que esas emociones tan pesadas y negativas desaparezcan.

Es algo que personalmente llevo haciendo varios años **y realmente funciona.**

❹. Regla de los 90 segundos.

Consiste en hacer una respiración lenta y completa, y luego exhalar completamente y dejar ir la emoción.

Me doy el permiso de experimentar esa emoción negativa que me haya surgido y luego la dejo ir mediante la respiración, **eso durante 90 segundos.**

Después de todo, la felicidad o los estados emocionales positivos son como un músculo, cuanto más lo usas, más fuerte se vuelve.

La mayoría de la gente tiene frente a sí una autopista hacia las emociones negativas y tóxicas y un camino de piedras hacia la felicidad.

Pero si desarrollas y practicas estos trucos que te he compartido, podrás revertir todo eso y construir una autopista hacia la felicidad y un camino de piedras hacia el dolor.

Apreciar lo que la vida te da no es un enfoque fácil, por lo que la mayoría de la gente no lo hará. Pero es increíblemente efectivo y poderoso para quienes lo hacen.

< La vida te ha dado una oportunidad para estar aquí hoy, si mañana no tuvieras esa oportunidad, ¿cómo vivirías hoy? >

Ivan Vico Gómez

A medida que nos adentramos en este conocimiento y descubrimos lo que hasta ahora nos ha sido "ocultado" entramos en una fase denominada *despertar*.

Empiezas a vivir un proceso en que solo tu fuente te guía, empiezas a desapegarte de la vida, de los resultados y ese desapego te permite no tener que pelear más con la vida y eso hace que las cosas se te presenten, ya no eres la persona que hace que sucedan las cosas sino la que permite que aparezcan.

Sigues queriendo crecer, expandirte, hacerte más grande y queriendo conseguir más cosas pero sin el miedo a no conseguirlo, sin el miedo al qué pasará, porque ya no estás apegado y entonces permites que aquellas cosas que no sucedieron terminen sucediendo.

Todos y cada uno de nosotros hemos venido aquí a tocar una música, a brillar en un dharma, en un propósito y hacer lo que Dios hizo con el mundo: crear y servir.

Tu cambio de una vida de lucha a una vida de bendición puede ocurrir de muchas formas, puede ser un comentario, una coincidencia, un acontecimiento concreto inesperado, puede ser cualquier cosa, pero el resultado es siempre el mismo...

Empiezas a darte cuenta de que no se te ha puesto aquí para empujar a la vida y que sea una lucha constante, estás aquí para disfrutar y vivir una vida abundante en todos los sentidos.

Lao-Tsé nos recuerda que todo ser se origina del no ser. Jesús así lo dice en el Nuevo Testamento: "Es el espíritu lo que da la vida", no proviene de tus padres, todos nosotros provenimos de una misma fuente.

Y en la medida en la que te adentras en esta sabiduría te empiezas a dar cuenta de que provienes de una fuerza superior, podemos llamarla Inteligencia Infinita, Universo, Dios... no importa cómo la llamemos, esa fuente está en todas partes, no hay ningún lugar en donde no esté, y todo proviene de esa fuente.

Creo que hay que llegar hasta el punto en que ya no nos concentremos en nosotros mismos y en las cosas que queremos para nosotros sino que empecemos a pensar: prefiero que lo tenga otra persona antes que yo.

Una de las cosas que pasan cuando dejas de luchar con la vida y te alejas de ese "ego" que te dice que debes de competir, de conseguir cuanto más mejor, que te lleva a compararte y a centrarte plenamente en ti, es que pasas de un estado de derecho a un estado de humildad.

Ivan Vico Gómez

Hay una frase genial en Un Curso de Milagros en que Jesús dice: "Si quieres ser como yo, sabiendo que todos somos parecidos, te ayudaré. Si quieres ser distinto a mí, esperaré, hasta que cambies de opinión, y cambiarás de opinión"

Nadie necesita preguntarse cuál es su misión en la vida, siempre la hallarás sirviendo, y si por un solo día puedes concentrarte en hacer que la vida de otro sea mejor, si puedes concentrarte en pensar así, así es como piensa esa Fuerza Divina.

Sea lo que sea a lo que te dediques, en el sector que sea, lo importante es que te concentres en ayudar a otros.

Existe un lugar en nuestro interior más profundo que quiere sentirse realizado, que quiere saber que su vida ha marcado una diferencia, que ha dejado este lugar, este planeta donde ha vivido, mejor que cuando llegó.

Que ha conmovido la vida de alguien gracias a su existencia, y todos queremos eso. Seas quién seas, tengas la edad que tengas, vivas donde vivas, te dediques a lo que te dediques, solo estás a un pensamiento de cambiar tu vida...

Siempre me recuerdo a mí mismo que estoy en un viaje, un viaje con dos fechas: una de inicio y una final. Y sé cuál es mi fecha de inicio en este viaje pero no sé cuál es la fecha final y eso es lo que me lleva a vivir cada día en un estado de gratitud y servicio a esta maravillosa creación en la que vivimos.

Hoy pongo mi visión atrás y me pregunto: ¿qué es hoy una realidad que el día de ayer fuera un sueño?

Tras esa pregunta no puedo evitar emocionarme, sé que hay una magia dentro de nosotros que siempre nos llevará al lugar donde queramos estar y nunca nos fallará, tan solo tenemos que dejarnos llevar por esa magia y confiarle todos nuestros deseos, y ella nos guiará hasta su realización…

Siempre recuerda: estás a un solo pensamiento de cambiar tu vida, date la oportunidad de tenerlo.

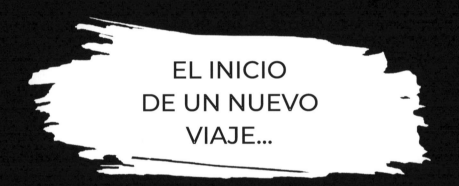

< El inicio de un nuevo comienzo es el final de una historia >

Desconocido

Bueno, hemos cubierto mucho terreno en estas más de 450 páginas. Espero que este libro pueda servirte como un manual, un recurso definitivo para aprender a usar la magia de tu subconsciente en todas las áreas de tu vida: en tu salud y bienestar, en el área económica, en tus finanzas, y también en el amor y las relaciones.

Espero que haya sido un libro al que puedas volver en cualquier momento en que te sientas caído o caída, en que necesites de inspiración y motivación, o busques respuestas a un problema en tu salud, en tus finanzas o en tus relaciones.

Esto ha sido un viaje, un trayecto repleto de conocimiento, de perlas de sabiduría y de muchas revelaciones. Ahora es cuando empieza tu verdadero viaje, ahora es cuando realmente debes coger toooodo lo que has aprendido y llevarlo a la práctica, y para ello, vamos a repasar muy por encima lo que has aprendido en La Magia del Subconsciente:

▸ Has aprendido a ser realmente un alumno preparado, a saber que realmente todo lo que te rodea podría estar tratando de enseñarte algo si te das la oportunidad de ser un alumno o una alumna de la vida.

▸ Has aprendido que tu subconsciente tiene un efecto directo sobre las circunstancias de la vida y cómo este puede compararse con un jardín, un jardín que tú puedes cultivar inteligentemente o dejar ser abonado por otros.

▸ También, has visto la importancia de salir de ese estado de "victimismo", ese estado en donde las personas se quejan, se justifican y culpan a otras de sus propios resultados.

▸ Has podido aprender cómo funciona por completo tu subconsciente, comprendiendo que este no tiene la capacidad de razonar y que tan solo ejecuta y trabaja con todo aquello que le entregas.

▸ Has aprendido a vencer las sugestiones negativas por parte de otras personas a través del filtro de las tres preguntas.

▸ Nos hemos sumergido y hemos visto cómo la Inteligencia Infinita, Universo o Éter, como prefieras llamarle, puede ser una Biblioteca Universal en donde se almacenan todos los pensamientos que la humanidad ha tenido, está teniendo y tendrá, una fuente de conocimiento ilimitada de la cual muy pocas personas se benefician, no porque no puedan, si no por el mero desconocimiento.

▸ Has podido aprender cómo el subconsciente traduce las frecuencias invisibles que viajan por el Éter y te las envía en forma de corazonada, intuición, pensamiento instantáneo...

‣ También, has visto que somos estaciones emisoras y estaciones receptoras, y que puedes crear tu propia petición tal y como hice yo con el camión de mi padre.

‣ Y cómo no mencionarlo, hemos hablado del ingrediente secreto que permite que nuestras peticiones sean realizadas, es decir, la fe, y hemos profundizado en ella y aprendido cómo desarrollarla en nosotros.

‣ Hemos tocado también el tema del subconsciente y el éxito y sobre cómo puedes usar la magia de tu subconsciente para crear ese éxito en tu vida, sea cual sea.

‣ Has aprendido la importancia de la imaginación, y de cómo utilizarla y desarrollarla para usarla positiva y eficazmente.

‣ Otra cosa súper importante que has visto es el tener un propósito, un dharma, algo que incluso sea más grande que tú y que te lleve a servir y contribuir en este planeta, has aprendido que ese propósito puede venir de una pasión, de un dolor, de algo que sucedió y que superaste…

‣ Después, nos adentramos en la salud y el bienestar. En cómo la magia de tu subconsciente puede obrar milagros en dolencias, malestares o hasta incluso en enfermedades, haciendo que vivas una vida de paz, bienestar y armonía sabiendo que suceda lo que suceda, tú siempre podrás sanarte y acudir a esa fuerza invisible que se halla dentro de ti.

‣ Luego, profundizamos en el dinero y el subconsciente, y aprendiste cómo puedes aprovecharte de esa fuerza invisible para tú poder crear esa riqueza y abundancia en tu vida.

▸ Y finalmente hablamos sobre amor, sobre relaciones, pudiste aprender no solamente la parte práctica y terrenal de las relaciones, sino también la parte invisible, la parte subconsciente y cómo tú puedes usar esa parte para magnetizar hacia ti esa relación tan deseada y anhelada.

Aunque realmente han sido muchísimas cosas más, este ha sido un muy pequeño resumen.

Y como te decía, ahora es cuando empieza verdaderamente tu viaje, tienes la oportunidad de coger todo lo aprendido y llevarlo a la práctica y utilizarlo para tú también generar esos resultados que podrías desear y que todavía no se te han dado.

Cuando comencé a escribir La Magia del Subconsciente, te imaginé leyendo estas palabras finales, porque sabía que significaría que habías leído las muchas otras páginas que contenían respuestas que podrías necesitar para ti o para otros en el futuro.

Quiero agradecerte que hayas realizado este viaje conmigo, que hayas tenido tanta constancia y perseverancia leyendo este libro y que me hayas dado el regalo de tu tiempo y tu atención.

Es mi deseo más sincero que este libro haya llegado no solo a tu cabeza, sino también a tu corazón. Y que, como

Ivan Vico Gómez

resultado, haya generado un profundo impacto en tu vida o en la vida de tus seres queridos.

Si este libro te ha ayudado a comprender de una mejor forma la increíble, maravillosa y grandiosa magia que reside en tu subconsciente, entonces nuestro tiempo juntos ha sido bien aprovechado.

También, espero tener el privilegio de conocerte algún día, y que puedas contarme las ideas que has extraído de este libro y que te han ayudado a ti y a tus seres queridos en el ámbito que sea.

Así que, hasta que volvamos a encontrarnos, o hasta que nuestros caminos se crucen, te deseo una vida larga, abundante y llena de paz, con muchas bendiciones para ti y para tu familia.

Con amor y respeto,

Ivan Vico Gómez.

¿Puedo pedirte un grandioso favor?

Envíame tu experiencia con la lectura y las bendiciones que han podido llegar a tu vida con La Magia del Subconsciente.

Tan solo son tres simples pasos:

❶. Hazte una FOTO o un VÍDEO con el libro.

❷. Escribe o comenta tu experiencia y cómo te ha ayudado la lectura de este libro.

❸. Envíame esa imagen o ese vídeo a ivanvico.1@gmail.com **o a través de las redes sociales.**

Créeme, nada me haría tan feliz como conocerte y saber de qué forma ha mejorado tu vida La Magia del Subconsciente.

Y de hecho, si decides hacerlo, yo mismo responderé a tu mensaje de una manera muy especial, ¡qué ilusión!

¡GRACIAS DE CORAZÓN!

Ivan Vico Gómez

Estos son algunos de vuestros mensajes...

La Magia del Subconsciente

Ayúdame a ayudar a otras personas

Amado lector, amada lectora, estoy en la misión de hacer que La Magia del Subconsciente llegue a todas las personas posibles en el mundo y poder así, cambiar la vida de miles y miles de personas.

Quiero dejar un mundo mejor del mundo que me encontré al nacer y no puedo hacerlo solo, necesito que me ayudes a compartir esta misión tan grande y apasionante.

Me gustaría que juntos difundiéramos este conocimiento que ahora ya posees y está en tus manos a cuantas más personas mejor y así hacer de este mundo un lugar más bonito y consciente.

Por eso mismo, si sabes de algún amigo, amiga, conocido, familiar o hasta incluso vecino que sabes que esta información realmente le ayudará y le bendecirá, regálale un ejemplar de La Magia del Subconsciente.

Qué me dices, ¿me ayudas a ayudar a otras personas?

Piensa en quién podría ser esa persona o esas personas a las que bendecirás con este libro y que, seguro, que su vida también se bendecirá gracias a los conocimientos que tú ahora ya posees.

La Magia del Subconsciente

Entra en la web www.ivanvicogomez.com y adquiere uno o varios libros para esas personas tan especiales y que, seguro, les ayudarás a cambiar su vida.

O si lo prefieres, puedes acceder a la web ahora mismo mediante este código QR de aquí debajo.

Puedes hacerlo a través de tu teléfono móvil o tableta con tan solo usar tu aplicación de la cámara o una aplicación para leer códigos QR.

¡GRACIAS POR AYUDARME A AYUDAR!

¿Te gustaría convertirte en tu mejor versión de todos los tiempos tal y como lo hice yo?

Si es así y quieres que te ayude en ello, te espero dentro de la SAGA de libros CÓMO SER TÚ.

Allí aprenderás las herramientas, estrategias, habilidades y para mí lo que es más importante: la manera de pensar que usé para pasar de una depresión a convertirme en mi mejor versión.

Entra en la web www.ivanvicogomez.com y continúa con tu aprendizaje.

¿Te imaginas estar en un grupo con otros lectores de La Magia del Subconsciente?

Pues esto es hoy una realidad. Ahora puedes unirte a nuestra comunidad privada de lectores en donde no solamente podrás conocer a otras personas que hayan leído este libro o alguno de la SAGA de CÓMO SER TÚ, sino que también tendrás contacto directo conmigo y en donde tendrás la oportunidad de conocer de antemano y antes que nadie cualquier anuncio o noticia.

Y no solo eso, sino que también podrás aprovechar y crear tu propio grupo de lectura para releer juntos La Magia del Subconsciente o cualquier otro libro de la SAGA de CÓMO SER TÚ, ¿no es esto increíble?

Te dejo un código QR aquí debajo en donde podrás unirte a través de la aplicación Telegram a nuestra comunidad privada de lectores y lectoras.

¡TE ESPERAMOS!

Ivan Vico Gómez

¡VAMOS A SEGUIRNOS EN LAS REDES SOCIALES!

Printed in Poland
by Amazon Fulfillment
Poland Sp. z o.o., Wrocław
22 June 2024

5a3c3de5-c95b-4ec2-bc2e-cb43f7fa3db4R01